자살위험 자가진단 플로차트

나도 자살할 위험이 있을

말이 없어지고 잘 웃지 않게 되었다	직장에서 부서 이동, 잦은 야근 등으로 스트레스가 심해졌다	연예인 자살 기사를 검색하고 있다

아니요

학교, 직장, 가족, 친구 사이에 갈등이 생겼다	최근 건강상 염려할 만한 병이 생겼다	아무렇지 않던 일에도 짜증이 난다

평소 안 마시던 술을 자주 마시기 시작했다	술을 너무 마셔 일상생활에 지장이 있다	친구들이 불러도 모임에 나가지 않는다

부쩍 하소연이 심해졌다	부부 사이 혹은 직장에서 갈등이 시작됐다	우울증이 시작됐다

수면 이상으로 규칙적인 생활이 불가능하다	법적 소송에 관련된 문제가 생겼다	가족과 말다툼하는 일이 자꾸 생긴다

친구들과의 관계가 틀어져 힘들다	주변 사람을 의심하고 경계하게 된다	술만 마시면 거친 말과 행동을 표출한다

A

C

위험하군요

정신과 의사 등 전문가와 상담을 시작해 보는 게 좋겠습니다. 혼자의 힘으로 (또는 가족의 힘으로는) 해결하기가 힘들어 보입니다. 그리고 혼자서 남몰래 해결할 필요도 없습니다.

D

지금 살아 있는 것 맞습니까?

너무나 심각한 상태. 시간이 없습니다. 지금 바로 책을 덮고 정신과 의사에게 상담하러 가세요. 만일 상담을 받았다가 중단한 상태라면 미루지 말고 다시 시작해야 합니다. 가족들, 친구들 그리고 방문하는 사회 복지사에게 이 테스트 결과를 알리고 도움을 요청하세요.

나는 어떤 상태일까?

걱정할 필요가 하나도 없네요! 자살과는 거리가 멉니다

근심이 많군요

조금 걱정됩니다.
아직은 심하지 않지만, 안 좋은 쪽으로
진전될 가능성이 있습니다.
방금 당신이 '예'라고 답했던 문항들을,
의식적으로 반대로 행동해 보면 어떨까요?
타인과의 접촉 기회를 줄이지 마시고,
대화 시간을 늘려 보는 것도 방법입니다.

...까?

자살 방식에 대해 검색해 봤다	친구 혹은 가족들과 더 이상 연락하지 않는다	자해를 시도한 적이 있다
불면증이 생겨 식욕이 떨어지고 수면제를 복용한다	이유 없이 우울감과 불안함을 느낀다	학교나 직장을 그만두려고 결심했다
가족 중 자살한 사람이나 죽은 사람이 있다	사람들에게 갑자기 그동안의 잘못을 사과했다	SNS를 탈퇴하거나 핸드폰과 컴퓨터를 초기화했다
집단 따돌림을 당한다고 느낀다	내 이름으로 된 보험이나 정기적금을 해지했다	친지에게 갑자기 "미안하다, 고맙다" 라고 말했다
떨어져 사는 가족들에게 뜬금없이 연락하여 안부를 물었다	친구에게 체념하는 내용의 편지를 보냈다	자살하려고 가족의 스케줄을 확인한 적이 있다
연락 안 하던 친인척에게 경제적 도움을 요청했다	우울증이 악화되고 있다는 진단을 받았다	자살할 만한 장소를 찾기 시작했다

D

B

C

뒤쪽을 보세요

심리부검

나는 자살한 것을 후회한다

심리부검

나는 자살한 것을 후회한다

서종한 지음

학고재

옆에서 든든한 힘이 되어 준
아내와 딸 예진에게

추천사

솔직히 한번 이야기해 보자. 우리는 얼마나 망자(亡者)를 이해하려고 노력하고 있을까. 조금 더 솔직해져 보자. 그 망자의 길을 스스로 선택해야만 했던 분들의 고통과 아픔에 우리는 얼마나 관심을 가졌을까. 그들은 우리와 그렇게 다른 사람들일까? 조금도 다르지 않다. 그러기에 그들의 이야기는 아직까지는 생존해 있는 우리들에게 어떻게 살아가야 하는가에 관한 가장 처연한 의미를 전달한다. 그런데도 우리는 그 의미를 지금까지 불편해하기만 해 왔고 듣지 않으려 했다. 이제 한 사람의 심리학자가 그 의미를 우리에게 진심과 사력을 다해 전달하고자 한다. 이제는 들어보자. 그를 통해 오늘 이 순간을 살아가는 우리 모두에게 먼저 가신 분들이 그토록 전하고자 했던 메시지를.

— 김경일(『지혜의 심리학』 저자, 아주대학교 심리학과 교수)

심리부검이란 자살로 유명을 달리한 사람의 삶을 이해하기 위해 필수적인 방식이다. 심리부검이 없었더라면 그 자살은 의미 없는 죽음에 그쳤을지 모른다. 심리부검을 통해 보호자들은 자살 위험성에 놓인 사람들을 더 잘 이해할 수 있을 뿐 아니라 국가도 적절한 자살 예방 프로그램을 계획하고 실행할 수 있다.

자살은 한국의 중대한 공중 보건 문제인데, 이 책은 사람을 살리는 노력에 등대가 되고 지침을 제공할 것이다. 저자는 많은 사례들을 제시하면서 때 이르고 불필요한, 그러나 막을 수도 있었던 비극적인 죽음을 생생하게 조명하는 한편, 아직 삶의 균형을 얻지 못한 사람에게는 희망의 메시지를 준다. 변화를 위해 노력하는 사람들에게 반드시 추천할 책이다.

— 래니 버먼(전 미국자살예방협회 회장)

서종한은 자살 연구에서 나의 '자살에 대한 대인관계 이론'을 이해하고 적용하는 데 특별한 능력과 재능을 가지고 있다. 이 책에서 그는 한국에서 나타나고 있는 자살의 패턴을 찾아내기 위해 나의 이론과 개념을 그의 사례에 적용하였다. 보다 근본적으로 한국 자살의 맥락을 이해하는 데 이 책은 근원적인 통찰을 제공하리라 믿는다.

— 토머스 조이너(『왜 사람들은 자살하는가?』 저자, 플로리다 주립대 심리학과 교수)

머리말

"신종 질병이 출현해 사람이 죽었다고 가정하자. 가족이나 주변 사람들은 원인과 예방책을 찾으려는 당국의 조사에 적극 협조할 것이다. 자신들이 다음 희생자가 되기를 바라지 않기 때문이다. 심리부검도 이와 다를 게 없다."

— 래니 버먼

심리부검이란 자살한 사람이 남긴 자료를 분석하고 남겨진 사람들과의 면담을 통해 사망자가 자살에 이르게 된 원인을 찾아내는 과학적 도구를 말한다. 즉 정말 자살이 맞는지, 무슨 생각으로 자살했는지를 확인하는 것이 심리부검이다.* 사체가 아니라 심리를 부검한다. 그런데 죽은 자는 말이 없기 때문에 부검의 대상은 사망자 주변의 다른 사람들이다. 이렇게 적는 것만으로도 이 일이 얼마나 복잡하고 민감한 일일지 짐작할 수 있을 텐데, 이 문제를 더 파고들기 전에 먼저 필자가 심리부검에 이르게 된 여정에 대해 간단히 서술하는 게 도움이 될 것 같다.

심리학을 전공한 필자는 2007년 경찰청에 범죄 분석 요원 (profiler)으로 특채되었다. 이후 중앙경찰학교와 경찰청 과학수사센터, 경찰수사연수원에서 범죄 분석 전문 과정과 법최면 교육을 받았고, 국립과학수사연구원에서 유전자분석센터 최동호 팀장 밑에서 DNA 분석 전문 과정을 이수했다. 즉 범죄 분석이라는 진로를 밟고 있었지 자살 전문가가 될 줄은 몰랐다. 우리나라의 높은 자살률에 대한 관심이야 가지고 있었지만 말이다. 그러다 제주지방경찰청 과학수사계로 발령을 받았다. 이때 자살의 이유가 무엇인지 확인해 줄 것을 검찰이 요구한 사건이 생겼다. 필자가 그 일을 맡았다. 공식적으로는 아무도 해 본 적이 없는 일이라 문헌을 읽고 공부하면서 어찌어찌 심리부검을 마쳤다. (2008년의 그 사건은 이 책에도 실려 있다.) 그게 한국 최초의 심리부검 보고서가 되었다. 이후 현장에서 심리부검을 도맡게 되었다. 외롭고도 불안한 나날이었다. 필자와 면담한 후 유가족에게 무슨 일이 벌어질지 알 수 없었기 때문이었다. 그게 무슨 일이든 도의적인 책임을 면치 못할 것임을 알고 있었다. 그 뒤 제퍼슨 시에서 미국자살예방협회 회장이자 법심리학자인 자살학의 권위자 버먼 박사가 진행하고 있던 심리부검 자격 전문 교육 (Psychological Autopsy Certification Program)을 이수받았다. 그의 슈퍼비전을 받아 한국인으로는 최초로 심리부검 전문가로 인증받게 되었다.

지난 6년 동안 현장에서 수많은 자살 사건을 접하면서 여러 가지를 알게 되었다. 자살자나 필자나 근본적으로는 아무 차이가 없다는 것, 자살자가 경험한 그 고통으로 가득한 세상이나 필자가 살고 있는 멀쩡해 보이는 세상이 구분되지 않는 정확히 동일한 세상이라는 실감은 충격으로 다가왔다. 심리부검은 자살자가 정말 죽겠다는 의지가 있었는지 확인하는 것이 핵심이다. 그 죽겠다는 의지를 찾느라 애쓰다 보면, 그 죽겠다는 의지가 사실은 살고 싶다는 의지, 살려 달라는 내면의 호소였음을 알게 된다.

자살 사건 현장에 도착하면 필자가 하고 있는 일의 허망함을 자주 느꼈다. 마치 자살이라는 이름의 연쇄 살인범을 막지 못한 채 속수무책으로, 희생자들이 죽은 뒤에야 찾아가는 무력한 느낌이었다. 자살을 남의 일로, 뭔가 이상한 사람들이 하는 일로 치부해 버리는 우리 사회의 가볍고 냉정한 태도도 실감했다. 한국이라는 유토피아에 자살자들이 들어갈 공간은 없다는 식이다. 죄책감과 부끄러움에 어쩔 줄 몰라 하는 유족들이 보여 주는 방어적이고 거부적인 태도는 너무나 숱하게 겪었다. 그런 태도는 당연히 예상할 수 있는 것이고 심리부검을 진행하는 사람들이 알아서 해결해 나갈 수밖에 없는 과제이다. 무슨 뾰족한 방법이 있을 리는 없지만 말이다.

이 책은 죽은 사람이 발견되었다는 소식을 듣고 찾아간 그 길이 적어도 나중에는 사람을 살리는 길로 변화되기를 바랐던 마음의 소산이다. 무엇보다 아직까지 낯설고 어렵기만 한 한국에서의 심리부검이라는 작업을 마음을 열고 지원해 준 유가족분들에게 감사하고 싶은 마음에서 이 책을 썼다. 이분들은 당신들이 겪은 비극이 다른 이들에게 되풀이되지 않기를 바라는, 진심으로 공동체를 위하는 분들이었다. 이 책이 나오기까지 아낌없는 조언을 베풀어 주신 스승이자 멘토이신 아주대학교 심리학과의 김경일 교수님께 감사를 전하고 싶다.

우리나라의 자살률은 OECD 국가 중 가장 높은 상황에 있다.

더 심각한 점은 그 자살률이 좀처럼 떨어질 기미를 보이지 않는다는 점이다. 근본적인 대책을 마련하기 위해서는 일부 부서가 아니라 자살과 관련되어 있는 다양한 부처가 자살 예방이라는 긴박하고 절실한 공감대를 갖고 함께 노력해야 한다. 이 책을 통해서 이야기하고자 하는 것도 심리부검이라는 과정은 어느 특정한 사람, 특정 기관에 의해 이루어질 수 있는 것이 아니라 자살과 관련된 모든 사람들이 각각의 자리에서 함께 역량을 모을 때 가능하다는 것이다. 심리부검으로 자살의 원인을 찾자. 그리고 그에 맞는 효과적인 대책을 마련하자. 이게 무슨 꿈같은 얘기냐고 할지 모르지만 이미 여러 선진국에서 하고 있는 일이다.

필자는 이 책이 널리 읽혀서 자살자에 대해 한국 사회가 좀 더 적극적인 관심과 이해를 갖게 되기를 바란다. 학술적인 책이기보다는 모든 이들이 부담 없이, 필요하다면 아무 데나 펼쳐서 흥미로운 부분부터 읽을 수 있는 책이기를 바란다. 아직 국내에 생소한 심리부검의 다양한 면모를 가능한 한 쉽게 소개하기 위해 고심하다가, 먼저 사건 사례를 제시하고 그에 대해 간략한 해설을 덧붙이는 식으로 이 책을 꾸몄다. 사례들 중에는 필자가 직접 경험한 사건도 있고 외국의 사례도 있으며, 긴 것도 있고 짧은 것들도 있다. 그러나 모두 나름 중요한 사례들이다. 심리부검에 관한 이론적 토론이나 정교한 방법론에 대해서는 지금 집필 중인 『심리부검 핸드북』에서 좀 더 상세하게 논할 것을 약속드린다.

2015년 가을, 캐나다에서

서종한

차례

1. 심리부검: 죽은 자가 말할 수 있는 마지막 기회

2. 심리부검 보고서: 여섯 명의 사례

3. 자살의 유형과 문제들

4. 유서의 해부

프로파일러의 돋보기

1 심리부검:
죽은 자가 말할 수 있는 마지막 기회

우리는 흔히 자살은 정말 쉽다거나 한 순간이라는 식의 이야기를
접하게 된다. 하지만 현장에서 자살의 맨얼굴을 늘 접하는 사람들
이 보기에 그보다 사실과 동떨어진 이야기도 없을 것이다.

자살

죽으려는 의도를 가지고 한 자발적 자해
행동이 원인이 되어 사망함.

자살 시도°

죽으려는 의도를 가지고 하였으나 사망
에 이르지 않은 자발적 자해 행동.

자살 의도°

의식이 중단되는 상태, 즉 사망에 이를 것
을 염두에 둠.

1. 의문의 추락사
심리부검의 탄생

1958년 무더운 여름날, 미국 로스앤젤레스 산타모니카의 한 부둣가에서 46세의 남자 스티븐이 추락해 익사한 채 발견되었다. 한 목격자는 사망자가 부두가 난간 앞에 서 있었다가 "뛰어들었다"고 했고 다른 목격자는 반대로 "실수로 떨어졌다"고 하는 등, 목격자들의 진술이 서로 엇갈렸다.

여기서 중요한 논쟁점은 '사망자가 사고로 부두에서 떨어졌는지 아니면 그가 죽고자 하는 의지를 갖고 바다로 뛰어 내렸는지'였다. 이것은 사망진단서를 발부하기 전에 반드시 규명해야 할 문제였다. 당시 로스앤젤레스 자살예방센터에서 정신과 의사로 근무하던 로버트 리트먼 박사는 '심리부검'이라는 용어를 사용하며 이 사망 사건을 조사했다. 리트먼은 직접 부둣가를 방문하여 이전에 진술했던 목격자와 사망자의 남녀 형제 2명을 차례로 면담했다. 아래는 심리부검 뒤 내린 리트먼의 최종 의견이다.

"목격자에 따르면 당시 사망자와 또 다른 남자 1명이 바닷가 술집 앞 벤치에 앉아 있었다. 이때는 저녁 밀물 때였다. 몸을 가누지 못할 정도로 취해 있던 사망자는 벤치에 앉아 잠이 든 것처럼 보였다고 한다. 그는 일어났다가 벤치 앞 난간 사이에 벌어져 있던 틈으로 미끄러지면서 바다에 추락한 듯 보인다. 사망자가 바닷가 난간에 한동안 서 있었다고 했던 목격자는 2차 면담에서 자기 진술을 취소하며 경찰의 강압적인 면담에서 뭐라도 답해야 만 했다고 해명했다. 또한 가족들은 그가 3주 전에는 우울한 증상을 전혀 보이지 않았다고 말했다. 중요한 점은 그가 만취 상태였다는 술집 바텐더 와 기타 목격자들의 증언이 부검으로 밝혀진 사망자의 혈중 알코올 수치와 부합한다는 것이다. 결론적으로 그의 죽음은 자살이 아니다. 즉 자살 의지 가 전혀 보이지 않는 사고사이다."

1934년에서 1940년 사이에 뉴욕 경찰 93명이 연속적으로 자살 하는 수수께끼 같은 현상이 벌어졌다. 그 원인을 규명하기 위해 프 리드먼 등 전문가들의 조사*가 시작되었는데 이것을 최초의 심리부 검으로 보고 있다. 아직 심리부검이라는 말은 등장하지 않았을 때 이다. 1956년에서 1957년까지 일라이 로빈스 교수와 그의 동료들이 2년 동안 134건의 자살 사건에 대해 체계적으로 조사하면서* 현재 사용하고 있는 의미의 심리부검 연구가 본격적으로 시작되었다. 이 들의 연구는 세인트루이스 지역에서 발생한 모든 자살 사건을 조사 하였고, 정신 질환에 대한 기준을 만들었고, 자살 사망자의 가족에 대한 표준화된 면담 방법을 사용했다는 점에서 매우 혁신적인 자살 연구였다. 이때 친족을 포함하여 친구, 의료 기관 담당자, 상담 전문 가 등 평균 2.3명의 보조 정보 제공자들과 면담이 이루어졌고 수사 기록, 변사 현장 기록, 의료 기록, 상담 기록 등 다양한 정보들을 참 고하였다.

1958년의 LA 부둣가 추락 사건은 '심리부검'이라는 용어가 최 초로 사용되었다는 점에서 역사적인 사건이다. 조사자는 LA 자살예

일라이 로빈스(1921~1994). 그가 행한 세인트루이스 시의 대규모 자살 조사는 심리부검의 기원이 되었다.

방센터에서 근무하던 리트먼이지만 심리부검 절차를 명확하게 요청한 사람은 LA 카운티 부검의였던 시어도어 커피 박사였다.*

커피는 병리학을 전공하고 LA 카운티에 부임하여 검시의로 근무하고 있었다. 그는 부검을 맡은 변사 사건들 중 사망 종류가 판별되지 못한 채 의문사로 남는 경우가 많음을 보고 고민하게 되었다. 변사 사건에서 사망자의 의학적인 사인은 알게 되어도 그 죽음이 자살인지, 사고사인지, 자연사인지, 타살인지를 알아낼 방법은 없었던 것이다. 물론 사망의 종류를 알아내는 데 가장 중요한 부분은 사망자의 의지(will) 혹은 의도(intention)였다. 그는 방법을 찾던 중 로버트 리트먼, 노먼 파베로, 에드윈 슈나이드먼을 알게 되었고 이들 3명에게 도움을 구하게 되었다. 이들 3총사는 부(副)부검의의 자격으로 사망 현장에 가서 자연스럽게 관련 유가족들을 면담하게 되었다. 그리고 분석한 면담 결과를 부검의인 커피에게 제공하여 사건을 종합적으로 판단케 하였다. 슈나이드먼은 이 임상-과학적 조사 과정(clinical-scientific investigation procedure)을 짧게 "심리부검

(Psychological Autopsy)"이라고 불렀다.* 바로 심리부검이라는 용어가 태어난 순간이다.

슈나이드먼은 심리부검이 자살 의지(意志, intention)를 알아내는 것이라고 분명하게 말했다. 많은 종류의 유사 심리부검 과정들이 존재하지만, 단순히 총격 실험, 현장 감식, 지문 채취, 부검, 혈흔 분석, 정신과적 분석 같은 것은 사망자의 의지와 직접적인 상관없는 과정이기 때문에 심리부검이라 할 수 없다. 이들에게 적절한 명칭은 법부검 혹은 임상 부검일 것이다. 다시 말해 심리부검이란 죽음에 관련하여 사망자의 의지를 알아내는 것이어야만 한다. 하지만 법부검 혹은 임상 부검이 사망자의 의지를 확인하는 데 간접적인 증거를 제시하는 경우도 분명 있기는 하다.

2. 욕실에서 죽다
죽은 자의 변호인

1998년 한여름 네바다 주 레노에서 개신교 목사 에이브러햄(50세)의 부인이 나무로 만든 이동식 욕조에서 의식을 잃은 채 발견되었다. 그녀는 알몸이었다. 곁에 있던 남편이 심폐 소생술을 했지만 결국 그녀의 뇌에 산소 공급이 되지 않아 치명적인 뇌 손상을 입게 되었고 곧 사망했다. 신체적 부검의 위와 혈청 독성 검사에서 필요량 이하로 처방받은 두 알 정도의 항불안제와 한 알의 독성제가 검출됐고, 치명적 분량은 아니었지만 신경안정제를 복용한 것이 검출되었다. 법병리학자는 사망자가 우연하게 그 정도 양의 약을 혼자 복용할 수는 없었을 것이라는 소견을 냈지만 부검 결과만으로는 그녀의 죽음이 자살인지 타살인지 명확하게 밝혀낼 수 없었다.

하지만 법심리학자가 실시한 심리부검을 통해 사망자가 생존할 당시 정신 병력이나 우울증, 심각한 신체 질병은 물론 약물 의존증도 없었으며 특별히 자살에 대한 생각이나 의심이 되는 행동도 없었음이 밝혀졌다. 뿐만 아니라 남편과 사망자의 가족 구성원에게서 자해나 자살과 관련된 가족력도 보이지 않았다. 자살 동기를 찾아보아도 뚜렷한 위험 신호나 암시성 징후를 발견할 수 없었다. 사망자는 목사인 남편이 최근 1년 이상 불륜을 저

지르고 있다는 사실을 최근 알았고 이혼할 계획이었다.

　다음은 그녀가 자살했을 가능성을 약화시키는 정황들이다. 먼저 사망자는 다가온 딸의 결혼식을 기대하며 행복해 했었다. 자신의 체중 문제를 심각하게 생각하고 있었고 보수적인 성향의 소유자이기 때문에 알몸 상태에서 발견되기를 원치 않았을 것이다. 무엇보다 욕조에서 익사한다는 것은 자살로서는 드문 방식이다. 미국의 경우 이런 방식의 자살 시도는 2퍼센트 이하로 조사되고 있다.

　사망자의 안면이 욕조 아래로 향한 채 발견되었는데 이것도 수상한 점이었다. 자살자의 경우 마치 잠을 자는 것처럼 등을 바닥에 대고 얼굴이 천장을 향한 채 발견되는 것이 보통이다. 이런 심리부검 소견과 다른 병리학적 증거들을 종합적으로 판단해서 법원은 남편에게 살인 유죄 선고를 내렸다.

　한국에서 위 사례와 비슷한 사건이 있었다. 2011년 1월 1일 임신 9개월째인 박주희 씨가 서울 마포구 도화동 오피스텔 욕조에서 숨져 있는 것을 남편 이현진 씨가 경찰에 신고했다. 사망자는 다리를 욕조에 걸친 채 누워 있었다. 남편 이 씨는 현기증이 있던 아내가 미끄러져 숨진 것 같다고 주장했다. 며칠 뒤 국과수 부검 결과 사인은 목이 졸려 질식사한 경부 압박성 질식사로 밝혀졌다. 즉 타살이었다. 부인의 손톱 밑에는 남편의 DNA가 발견되었고, 부인의 팔에는 손톱에 할퀸 상처가 발견되는 등 뚜렷한 타살의 정황이 나타났다. 치열한 법정 공방에서 피고 측은 토론토 대학교의 마이클 스벤 폴라넨 교수의 의견을 증거로 내세우면서 국과수 법의학자들과 맞섰다. 결국 남편은 20년형을 선고받았다.

국내 사건에서는 심리부검이라는 과정이 적용되지 않았다. 사건의 쟁점이 사고사냐 타살이냐에 맞춰져 있었기 때문이다. 자살은 처음부터 고려 가능성에서 배제되었다. 필자는 법정의 최종 결론에 이의가 없지만, 이런 사건에서 사망자가 혹시 자살에 이를 만한 충분한 동기가 있었는지, 그런 자살 동기가 필요 충분하게 자살의 치명성에 이를 만한 것인지 살펴보는 절차는 필요하다고 본다. 그러면 법정에서 판사나 배심원 같은 사실 판단자들이 실체적 진실을 규명하는 데 더 도움이 될 것이다.

사망자에 대해 사후 조사를 통해 얻어진 정보를 기초로 행해지는 전문가 증언이 법정에서 받아들여지기 시작한 것이 언제부터인지는 확실치 않다. 다만 1976년 메릴랜드 주 법정은 사망자의 자살 능력을 보여주는 정신과적 부검(psychiatric autopsy)이 '사망자가 자신을 유일하게 변호할 수 있는 희망'이라고 언급하였다. 미국에서도 1983년까지는 심리부검을 다루는 법원은 거의 없었던 것으로 보이지만, 점차 심리부검은 법정에서 과연 타살이 아니라 자살이 맞는지, 또는 부모의 방임, (성적) 학대, 폭력 등으로 아이가 자살할 경우 보호자가 책임을 져야만 하는지 등에 대해 배심원의 이해를 돕는 방법으로 활용되고 있다.

3. 수상한 동거녀 자살 사건
법심리부검의 가능성과 한계

2005년 9월 전주에서 한영림 씨(42세)가 새벽에 자택 안방에서 목을 맨 채 발견되었다. 나무 옷장 위 틈새에 끈을 고정하여 밥상 위에 올라가 목을 맨 것으로 보였다. 끈은 그녀가 평소 하고 다니던 흰색 가죽 벨트였다. 밥상 다리 하나는 그녀의 체중에 의해 부러진 듯 보였다. 평상복 착의 상태 그대로였고 귀고리와 반지를 끼고 있었다. 동거남이 일을 보고 집에 돌아 왔다가 사망자를 발견하고 119에 신고하였다. 현장에서는 사망자를 바닥에 내려놓고 심폐 소생술을 한 흔적이 있었고 주변에는 구토물과 먹다 남은 술병이 널려 있었다. 검시의 소견에 의하면 사망자에게서는 특별한 상해 흔적이나 외상이 보이지 않았고 목 주변에도 특이 손상이 뚜렷이 보이지 않았다.

처음에는 전형적인 자살 사건으로 보였지만 담당 형사는 사망자가 특이한 자살 원인이 없다며 사건을 심층적으로 조사해 줄 것을 의뢰했다. 필자는 1주일에 걸쳐 가족들과 동거남, 직장 동료 등을 차례대로 면담하였다. 결론적으로 그 과정에서 사망자가 자살할 만한 명확한 이유나 의지를 찾아볼 수 없었다. 그리고 죽기 전 그녀와 만났던 직장 친구들의 진술에서도 그녀의 신변에 두드러진 변화나 눈에 띄는 자살 징후를 발견할 수 없었다. 다만 최근 동거남이 빌려준 돈을 갚지 않아 쌍방 간에 심한 다툼이 있었고 그 때문에 사망자가 우울해 하는 상황이라고 하였다. 죽기 전날에도 모친에게 전화 통화를 하며 동거남이 자신을 힘들게 한다고 말한 정황이 있었다. 물론 동거남과의 관계 갈등이 자살과 관련지어 설명될 수는 있지만, 최소한 그녀의 삶의 경로가 자살에 이를 만한 충분한 위험 요인을 갖고 있지 않았고 또 자살 의지를 찾을 수 있는 직접적인 위험 징후도 찾아 볼 수 없었다. 그래서 발견된 사실을 종합하여 그녀의 자살 의지가 희박했으며 그 치명성도 미약한 것이었다는 소견을 제시하는 보고서를 제출했다.

타살로 의심은 되지만 수사관 자신도 확신이 서지 않을 때, 법심리부검 결과가 나오면 도움이 된다. 자신의 판단을 재검증하거나 배척하는 참고 자료가 될 수 있기 때문이다. 수사에 직접적인 개입이 없는 제3자의 전문가가 실시한 사망 종류에 대한 분석은 수사상의 인지적 오류와 편견을 최소화할 수 있는 장점이 있다.* 이번 사건의 경우, 이 소견을 바탕으로 살인 사건으로 방향을 잡고 수사를 하였다. 하지만 직접적인 증거와 목격자가 없었기 때문에 '혐의 없음'으로 사건이 종결되고 말았다.

사람들이 수사 드라마 등을 보고 갖게 되는 선입견과는 달리 현장에서 처리하는 변사 사건 중의 90퍼센트 이상이 자살, 사고사, 돌연사, 병사이고 극히 일부만이 타살 사건이다. 그리고 그 90퍼센트 중 대부분, 즉 경찰에 신고된 죽음의 대부분이 자살로 판명된다.

왜 이런 말을 하는가 하면, 경찰 수사관들은 수많은 사건 경험을 통해 자살에 대해 충분히 잘 알고 있다는 것이다. 이들은 일반적인 자살자가 남겨 놓았다고 하기에는 뭔가 어색하거나 수상한 증거들을 잘 찾아낼 수 있다. 그것은 '자살자' 뒤에 숨은 진범을 체포하는 과정으로 이어진다.

그러나 자살의 물적 증거가 얼핏 멀쩡해 보인다면 어떻게 될까? 방법에 이상한 점이 없으므로 자살이라고 판단하면 될까? 결코 그렇지 않을 것이다. 사망자가 정말 자살 의지를 갖고 있었는지를 확인하는 과정을 거치지 않는다면 우리는 상당수의 범인들을 놓치게 될 것이다.

흔히 경찰 수사관들이 과거의 경험과 지식에 지나치게 고착되어 있는 경우를 본다. 드로 박사에 의하면 상황을 객관적으로 판단하는 과정에서 불필요한 과거의 맥락적 정보가 의사 결정에 부정적 영향을 미친다고 하였다. 현재 과학 수사의 발전은 이런 오류를 상당 부분 줄여 나가고 있지만, 여전히 많은 수의 사건이 담당 수사관의 고정관념(heuristic)과 편견(bias)의 영향을 받고 있는 것도 현실이다. 이는 미국에서도 마찬가지인데, 무죄를 주장하는 수형자의 사건을 재조사하는 이너슨스 프로젝트(Innocence Project)는 지금까지 140명의 새로운 진범을 찾는 성과를 거두었다. 실제 죄 없는 수형자들은 평균 14년을 복역한 상태였고, 살인의 누명을 쓰고 30년 이상을 교도소에서 복역하다 풀려나고 있는 경우가 333건(2015년 기준)에 달하고 있다(http://www.innocenceproject.org). 이 사실은 곧 수사 과정에서 어떤 형식으로든 나타나고 있는 수사 오류와 편견을 반증하는 증거라 볼 수 있다. 수사관의 인지적 편향을 줄이는 것은 경찰 수사의 커다란 과제이다. 한영림 씨 사건은 심리부검이 왜 경찰 수사에서 필수적인지 잘 보여준다.

심리부검을 하는 경우는 대체로 두 가지로 분류할 수 있다.* 먼저 자살인 것은 명확한데 그 이유가 모호한 경우이다. 사망자에게 자살 이유를 물을 수는 없으므로, 가장 가까이서 오랫동안 알고 지내 온 가족이나 지인 등을 만나 수사나 강압적인 분위기를 벗어나서 최근 그의 정신 상태, 대인관계, 직장에서의 적응, 심리적 변화에 대해 자유 기술하듯 심층 조사한다.

둘째는 사망의 원인은 명확한데 사망의 종류가 모호한 경우이다. 어떤 남자가 저녁에 25층 아파트 옥상에서 추락하여 사망했다고 하자. 높은 곳에서 떨어져 사망할 경우 장기 파열이나 손상으로 인해 사망하는 것이 일반적이다. 만약 바닥이 미끄러워 실족한 것이라면 사고사가 될 것이고, 개인의 문제로 인해 옥상에서 스스로 투신했다면 자살이 될 것이며, 함께 있던 제3의 인물이 밀거나 투신을 종용했다면 타살이 될 것이다. 부검의의 소견은 사망의 신체적 원인만을 알려 줄 뿐 사망의 종류를 밝혀 주지는 않는다. 사망 종류의 판정은 단언컨대 심리부검의 몫이다.

자살 판정에서 가장 중요한 것은 사망 당시 자살자의 의지이다. 위의 사례처럼 자살 사망자를 잘 알고 있던 주변인들을 만나 면담하고 자살자가 평소 자살을 어떻게 생각했는지, 사망 당시 자살할 의지가 어느 정도였는지를 파악해야 하는 것이다. 그 정도가 자살에 이를 만한 충분한 치명성(lethality) 수준이었는지를 객관적인 자료를 이용해서 평가하여 자살의 가능성을 추정할 필요가 있다.

4. 대학교수의 노름빚 15만 달러
완전범죄를 깨뜨리다

2001년 미국 네바다에서 대학 교수 셸봄(50세)은 대학 연구비로 써야 할 5만 달러를 카지노에서 잃었다. 당황한 그는 원금 회수를 위해 카지노에서 돈을 꾸며 노름을 계속했으나 결국 그날 15만 달러의 빚을 지게 되었다. 빚 독촉에 시달리며 연구비 횡령 사실이 알려질까 봐 전전긍긍하던 그는 고민 끝에 빚을 갚기 위해 완전 범죄 계획을 세웠다.

먼저 네바다 주 레노 인근 인력 사무소를 통해 전처의 7살 아들을 돌볼 보모를 구한다는 광고를 냈다. 대상자들 중 나이가 있고 주변 가족과 연락이 드물며 혼자 살고, 경제적으로 힘든 40대 독신 백인 여성을 고용했다. 그는 그녀에게 비싼 보석 선물을 사주며 호의를 베풀고 월급을 올려 주는 등 환심을 샀고 둘은 곧 연인 관계로 발전하였다. 남자의 집에서 동거를 시작한 보모는 고용된 지 4개월 만에 그와 결혼에 이르렀다.

혼인신고 후 그는 부인을 대상으로 수십만 달러의 생명보험에 몰래 가입하였으나 아무런 내색도 하지 않았다. 어느 날 그가 갑작스런 여행을 제의하자 부인은 자신을 생각해 주는 남편에게 고마워하며 흔쾌히 짐을 챙겼다. 밤늦게 부인과 함께 라스베이거스를 향하던 중 그는 부인의 음료수에 수면 유도제를 탄 뒤 그녀가 잠들기를 기다렸다. 인적이 드문 곳에 차를 세운 그는 그녀의 목을 졸라 살해했다. 그녀를 운전석으로 옮긴 후 권총으로 한 발을 부인의 오른쪽 관자놀이 부근에 쏘고 그녀의 손에 총을 쥐어 준 뒤 손수건으로 총과 운전대 그리고 차문 손잡이에 남은 자신의 지문을 깨끗이 지웠다.

집으로 돌아온 후 그는 바로 친구에게 전화를 걸어 알리바이를 만드는 시도를 했다. 친한 친구와 함께 새벽에 바에 가서 술을 마시며 방금 아내와 싸웠으며 그녀가 집을 나갔다는 이야기도 전해 주었다. 다음 날 그는 경찰에 실종신고를 냈다. 아내가 자신과 심하게 다툰 뒤 차를 타고 나간 후 돌아오지 않는다는 것이었다. 곧 아내의 시신이 발견되었고 그는 80만 달러의 보험금을 받았다.

네바다 주 경찰은 처음에는 단순 자살 사건으로 파악하고 수사를 진행했다. 하지만 사망자 유가족은 자신의 딸 이름으로 세 가지 보험이 가입되어 있고 모두 남편이 수혜자로 지정되어 있었다는 사실을 알게 되었다. 그들은 딸이 자살과 관련된 징후를 보이지 않았으며 갑자기 자살한 것을 믿지 못하겠다고 말했다. 경찰 수사에서도 남편의 시간대 행적을 직접적으로 확인할 수 없고, 보험금이 고액인 점과 상당한 빚이 있었다는 사실에 주목하고 타살 혐의를 두고 수사 방향을 갑자기 전환했다. 하지만 직접적으로 타살을 입증할 만한 증거가 없었다. 검찰은 법심리학자와 정신과 의사를 통해 심리부검을 하기로 했다.

심리부검은 미국 자살 예방 협회 소속 법심리학자 A와 정신과 의사 B가 진행했다. 이들은 관련 기록들을 검토하고 차례대로 유가족, 남편, 그리고 같이 일했던 친구들을 만나며 면담했다. 현장 기록과 병원 기록, 수사 기록 등도 함께 검토한 것은 물론이다. 사망자의 친구는 사망 직전까지만 해도 자살과 관련된 어떤 단서도 느낄 수 없었다고 했고, 사망 전날 이루어진 모친과의 통화에서도 뚜렷한 자살의 징후와 단서는 찾을 수 없었다. 경찰은 압수 수색 영장을 받아 사망자가 사용했던 일기장과 컴퓨터 하드디스크를 확보하고 사망자의 트위터 계정도 확인하기 시작했다.

남편은 심리부검 면담에 적극적인 태도를 보이며 참여했다. 그에 따르면 사건 전날 저녁 부인의 씀씀이가 헤프다는 문제로 말다툼을 했고 그녀는 곧 차를 몰고 나가 버렸다. 잠시 후에 돌아올 거라고 생각하고 쫓아가지 않았지만 결국 새벽이 되도록 돌아오지 않았으며 자신은 친구에게 전화를 걸어 하소연하다가 함께 술집에서 술을 한잔했다는 것이다. 하지만 부인이 집을 나간 이후 친구를 만나기까지 6시간의 공백 시간, 즉 자신이 집에 있던 시간에 대해서는 충분한 알리바이가 없었고 부인의 죽음에 대한 감정적 표현이 없고 부인을 그녀라고 지칭하는 등 대화상에 어색한 부분이 존재했다. 그리고 여러 개의 보험을 가입한 것에 대해서는 자신이 평소에도 건강 염려증이 있어 보험을 여러 개 가입했다고 해명했다. 조사해 보니 결혼 전 그의 보험 가입 내역은 한 번뿐이었다.

사고 전날 그녀가 트위터나 일기장에 남긴 글에는 "남편의 아들이 말을 잘 듣지는 않지만, 그래도 엄마라고 부르며 날 잘 따라 주는 것이 감사하다. 남편도 늘 나의 곁에서 든든한 힘이 되어 준다"거나 "늦은 나이에 지금의 남편을 만나 행복하다"는 말이 적혀 있었다. 이는 아내가 "많이 힘들어했고 우울증이 있었다"는 남편의 진술과는 상반된 내용으로, 사망자는 오히려 행복하며 즐거운 날을 보내고 있었던 것으로 추정할 수밖에 없었다. 그리고 한 달 전쯤 병원에서 작은 수술을 받은 것 외에는 정신과적 치료를 받은 적도, 그로 인해 복용하는 약물도, 수면 장애도 없었다. 같이 근무했던 친구도 사망자가 결혼 후 가장 행복해 하는 모습을 볼 수 있었고 최근 임신에 대해서도 서로 의논하며 앞으로의 삶에 대해 들떠 있었다고 전했다. 최근 특별히 생애 스트레스를 심하게 경험하거나 자살에 이를 만한 충분한 경로가 나타나지 않았고 자살 사고(思考)를 나타내는 언어적 표현과 기분의 변화, 행동의 특이한 징후가 없어 보였다. 그리고 40대 신혼이었던 여자가 단순히 남편과 싸웠다는 이유로 집에서 멀리 떨어진 인적이 드문 길가에서 수면제를 탄 음료수를 먹고 권총 자살할 가능성은 매우 희박한 것이었다.

A와 B는 종합적으로 법심리부검 보고서를 작성한 후 자살 가능성이 현저히 낮다는 소견을 제시했다. 법원은 이 보고서를 직접적인 증거자료로 채택하지는 않았다. 배심원들이 지나친 편견을 가질 수 있다는 이유와 전반적인 내용이 사건과 직접적인 관련성이 없다는 이유에서였다. 그러나 이를 배심원들에게 참고 자료로 제시하는 것은 허용하였고 이는 판결에 간접적으로 영향을 미쳤다. 결국 이 남자는 처음부터 살인과 보험금 청구를 목적으로 혼인을 계획하고 범행하였던 점이 인정되어 1급 살인죄로 무기징역을 선고받았다.

5. 빨간 편지지

어색한 자살

2011년 8월 김길용 씨는 클럽에서 임은경(29세)이라는 회사원을 만났다. 서로 호감을 느낀 그들의 관계는 곧 연인 사이로 발전했다. 문제는 남자가 유부남이었다는 것이다. 김 씨는 총각 행세를 하며 주중에는 딸이 있는 자신의 집에서, 주말에는 임은경 씨의 집에서 동거하며 이중생활을 해나갔다. 하지만 두 살짜리 딸이 있던 남자는 여자가 자신 몰래 임신한 사실을 알게 되면서부터 내연녀를 멀리하기 시작했다. 남자가 유부남이라는 사실을 모른 채 지내 온 그녀는 임신 이후 이 남자와 결혼하고 싶었다. 하지만 김 씨는 이 일로 가정을 포기할 생각이 없었으므로, 관계를 가능한 한 빨리 정리하기로 마음먹었다.

그는 결혼 생각이 없다며 낙태를 강요했지만 여자는 그의 말을 듣지 않았고 아이를 낳아 기르고 싶어 했다. 남자의 태도에 의문을 가진 그녀는 퇴근길에 그를 미행하여 그가 유부남이라는 사실을 알아냈다. 배신감을 느낀 그녀는 남자에게 이혼을 요구하며 자신이 직접 부인을 만나 담판을 지을 것이라며 협박하였다. 회사에 전화를 걸고, 점심시간에 그를 만나기 위해 직장 앞에서 기다리는 등 집착적인 모습을 보였다.

견디다 못한 그는 그녀의 집에 가서 확답을 주겠다고 약속했다. 여자의 집에서 대화를 하던 중 두 사람은 말다툼을 벌이게 되었고 그는 여자의 목을 졸라 침대에 눕힌 뒤 베개로 코와 입을 눌러 질식시켰다. 부엌칼로 그녀의 손목과 옆구리에 자해 흔적을 낸 뒤 그는 욕실 수건을 이용하여 베란다 천정에 고정된 건조대에 그녀를 목 매달았다. 20여 평의 다세대 주택인 여자의 집을 깨끗이 청소한 그는 마지막으로 그녀의 집에 있던 자신의 세면도구와 옷가지를 깔끔히 정리하고 신속하게 현장을 빠져 나왔다.

회사 동료이자 친구인 이지혜 씨가 다음날 이 여자의 집을 찾아와 문을 두드렸다. 회사도 결근하고 연락도 되지 않아 걱정이 되어 찾아온 것이다. 두드려도 아무 반응이 없자 이 씨는 119에 신고했다.

언뜻 봐서는 여느 자살 현장과 비슷해 보였다. 안에서 시건 장치가 되어 있었고 집 안은 깨끗이 정돈되어 있었다. 외부 침입의 흔적이나 금품 도난도 없어 범죄와 연루된 단서는 크게 보이지 않았다.

유서

현장에는 노트북을 이용해 출력한 1장의 유서가 거실 탁자 위에 남겨져 있었다. 종이는 특이하게도 빨간색 색지였다. 빽빽이 쓴 유서에는 개인적인 내용과 정보, 통장 번호와 비밀번호, 최근 있었던 사소한 일까지 세세하게 남겨져 있었고 자신이 오래전부터 우울증이 있어 약을 복용하고 있으며 더 이상 살고 싶지 않다고 언급하고 있었다. 부탁하는 것은 자신의 집을 처리해서 부모님께 드릴 것, 나머지 가족에겐 미안하다는 것, 자신을 걱정하지 말고 잘 살라는 것, 그리고 화장해 달라는 것이었다. 다른 사람 때문에 죽는 것은 아니고 살고 싶은 의욕이 없고 우울증 때문에 자신의 문제로 자살했음을 확언하고 있었다. 유서 말미에는 자신의 이름과 전화번호를 썼고 서명까지 했다. 마지막 말은 신경숙의 소설『엄마를 부탁해』의 한 대목을 인용한 것으로 죽음은 두려운 것이 아니고 새로운 출발이라는 말이었다. 특이한 점은 자필이 아닌 컴퓨터 워드를 이용해서 유서를 남기는 이유에 대해서도 설명하고 있었다는 것이다. 전체적으로 세세한 내용을 담고 있었고 문학 작품을 인용하는 등 현학적이면서 추상적인 용어가 등장한 점, 전적으로 자신의 문제로 자살한다는 내용을 강조한 점 등의 특징은 일반적인 유서와는 구별되는 것이었다.

필자는 지금껏 수많은 유서를 봐 왔지만 워드프로세서로 작성한 경우는 얼마 되지 않았다. 그것도 유서 말미에 자신의 이름과 서명까지 남긴 유서는 희귀하다. 유서는 간단한 메모장에 남기는 것이 보통인데 빨간색 편지지 형태의 A4 용지에 남긴 경우는 처음 접했다. 분량도 일반적으로는 몇 줄에 그치는 것이 대부분인데 이 유서는 10포인트 크기의 글씨로 두 장을 채웠으니 상당히 많은 내용이었다. 소설이나 시를 인용한 형태는 지금껏 보지 못한 것이었다. 고차원적인 내용이 상당 부분 존재했고 죽음을 희화한 내용도 꽤나 의문을 품게 하는 것이었다. 보통 고유명사는 대명사로 전치되거나 생략되기 쉬운데 이 유서는 가족이라도 계속 이름을 쓰거나 꼬박꼬박 호칭을 드러내 어색함이 존재했다. 유서라는 느낌보다는 변명, 어떤 공식적인 사과문 같은 느낌이었다. 내용 중 우울증 관련 부분은 거짓으로 드러났다. 보험 내역에는 정신과 진료와 관련 약물을 복용한 경력이 없었다. 가족 또한 피해자가 정신과 질병을 앓았던 사실이 없다고 진술했다.

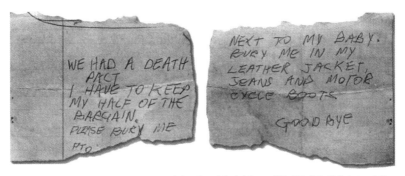

실제 유서의 예(미국). 당장 손에 닿는 종이를 찢어 급하고 짧게 썼다. '…… 나를 가죽 재킷, 청바지, 오토바이 부츠 차림으로 묻어 주오. 안녕.'

주저흔과 생활반응

여자의 상처에서 옆구리와 손목 주변에 주저흔이 하나도 없었고 무엇보다도 생활반응(vital reaction, 특정 충격에 대해 살아 있는 몸이 보이는 반작용)도 존재하지 않아 다분히 생명 반응이 없어진 후에 발생한 상처라는 것을 알 수 있었다. 죽음 직전에 미세하게 나타나는 주저흔은 자살의 가능성을 상당 부분 추정할 수 있게 해 준다. 뒤에서 설명하겠지만 주저흔이란 자살 시도자가 두려움으로 인해 한 번에 치명상을 내지 못하고 반복해서 수차례 특정 부위에 자해 흔적을 남긴 것을 말한다. 주저흔은 죽음에 이르게 하는 결정적인 상처 주위에 있는 것이 보통인데 1센티미터 크기로 송곳에 찔린 듯한 상처가 수십 개에서 수백 개까지 남기도 한다.

피해자의 허벅지와 엉덩이 부근에 멍 자국이 있긴 했지만 사망 전후 발생한 상처와는 상관이 없는 듯 보였다. 옆구리와 손목 상처의 깊이와 크기를 볼 때 상당량의 혈흔이 피해자가 목을 맨 베란다와 이동한 장소를 따라 거실에서 발견되어야 하는데 혈액의 양이 너무 적어 살아 있는 동안 발생한 상처라기보다는 사망 후 생활반응이 없는 상태에서 누군가가 고의적으로 낸 상처라는 판단이 들었다.

전에 자해 혹은 자살 시도를 한 적 없던 피해자가 자살 과정 중 과도하게 파괴적인 행동을 할 가능성은 적다. 이중 삼중의 중복적인 자살 방법을 이용해서 자살을 시도하는 경우는 흔치 않다는 이야기다. 과거 자살 시도를 통해 어느 정도 신체적 고통에 둔감해져 있을 때는 극단적인 자살의 방식을 중복해서 시도하는 경우가 있긴 하지만 말이다. 하지만 처음으로 자살을 시도한 사람이 이번 사례처럼 부엌칼을 이용해서 상처를 내고 목욕탕에 있던 수건으로 목을 매는 과도한 방식을 택한 것은 좀처럼 납득되지 않는 부분이다.

친구들의 증언과 페이스북과 일기장에 남겨진 글

그녀가 SNS에 쓴 글은 크게 두 가지를 표현하고 있다. 첫째는 현재 만나고 있는 남자에 대한 불신과 원망, 둘째는 미래에 대한 불안이었다. 아래는 그녀가 일기장에 남긴 글의 일부이다.

그 인간은 아이를 지우라고 하지만 난 그럴 생각이 없다. 못된 사람, 나에게 해 준 만큼 돌려 줄 생각이다. 설령 혼자되더라도 좋은 엄마가 되어 잘 키울 거다.

앞날이 두렵다. 나에게 펼쳐질 미래는 어둡지만 난 이 상황을 잘 이겨 내고 우리 아기를 지켜 낼 수 있을 거야.

스트레스와 불안, 걱정과 관련된 어구가 많긴 했지만, 최근 일련의 사건이 그녀를 친구와 가족들로부터 단절시키거나 소외시키지는 않았던 것으로 보인다. 친구들도 그녀와 꾸준히 접촉하며 심리적인 안정감을 찾을 수 있도록 했고 부모도 그녀와 적절한 해법을 찾기 위해 노력하고 있었다. 자해 시도, 죽고 싶다는 등의 직간접적인 표현, 자살과 관련된 검색, 개인 신변 정리, 정신과적 증상의 존재와 같은 특별한 징후도 행동도 보이지 않았다.

주변의 정보와 정황을 종합하면 사망자가 자살에 이를 만한 충분한 의지를 가졌다고 판단할 수 없었다. 사체에서 나타나는 비전형적인 자살 형태 즉 혈액의 양이 너무 적다거나 당시 피해자가 입고 있었던 옷이 부자연스럽게 말려 올라가 있던 점이 특이점으로 나타났고 그 독특한 유서의 형태는 조작이 아닌지 의문을 제기할 수밖에 없는 것이었다. 유가족과 회사 동료들은 그녀가 최근까지 긍정적으로 생활했으며 그 예로 여행을 계획한 점을 지적했는데 이는 매우 중요한 진술로 보였다.

필자는 자살이 아닌 타살의 가능성을 강하게 제시하면서 추가적인 보완 수사가 뒤따라야 한다는 소견서를 제출했다. 그 뒤 밝혀진 범행은 앞의 사건 개요에 적혀 있다.

6. 그를 처벌해 주세요

한국 최초의 심리부검

2008년 11월 제주 화순 해수욕장 해변에서 이미연 씨(45세)가 자동차 안에서 숨져 있는 것이 관광객에게 발견되었다. 강원도에 사는 이 씨는 10대의 자식과 남편을 둔 가정주부로서, 차를 렌트해서 이 먼 곳까지 내려온 것이었다. 인근 CCTV를 학인한 결과 가까운 슈퍼마켓에서 그녀가 직접 번개탄과 화로를 구입한 사실이 드러났다. 그녀는 수면 유도제를 탄 소주를 마신 뒤 차 안에서 번개탄을 피워 목숨을 끊은 것으로 보였다.

차 안에는 남편과 가족이 수신인으로 되어 있는 유서 여러 장과 함께 경찰에 호소할 목적으로 따로 작성한 유서가 놓여 있었다. 유서에는 남편과 가족에 대한 서운함과 강한 분노를 표출했고 시동생을 처벌해 달라고 요구했다. 유서에 적힌 핸드폰 번호를 이용해서 남편에게 사망 소식을 전달했다. 그날 저녁 남편과 친언니가 현장에 도착했다.

이미연 씨는 직장에서 남편을 만나 20년 전에 강원도로 시집을 온 뒤 두 아이를 낳고 별 어려움 없이 살고 있었다. 하지만 남편이 출장을 간 틈을 타 함께 살고 있던 20대 초반의 시동생이 그녀를 강간하는 사건이 벌어졌다. 이 씨는 그 사실을 가슴에 묻어 둔 채 10여 년을 살아오다가, 최근에야 남편에게 털어 놓았다. 그녀는 시동생을 처벌해 달라고 요구했다. "10년을 죽지 못해 살아 왔다"고 하며 우울과 심리적 고통을 호소한 그녀는 시동생을 처벌하는 것이 잃어버린 10년에 대한 최소한의 보상이라고 주장했다. 하지만 남편은 10년 전의 일을 지금 문제 삼을 필요가 있느냐면서 오히려 그때 그녀가 조심하지 못한 것이 문제라며 책임을 넘기려 했다. 배신감을 느낀 그녀는 시부모에게 자신의 피해 사실을 이야기했다. 그 결과는 시부모가 "멀쩡한 사람 잡는다"며 그녀를 정신병원에 강제로 입원시키는 것이 되었다.

병원에서 몇 번의 자살 시도가 있었지만, 직원의 개입으로 매번 실패했다. 그녀는 남편에게 더 이상 지난 일을 문제 삼지 않겠으니 자식들과 함께 살게 해 달라고 하소연한 끝에 정신병원을 나서게 되었다. 집에 돌아온 당일 그녀는 마지막으로 아이들을 보고, 그 길로 죽기 위해 집을 나섰다. 그녀가 하루를 걸려 달려온 곳이 바로 생을 마감한 곳, 필자가 마주한 현장이다.

사건 자체가 복잡한 것은 아니지만 아마도 수사 현장에서 심리부검이라는 이름으로 공식적인 조사가 이루어진 최초의 사건이다. 필자가 심리부검을 맡았다. 경찰은 이 40대 여성의 사망 사건에서 자살의 원인이 무엇인지 의견을 줄 것을 부탁했다. 조사 방법을 찾던 중 전례는 없었지만 국외에서 활용되고 있는 심리부검을 실시해 보기로 했다.

급한 대로 문헌을 찾아 면담 방식과 조사 문항을 구성한 후, 사망자의 남편과 가족을 대상으로 면담을 시작했다. 그리고 주변 친구와 가족들의 참고 진술, 자살 사망자의 의료 기록과 검시 기록, 그리고 생존 당시 정신병원에서 상담을 받았던 두툼한 기록을 받아 검토했다. 「이미연 심리부검 결과 보고」라는 문서는 2008년 검찰과 법원에 공식적으로 제출되었다.

이 사건을 계기로 필자는 심리부검에 대해 더 관심을 가지고, 관련 연구들을 자세히 살펴보게 되었다. 이 공부를 기초로 "심리부검 운영 계획안"을 만들었다. 표준화된 심리부검 프로토콜과 면담 방식, 심리부검을 할 수 있는 변사 사건의 종류를 정해서, 심리부검을 제도적인 장치로 마련해 보고자 한 것이다.

처음에는 사망의 종류를 밝히기 위해 심리부검을 했다. 필자가 심리부검을 행한 사건들 대부분이 미성년자 자살, 집단 자살, 투신 자살 등 타살과 관련성이 있는 사건이 대부분이었기 때문이다. 그러다가 차츰 자살의 원인을 규명하고 자살 대책 마련에 현실적인 도움을 줄 수 있는 쪽으로 옮겨 갔다. 2013년부터 보건복지부의 지원으로 필자가 실시하고 있는 심리부검은 한국의 자살 원인을 규명하고 유형화하기 위한 것이다.

7. 죽음의 얼굴을 본 사람들
본능적 저항

❶

2008년 10월 중순, 제주도 서귀포에 사는 30대 여성 최현희 씨가 새 연교라는 다리 중간쯤 차를 세워 놓고 바다로 뛰어내렸다. 천만다행으로 그녀는 죽지 않았다. 제주도 가을 바다는 물살이 세지 않았고 유속도 느렸을 뿐 아니라 무엇보다도 다리가 높지 않았던 것이다. 신고를 받고 신속히 출동한 해양 경찰이 떠내려가는 그녀를 3분 만에 구조할 수 있었다. 등 부위에 얕은 타박상과 다리 골절 이외에는 큰 상처가 없었다.

병원으로 가기 위해 앰뷸런스를 기다리는 그녀와 면담했다. 꽃무늬가 새겨진 노란색 원피스를 입고 있던 그녀는 놀라울 정도로 무덤덤해 보이면서도 당장 뭔가 말하고 싶은 욕구가 강한 듯했다. 그녀는 둘째 아이를 출산한 후 2년에 걸쳐 산후 우울증을 앓고 있었다. "정말 죽고 싶었는데, 뛰어내리려 했는데 막상 난간 위에서 바다를 내려다보는 순간 몸이 말을 듣지 않았어요. 얼어붙은 채 있다가 떨어졌어요. 그 순간 살고 싶다는 생각이 강렬하게 들었어요." 그러고는 말을 잇지 못했다. 오히려 안도한 듯 평온한 표정이었다. 면담은 더 이어지지 못했다.

❷

2009년 11월 저녁 원주시의 어느 중학교 1학년생 두 명이 떨어진 성적을 비관하며 자신이 살던 15층 아파트 옥상으로 올라갔다. 이 여학생들은 옥상 위로 올라간 뒤 뛰어내릴까 말까 3시간을 고민하다 한 학생이 결심을 하고 옥상 난간 바깥으로 넘어가 매달렸다. 난간을 놓으면 떨어지게되는 것이다. 그러나 매달린 채 아래를 내려다본 순간 마음이 바뀐 여학생은 난간을 붙들고 살려 달라고 외치며 친구에게 도움을 구했다. 공포에 질린 아이는 목소리가 잠겨 더 이상 소리를 지를 수도 없었다. 10여 분간을 매달려 있던 아이는 힘이 빠지고 다른 친구가 온 힘을 다해 손을 잡고 버텼지만 결국 손이 미끄러지며 아래로 떨어졌다. 홀로 남겨진 친구는 떨어지는 친구를 향해 이름을 부르며 그 자리를 떠나지 못하고 있었다. 남은친구는 따라 뛰어내리기는커녕 다리가 덜덜 떨려 서 있기도 어려운 상황이었다.

필자는 옥상 난간에 남은 여학생의 여러 가닥의 유류 지문과 환기구위에 선명하게 찍힌 족흔적을 관찰할 수 있었다. 공포 속에서 살려고 몸부림친 흔적들이다.

두 경우 모두 죽으려고 뛰어내렸던 그 순간이 역설적으로 살려는 의지를 가장 강렬하게 확인하는 순간으로 바뀌었다. 흔히 자살을 시도한 뒤 살아남은 사람이 계속 자살을 시도할 것이라는 믿음이 있는데, 조이너와 그의 동료들의 연구에 따르면 실제로는 살아남은 사람들 중 절반 이상이 더 이상 자살을 시도하지 않는 것으로 나타난다.

우리는 흔히 자살은 정말 쉽다거나 한 순간이라는 식의 이야기를 접하게 된다. 영상물에서는 고통 없이 조용한 자살도 가끔 등장하는 듯하다. 하지만 현장에서 자살의 맨얼굴을 늘 접하는 사람들이 보기에 그보다 사실과 동떨어진 이야기도 없을 것이다. 자살자의 신체는 죽음에 이르기까지 얼마나 고통이 심한지 보여주는 증거 그 자체이다.

스스로 칼이나 뾰족한 도구를 이용해서 멀쩡한 살을 찢고 찔러 사망한 사람들의 몸에는 주저흔이라 불리는 연습용 상처를 흔히 볼 수 있다. 죽기를 결심한 뒤부터 실행에 옮길 때까지 얼마나 걸릴지는 개인마다 각자의 상황에 따라 극명하게 다르다. 하지만 자신의 몸을 바다에 내던지든, 절벽에서 뛰어내리든, 칼로 자신을 찌르든, 농약을 마시든, 나무에 목을 매든, 기차에 몸을 던지든 간에, 살고자 하는 본능을 거스른다는 점에서는 하나같이 같다. 그 과정에서 생존 본능을 거스르고 자신에게 위해를 가하려 할 때 치명적인 상처를 내기까지 수 없이 주저하면서 낸 흔적들이 가슴, 목, 복부, 손목 등에 일정한 방향으로 나타나게 된다.

그런 일련의 연습 과정 끝에 본능이 그어 놓은 절대 한계선을 넘는 단계가 오면 이제 완전히 다른 세계, 죽음으로 넘어가는 것이다. 단지 몇 분 혹은 몇 초 사이에 말이다. 하지만 그 순간까지 자살자가 느꼈을 심리적 고통과 절망은 측정조차 불가능하다. 그가 죽음을 선택한 현장에 남은 이런 저런 흔적들이 사망자의 고통과 고독과 절망을 짐작케 할 뿐이다.*

주저흔과 방어흔°

앞에서 이야기한 주저흔은 자살 사망자에게서 일반적으로 나타나는 것으로서, 그 자체가 자살의 유력한 증거로 받아들여진다. 주저흔은 말 그대로 자살 시도 중 주저하다가 생긴 상처로서 아무리 굳게 결심한 자살자라도 마지막 순간에 망설일 수밖에 없음을 생생히 드러낸다. 그렇다면 수많은 주저흔이 결국에 결정적인 치명상으로 변화하는 것은 또 무엇 때문인가?

이것을 노출 효과 혹은 둔감화라고 설명하는데, 어떤 사람이 반복해서 고통과 두려움을 경험을 하게 되면 자연히 그 두려움에 대해 둔감해지고 어느 순간 자연스럽게 받아들이는 순간이 오게 된다. 그 순간에는 날카로운 흉기나 음독 자체에 대한 두려움을 넘어서고 상대적으로 쉽게 생명의 선을 넘어 가게 되는 것이다. 예를 들면, 나치 시절 아우슈비츠 수용소에서 오랫동안 수감된 후 굶주림과 죽음의 문턱에서 살아남은 유대인 생존자들이 풀려난 후 절벽에서 뛰어내리거나 목을 매는 등 높은 자살률을 보였고, 특히 육체적 고통이 극한에 이르는 직업인 건설 노동자, 운동선수, 군인, 경찰관 혹은 폭력이나 상해와 관련되어 있는 범죄자, 혹은 죽음을 자주 직면하고 이들의 모습을 자주 목격했던 외과 의사 등에서 높은 자살률을 보이기도 한다.

죽음의 직전에 자연스럽게 신체의 보호 본능이 작동하는 것은 타살의 경우에도 다를 바 없다. 살해당한 사람의 몸에는 주저흔과는 달리 깊은 상처가 일정한 패턴 없이 나 있는 것을 볼 수 있다. 상대방의 공격을 피하는 과정에서 손과 발에 입은 상처이다. 이것을 방어흔이라고 한다. 다른 측면일 수 있지만 이 방어흔도 신체가 본능적으로 자신을 방어하기 위해서 반사적으로 뻗으면서 나타나는 상처들이다. 물론 이것도 신체가 갖는 원초적인 생존 본능이라고 할 수 있다. 생존 본능은 자살과 타살을 판별할 때 중요한 참고 자료가 된다.

어떤 사람이 자신 손으로 목 부분을 압박하여 질식하여 사망하는 경우가 있을까? 이런 경우 자기 스스로 목을 압박하더라도 사망하기 전에 의식이 소실되어 압박을 계속할 수 없게 된다. 그래서 자살의 방법으로는 불가능하다. 하지만 타살의 경우 많이 발생하는데, 여성일 경우 강간범이 강간을 시도하기 전 제압하는 과정에서 혹은 강간을 시도하던 중에 여성의 목을 계속해서 누르게 되어 사망하게 되는 경우이다. 요즘 많이 나타나고 있는 사건 중 하나는, 남녀가 격정적인 성관계를 시도하다가 상대의 목을 눌러 성적 쾌감을 극대화하던 중에 목을 계속 눌러 사망하는 것이다.

8. 동반 자살은 없다
자살자의 공간

 2007년 강화도 강화읍에서 발생한 일가족 변사 사건이다. 이기남 씨(39세)와 박효진 씨(38세) 부부와 두 아들(6세와 4세)은 유아 보호용 매트가 깔려 있는 거실과 방에서 사망한 채로 발견되었다. 베란다 창문과 현관문 모두 안에서 잠긴 상태였다. 집 안에는 방금 전까지 아이가 가지고 놀던 장난감들이 여기저기 흩어져 있었고, 거실에는 짐을 싸다 만 듯한 큼직한 여행용 가방이 보였다. 두 아이 모두 목 부분이 빨갛게 부어 있었고 부인역시 목이 졸린 채 사망해 있었다. TV에는 어린이 대상 프로그램이 켜져 있었고 볼륨이 크게 높여져 있었다. 아침 식사를 한 뒤 설거지가 되어 있지 않았고 수면 유도제를 가루로 만들려 한 흔적인지 잘게 부서진 하얀색 조각이 나무 도마 위에 남아 있었다.
 가장인 이기남 씨는 가족 몰래 도박을 했다. 그 때문에 주변의 지인과 고리대금 사채업자에게 4억 원의 빚을 지게 되었다. 오랫동안 경제적인 어려움에 시달릴 수밖에 없었고 인근 대학 병원 간호사였던 부인이 전적으로 생계를 책임지고 있었다. 하지만 몇 달 전부터 사채업자가 정기적으로 가족을 찾아 협박하며 돈을 갚으라고 종용했고 남편은 그때마다 폭행을 당했다. 발견된 당일도 이전 동업자에게 빌린 돈을 갚아야 하는 마지막 날이었다. 집을 찾아간 동업자들은 문을 두드려도 반응이 없는데 집 안에서 TV 소리가 나는 것을 듣고 근처 열쇠공을 불렀다. 문을 강제로 따고 들어간 그들이 발견한 것은 네 구의 시체였다.

필자는 신고를 받고 정오가 될 무렵 변사 현장에 도착했다. 아버지가 아내와 아이들을 목 졸라 살해한 듯 보였다. 부인과 아이들은 거실에 나란히 누워 있었다. 아버지는 안방 문고리에 핸드폰 충전선으로 목을 맨 채 죽어 있었다. 두 주먹을 쥐고 눈을 꾹 감은 채 고통과 두려움에 몹시 일그러진 얼굴이었다. 바닥에는 그가 지나가서 생긴 듯 보이는 혈흔 발자국이 거실과 안방 여기저기 선명하게 찍혀 있었다. 방바닥에 흩어진 혈흔은 그가 빚쟁이들이 돈을 받으러 오는 시간 이전에 죽기 위해 황급히 서두른 것을 보여주었다.

우리는 흔히들 이런 유형의 자살을 동반 자살이라 말하지만, 앞으로는 정확하게 '살인 후 자살'이라 불러야 한다고 생각한다. 희생된 두 아이는 아버지에 의해 살해된 것이지 함께 죽을 의지를 가지고 자살한 것은 아니다. 자식과 부인의 목숨을 보호자가 되어야 할 남편이 도리어 직접 앗아 간 셈이다. 그 행위는 그 무엇으로도 정당화할 수 없고, 애초에 정당화할 얄팍한 기대도 없었을 것이다.

프로파일러로 처음 활동하게 되었을 때, 필자는 자살 사망자의 공간은 필자의 공간과는 확연히 다른 특징이 있을 거라는 막연한 생각을 갖고 있었다. 자살 사망자는 우리와 다른 생각을 하고 있고 죽음과 관련된 문제를 경험하고 있기 때문에 뭔가 그들만의 확연한 특성이 자살 현장에서 발견되리라 믿었던 것이다. 하지만 그들의 삶의 현장에 가 볼수록 그 생각은 틀렸음을 깨닫게 되었다. 자살 사망자가 살고 있는 공간은 바로 필자가 살고 있는 공간의 구조와 요소들면에서 아주 비슷했다. 어떤 때는 그 비슷함이 충격적일 정도였다. 점차 나는 그들이 살아왔던 삶의 공간들이 지금 필자가 살고 있고 앞으로도 살아가야 하는 공간임을 깨닫게 되었다.

경험적으로 자살 사망자가 발견되는 현장은 자살의 방식을 선택하는 기준에 따라 다르리라 본다. 자살의 방식은 근접성, 안정성, 유용성에 따라 결정된다. 가능하면 자신의 주변에서 가장 친숙한 도구를 이용해서 안정적으로 자살하고자 하는 것이다. 물론 차이는 있겠지만, 아파트에 사는 사람들은 아파트 옥상에 올라가 뛰어내리고, 농사를 짓던 사람들은 주변에 널려 있는 농약을 음독하거나 낫 등을 이용해서 복부를 찌르기도 하고, 바닷가에 사는 사람들은 바닷가에 투신을 하고, 단독주택에서 사는 사람들은 주거지 안에서 목을 매거나 음독하거나 가까운 야산에 올라가 나무에 목을 맨다. 필자가 현장에서 접한 자살자들 대부분은 지나치게 인위적인 자살 방식을 택하지 않았다. 자살을 행동으로 옮기는 순간은 즉흥적으로 결정될 수도 있지만 자살의 방식은 오랫동안 생각하거나 준비해 온 듯 보였다. 그들은 주변 공간을 선택하고 쉽게 구할 수 있는, 즉 익숙하고 자연스러운 도구들을 이용한다.

현장은 주거지 내 자살과 주거지 밖의 자살로 나누어 볼 수 있는데, 주거지 내 자살은 화장실이나 안방에서 문을 잠가 놓고 번개탄을 피우거나 음독하는 등의 방식을 보인다. 이때 집을 잘 치운다거나 청소하는 등의 행동은 하지 않기 때문에 평소처럼 모든 것이 자연스럽게 배치되어 있는 게 보통이다. 물론 가족에게 남기고자 하는 귀중품, 개인 용품, 유서 등은 정리해서 놓아두기도 한다. 가끔 유서나 편지 등을 이불이나 베개, 액자에 넣어 두거나 책 속에 꽂아 두어서 발견하기가 힘든 경우도 있다. 자살자가 어제 입었던 옷이 옷걸이에 걸려 있고, 신발도 신발장에 그대로 있다. 평소 덮고 잤던 이불도 그대로 바닥에 깔려 있다. 어제 밤에 끓여 먹었던 라면 포장 비닐, 음식 찌꺼기가 분리수거 쓰레기통에 담겨 있고, 유서가 밥상 위에 놓여 있다.

주거지 밖의 자살 공간은 야산이나, 차 안, 바닷가, 강, 절벽, 아파트 단지 화단 등이다. 야산인 경우 집에서 멀지 않은 산 나뭇가지에 목을 매거나 음독하는 경우를 많이 볼 수 있고 가끔 가족 묘지가 있는 곳에서 자살하기도 한다. 차 안일 경우 주로 번개탄을 피워 질식한다. 다리, 해안, 절벽, 아파트 옥상 모두 투신을 위한 장소이다. 이때는 시체의 유실을 염려해서인지 신발이나 옷가지 혹은 자신의 신분을 확인할 수 있는 흔적을 남겨 놓는 경우가 많다.

자살 사망자의 옷차림은 자연스럽고 소지품 중에서 없어진 것을 확인할 수 없고 가끔 자신의 소지품을 잘 정리해 놓기도 한다. 만일 칼로 자살을 시도하는 경우 혼자서 가능한 부위인 목, 복부, 심장, 손목 등의 급소를 선택한다. 보통은 자살에 사용한 도구는 손에 쥐고 있지만 사체 주위에서 발견될 때도 있다. 의복 위에 찌르기보다 피부 면에 직접 접촉해서 도구를 사용한다. 상처는 깊은 상처(치명상)가 하나가 있고 그 주변에 주저흔들이 발견되는 것이 일반적이다. 만일 여러 개의 손상이 있을 경우 손상은 서로 평행상을 보인다.

9. 무연고 독거 노인 자살

보이지 않는 보호자

2009년 6월 포항에서 독거 노인 장길현 씨(65세)가 변사체로 발견되었다. 장마철의 다습한 실내 환경으로 인해 이미 전신에 부패가 진행되었고 사체 여기저기서 구더기가 발견되었다. 사망한 지는 1주일 정도로 추정되었다. 부패 상태는 이후 사인 추적이 불가능할 정도였다.

사망자는 주먹을 지그시 가슴에 올린 채 사망한 상태였다. 60대 중반의 이 남성은 바짝 마른 체격에 섭식 장애가 있는 듯 보였고 주변에는 먹다 남은 음식과 막걸리 병, 심지어는 배설물까지 널려 있었다.

해병대 1사단 훈련소에서 가까운 이 허름한 주택에 들어섰을 때 필자는 집 안에 온통 가득 차 있던 신문과 폐지 더미에 놀랐던 것을 기억한다. 하지만 더 놀라운 것은 그로 인해 사망자가 보이지 않는 것이었다. 시체가 폐지와 박스 더미 어디쯤 파묻혀 있는지 찾을 수가 없었다. 지붕에 구멍이 나서 드문드문 비가 새고 있었고 방 여기저기서 지독한 냄새가 코를 찔렀다. 근처가 모두 이런 형태의 낡은 집이었고 주민들은 모두 독신 노인이거나 오갈 데가 없는 무연고자들이었다.

집주인은 60대 초반의 남자로 집세가 밀린 사망자와 전화 연락이 되지 않자 집으로 직접 찾아오게 되었고 집 안에서 뭔가 썩은 냄새가 나기에 비상 열쇠로 문을 열어 보게 되었다고 했다. 그는 무척 놀란 표정이었고 집 안이 온통 신문과 박스 더미로 가득 찬 사실에 어처구니없어 했다. 노인의 목에 걸려 있던 핸드폰을 찾아 수신자로 찍혀 있던 이종찬 씨에게 연락을 취했다.

잠시 후 현장에 도착한 이종찬 씨는 사망자의 모습을 보고 눈물을 흘리며 자신이 더 신경을 써 주지 못한 것을 미안해했다. 그에 따르면 50대 때 노숙 생활을 함께 했던 그들은 경기 사회 재활 및 적응 훈련소에서 요리 교육을 받고 포항으로 내려와 작은 포장마차를 차려 같이 일했다. 하지만 전부터 대인 기피증과 정신분열 증세가 있었던 사망자는 증세가 악화되는 모습을 보였다. 급기야는 포장마차 일을 계속할 수 없을 정도로 병세가 심해져 혼자 집에서 요양하며 폐지나 박스를 주우며 생계를 겨우 유지했다. 처음에는 걱정이 되어 전화도 하면서 안부를 물었지만 이종찬 씨 본인도 살기가 바빠 챙기지 못했다고 한다.

가족의 연락처를 아는 사람은 전혀 없었고 신분증을 찾을 수가 없어 신원 조회도 어려웠다. 과학 수사 요원이 그의 신원을 파악하기 위해 아직 부패되지 않은 일부 손가락을 잘랐다. 지문을 찍기 위한 것이다. 주변이 시끄러워지자 옆집에 있던 사람들이 나와서 도대체 무슨 일이냐며 서성거리기 시작했다. 이런 상황은 수사를 지연시킬 뿐이다. 필자는 "아무 일 아니니 그냥 들어가서 조용히 계시면 됩니다"라고 말하고 싶은 기분이었지만, 결국 "혹시 지난밤이나 근래 들어 이 집에서 특이한 점이나 이상한 점을 보거나 들으신 적이 없습니까?"라고 물어보았다. 이들은 공간적으로 사망자와 벽 하나를 두고 있던, 가장 가까이 있던 사람들이고 가장 많이 마주쳤을 법한 사람들이기도 하기 때문이었다. 하지만 최근 그를 보았거나 알고 있는 사람은 없었다. 그는 자기 방에서 나오지 않은 채 혼자 먹고 자고 두어 달을 보냈다. 그러고는 스스로 목숨을 끊었다. 유서에는 이렇게 적혀 있었다. '모두에게 미안합니다.'

무엇이 그토록 미안했을까? 더운 여름 비 내리는 그때의 냄새와 우울한 분위기는 여전히 내 뇌리에 남아 있다.

현장에서 필자가 해야만 하는 일이지만 또 가장 하기 힘든 일은 남겨진 사람들을 만나 이야기를 나누는 것이다. 남은 사람들의 정신적인 충격은 아무도 가늠할 수 없을 것이다. 말을 걸기도 전에 실신하는 사람, 말없이 흐느끼는 사람, 죽은 사람을 살려 달라고 소리 치는 사람, 묵묵히 지켜보는 사람 등 반응은 제각각이지만 마음속으로 절망과 자책 그리고 의문으로 혼란스러워하는 것은 전혀 다를 바 없다. 필자는 그 상황에서 면담을 강요하는 것이 아니라, 다만 그들을 위로하고 그들 옆에서 벌어지는 일을 유심히 지켜볼 뿐이다. 하지만 말을 하고 싶은 유가족, 지인들과는 사망자에 대한 이야기를 주고받는다. 그가 누구이고 어떻게 살아왔는지, 최근 무슨 일이 있었는지, 어떤 고통이 있었는지, 남겨진 사람과는 어떤 사이이고 어떤 이야기를 나누었는지 등, 일정한 주제는 없다. 그들이 말을 편히 할 수 있게끔 기회를 준다. 그리고 감정을 추스르거나 복받쳐 오르는 격정적인 감정이 해소될 수 있도록 도와준다.

유가족 중 자살 현장을 직접 목격한 사람에게는 특히 세심한 주의를 기울여야 한다. 유가족이야말로 자살의 1차 피해자이기 때문이다. 트라우마를 가지게 되는 것이다. 자살이란 불가항력적인 병이나 사고에 의해서가 아니라 어떤 심리적, 사회적, 신체적, 경제적 압력을 견디지 못한 사람이 자신의 의지로 생명을 포기한 것이다. 그 때문에 유가족은 일정한 책임을 느끼며 끝까지 지켜 주지 못한 것에 지울 수 없는 죄책감을 경험하게 된다. 유가족에게 1차적으로 중요한 이슈는 누군가 자살이라는 사건을 객관적으로 바라볼 수 있는 안목을 제공하고 자살의 원인을 통합적으로 이해할 수 있게끔 통찰력을 제공하는 일이다. 심리적 고통의 해소는 나중이다. 자살 원인과 사건에 대한 통합적인 이해 없이, 자살과 관련된 많은 물음을 뒤로 한 채, 수면 위로 떠오르는 심리통을 해소하는 데에만 초점을 맞춘다면 순간적인 진통 효과는 얻을 수 있을지언정 근본적인 이해나 치유를 도모하기에는 한계가 있다.

죄책감은 가족만 해당되는 것이 아니고 친하게 알고 지내던 친구들에게도 고통을 준다. 다만 친하게 지낸 친구나 직장 동료 등의 지인이 현장을 발견한 경우라면 좀 더 자세하게 물어 본다. 직장에서 무슨 일이 있었는지 혹은 친구들과 어땠는지 등등, 자살과 관련 지을 수 있는 것들이 무엇인지 단서를 찾기 위해서이다. 또 그렇게 함으로써 이들이 주변 사람들에게 하지 못한 이야기를 할 수 있게 된다. 그들에겐 아주 중요한 시간이라고 본다.

중요한 점은 자살처럼 보이는 모든 사건이 실은 타살일 가능성을 배제할 수 없다는 것이다. 현장에서는 자살이 명백하든 아니든 모든 단서에 의심을 품고 꼼꼼하게 따져 보아야 하고 자살에 이를 동기와 의지가 있었는지가 확인되어야 한다. 현장에서 만난 주변인들은 모두 감정적으로 불안정한 상태이기 때문에 정확한 기억을 떠올릴 수는 없다. 다만 시간을 두어 정서적으로 안정을 되찾게 되면 만나 고인에 대한 이야기를 들을 수 있다. 대부분은 3개월 정도 지난

다음에 면담이 가능했다. 그때 자살 사망자와 관련한 의문점들을 함께 풀어 나간다.

안타까운 것은 만날 수 있는 사람들이 생각보다 많지 않다는 점이다. 특히 가출인이거나 독신자, 노숙자의 경우에는 보호자와 접촉하기도 힘들어 가족을 찾기 위해 수배를 내릴 정도이다. 이럴 때 인터뷰할 수 있는 사람은 주로 주변의 뜨내기 친구이거나 가끔 한 번씩 찾아왔던 사회복지사들밖에 없다. 이들은 자살자와 가끔 이야기를 해 본 정도이니 이들에게 자살 원인을 물어 봤자 심층적인 탐문이 될 수 있을 리가 없다.

이런 자살 현장은 적막하고 고요하기까지 하다. 자살의 공통적인 위험 요인 중의 하나가 인간관계의 소멸이니, 적막한 자살 현장이 많을 것이 당연하다. 울음소리나 흐느낌도 없다. 슬퍼해 줄 사람도 없다. 다만 그를 잠깐 알아 왔던 사람들, 혹은 그를 발견한 행인들이 혀를 차며 안타까워할 뿐이다. 그리고 지나가던 이웃들이 담벼락 너머에서 "무슨 일이에요?"라고 묻는 정도이다. 바로 옆집 혹은 옆방 이웃조차 한 달이 넘도록 발견하지 못한 자살 현장은 그의 시체가 썩어 냄새가 나야만 주변의 시선을 받을 수 있다.

10. 퇴직 노인 자살 사건
가족에 대한 마지막 배려

춘천 근교에 사는 김종철 씨(68세)가 통영의 선산 묘지에서 사망한 채 발견되었다. 그는 백발의 노인으로 4일 전에 가족들이 실종 신고를 한 상태였다. 그는 선산 주변 소나무 가지에 자신이 가져온 노끈으로 목을 맸다. 소나무 밑에는 그가 가져와 마셨을 것으로 보이는 막걸리 병 두 개가 놓여 있었다. 사람이 잘 다니지 않는 깊은 산 속이라 발견이 더뎠던 것으로 보인다. 추석을 맞아 벌초를 위해 올라온 마을 주민이 그를 발견하고 경찰에 신고했다. 낡은 바지 주머니에는 신분증, 춘천에서 통영으로 내려온 버스표, 얼마 안 되는 돈, 그리고 가족에게 남기는 짧막한 유서가 구겨진 채 들어 있었다. 가족에게 연락이 닿아 저녁 무렵이 되자 부인과 아들이 통영으로 내려왔다. 간단히 참고인 진술과 가출 경위 조사 등의 절차를 밟고 유족에게 사체를 인계했다.

오른쪽 다리의 심한 수술 흉터 외에는 사체에 특별한 소견은 없었다. 가족에 따르면, 얼마 전 그는 평생 다녔던 목공소 직장에서 다리를 심하게 다친 후 직장을 그만두었다. 본인은 이제야 집에서 쉴 수 있게 되었다고 좋아했다. 하지만 그것이 얼마 가지 않았다. 다리가 아파 거동이 불편한 그는 부인과 자식들의 눈치를 보기 시작했다. 괄시받는 처지라고 느끼고 그 서러움을 표현하였다. 평생 직장에서 사귄 친구들과도 퇴직 후에 자연스럽게 소식이 끊겼다. 어느 순간부터 이 노인은 자신이 남아 있는 가족에게 짐이 될 뿐이라는 식의 말을 하곤 하였다.

유서에는 이렇게 적혀 있었다. '자식들에게 짐이 되어 미안하오. 통장에 12만원이 남아 있으니 당신이 찾아 가지시오. 당신이 준 부적은 책상 서랍에 두었소. 먼저 가서 미안하오.'

60대 노인이 강원도에서 통영 선산으로 내려오는 자살 여행을 떠난 이유가 무엇일까? 근처 가까운 곳에서 자살할 수도 있는데, 뭔가 의미 있는 곳에서 죽음을 맞이하고 싶었던 것일까? 혹은 가족에게 관심과 주목을 받고 싶고, 남겨진 자들에게 서운함을 표현하고 싶었던 것일까?

필자는 정반대로 본다. 그가 거주지와 멀리 떨어진 고향 통영의 선산에서 목을 매고 자살한 것은 짐이 되지 않기 위해 나간다는 것과 가족이 쉽게 찾을 수 없는 곳으로 떠난다는 생각을 모두 표현한 것으로 해석된다. 자신이 그동안 사랑했던 가족에게 죽어 있는 모습을 보이고 싶지 않은 마음과 남겨진 사람들이 느낄 법한 불편함과 죄책감을 덜어 주기 위한, 산 자에 대한 마지막 배려가 아니었을까. 자살자에게 흔히 갖게 되는 선입견 즉 그는 이기적이고 자기애가 강할 것이라는 예측은 이런 경우 쉽게 무너진다.

많지는 않지만 심심찮게 자신의 주거지에서 멀리 떨어진 곳에서 자살하는 경우를 볼 수 있다. 제주도에서 살던 사람이 강원도에서 발견되거나 통영에서 살던 사람이 강화도에서 발견되는 경우이다. 어찌 보면 그 먼 거리를 가는 여정이 마지막으로 이승에서 자신과 함께 보내는 시간이 된다. 이런 죽음의 종착점은 그가 태어난 곳이거나 가장 행복했던 곳, 혹은 다시 돌아가고 싶은 곳과 맞물려 있다. 마지막 삶을 정리하며 회고하는 시간엔 누구라도 자신이 가장 행복했거나 자신을 가장 행복하게 했던 장소와 사람을 떠올리는 것이 당연하다. 그곳에서 가장 편안한 상태에서 죽음을 맞이하고 싶을 것이다.

11. 네 번의 악몽

자살 임박 신호가 보인다

2011년 10월, 용인에 사는 20대의 송은아 씨는 동거하는 남자 친구가 출근하느라 집을 비운 사이 아침에 목을 맨 채 발견되었다. 현관 출입구 맞은편에 있는 안방 문고리에 끈을 고정하고 목을 맨 상태였고 전날 밤에 작성한 유서 한 장이 식탁 위에 놓여 있었다. 현관문과 창문은 안에서 잠겨 있었고 외부인이 드나든 흔적은 표면적으로는 없어 보였다. 사망자의 옷맵시에 이상한 점은 없었고 금품을 찾기 위해 집을 뒤진 흔적도 보이지 않았다.

부검 결과, 수면제와 신경안정제가 소량 검출되었지만 사인과는 직접적인 관계가 없었다. 부모와 언니 가족 모두가 근처에 살고 있었고 남자 친구와는 1년 동안 동거 중이었다. 가족들도 그녀가 동거한 사실에 대해서는 알고 있었다.

사망자는 이전에 발생한 성폭행 피해 사건 때문에 외상 후 스트레스 장애 진단을 받고 심리 치료를 받아 오고 있었다. 최근 가족과 금전적인 문제로 다툼이 있었고 우울증이 심해지면서 정신과에서 여러 차례 약물 및 심리 치료를 받아 왔다. 여기에 스트레스 요인이 하나 더 추가된다. 사망자의 친구에 따르면, 최근 남자 친구가 바람을 피우고 자신을 이용한다는 이유로 자주 싸우는 등 불화가 심해진 상황이었다고 한다.

남자 친구와의 갈등 때문에 타살의 가능성이 있다는 이유로 필자가 심리부검을 맡았던 사건이다. 심리부검 결과 사망자는 고등학교와 대학 시절 겪은 네 차례의 성폭행 후유증으로 외상 후 스트레스 증상을 장기간 보여 왔고, 이것이 최근 무기력감, 죄책감, 강박적 행동, 우울증 등의 정신과적 문제로 연결되면서 심화된 상태였다. 무엇보다도 가족 구성원 간의 애착과 지지가 부족했고 몇 차례 반복된 성폭행 경험으로 대인 관계에 대한 불신이 높은 상태였다. 경계의식과 피해망상 때문에 사회적으로 고립이 심한 상태였고 사소한 일에도 스트레스와 충격의 정도가 심하여 우울증이 악화되는 패턴을 보였다.

자살 직전에는 죽음에 대해 자주 언급했고 연예인 자살 보도에 큰 관심을 표시하며 자신이 생각하는 자살 방법에 대해서 남자 친구에게 언급하는 등 직간접적 표현이 있었다("끈을 준비해 놨다", "수면제를 하나씩 모아 놨다", "내가 죽게 되면 어떤 식으로 죽을 것이다" 등등). 유서에는 부모님에 대한 감사의 말과, 소유물에 대한 처리 방법, 시신 처리 방법이 적혀 있었다. 간단한 문장에 정서적 고갈과 소진 그리고 피로감이 누적된 듯한 필체였다. 제3자가 거짓으로 꾸민 유서는 아닌 듯했다.

최근 언어적 패턴의 변화에서, 급격히 말수가 줄어든 것이 확인되었다. 3년간 상담 받아 오던 상담사에게 자살 방법을 구체적으로 언급하는 횟수가 증가하였다. 심리 평가와 관계 평가에서는 다양한 지표에서 사망자에게 스트레스 상황이 거듭되었음이 드러났고 우울증 심화와 정서적 기복이 반복적으로 나타나 자살이 임박했던 상황임을 알 수 있었다.

자살 행동 평가에서는, 자살에 대한 지속적인 언급과 구체적인 방법에 대한 열거, 유서에 대한 언급이 지속적으로 보여 자살이 임박하고 동기가 충분한 것으로 여겨졌다. 비록 남자 친구의 최근 행적과 그로 인한 갈등이 타살 가능성을 완전히 기각시키지는 않았다 해도 말이다. 마지막으로 약물 경력, 검시 및 현장 분석에서는 사망자가 타살된 것임을 증명할 수 있는 직간접적인 기록이나 현장 자료를 발견할 수 없었다.

종합적으로 자살 행동에 대한 위 내용을 근거로 자살 의도를 갖고 사망한 것으로 추정된다고 보고하였다. 심리부검 보고서가 증거로 채택은 되지 않았지만 전문가 자격으로 법정에서 진술한 사건이다. 법원은 최종적으로 사망자가 자살한 것임을 확인하고 사건을 종결하였다.

12. 의부증 주부 자살 사건
정신과 치료 거부의 위험성

부산에 사는 정희주 씨(38세)는 2011년 자신의 집 화장실에서 목을 매고 자살했다. 그녀는 10년 넘도록 매년 1차례 이상 자살과 자해 시도를 반복해 왔다. 오래 전 남편이 같은 직장 동료와 외도를 한 사실을 알고부터 의부증을 보였고, 사치를 하거나 귀중품에 집착이 심해 가족 모두가 힘들어했다. 남편이 출장을 갔다 오거나 야근으로 귀가가 늦을 때마다 남편을 의심했고 말다툼이 생겼다. 이때 그녀는 가족들 앞에서 자해하며 위협했다. 남편뿐 아니라 모든 가족들이 그녀에게 아무 이유 없이 "잘못했다"고 빌거나 요구 사항을 들어주면 그제야 한바탕 소란이 끝나는 식이었다. 그녀의 요구로 남편은 몇 번 직장을 옮기거나 이사를 할 수밖에 없었다.

그녀는 옷장 밑에 늘 칼과 수건을 감춰 둘 정도로 상태가 위험하고 심각했지만 10년 동안 단 차례도 정신과 진료나 전문 상담을 받지 않았다. 시부모와 남편은 이것을 친척과 이웃들에게 드러내기에 너무 부끄러운 일로만 생각했다. 한편으로는 정신과에 가면 사망자뿐 아니라 자식들도 평생 정신병자로 낙인찍히지 않을까 두려워했다. 언젠가는 나아지겠지라는 막연한 기대로 지금까지 지내 왔다. 남편도 부인에 대한 죄책감을 느꼈고, 옆에서 잘만 돌봐 준다면, 언젠가는 부인이 예전처럼 돌아오리라 믿었다.

그녀가 죽던 날도 여느 날처럼 중학생 아들과 심한 말다툼이 있었다. 아들마저 자신을 무시하며 엄마가 없었으면 좋겠다고 하는 말에 그녀는 큰 상처를 받았다. 가족들도 매번 그녀의 행동을 습관적인 위협이나 시위로만 받아들였고 대수롭지 않게 넘겨 버렸다. 정작 그녀는 10년 넘게 근본적으로 해결되지 않는 마음의 병을 키워 왔다. 몸에 생긴 병을 돌보지 않으면 악화되듯 마음의 병 역시 내버려 두면 깊어질 뿐인데 말이다.

필자는 자살 사망자가 분명하게 자살 신호를 보였음에도 불구하고 정신과에서 상담과 약물 치료를 받지 못한 경우를 많이 보았다. 자살자 스스로가 정신과에 가기를 거부하거나 주변 사람들이 적극적으로 상담과 약물 치료를 권유하지 않았다. 가족들은 그저 '정신병자'에 대한 막연한 사회적 낙인이 두려워 극히 심각한 사태를 보고도 병원을 찾는 것을 주저하다가 사건이 벌어진 후 뒤늦게 후회하는 경우를 너무나도 많이 보아 왔다.

핀란드 국립보건원의 티모 바르카난 박사는, 1987년 심리부검 프로젝트를 실시하면서 가장 놀란 점이 자살 사망자의 대다수가 생전에 병원을 찾았거나 혹은 정신과적 진단을 받아 본 경우가 없었던 것이라고 했다. 그는 자살을 질병의 문제로 보기보다 개인의 문제로만 접근하는 태도, 그리고 자살 방지를 담당하는 부서조차 이런 풍조에 민감하게 반응하지 못하고 안이하게 대응한 것이 상황을 악화시킨 원인이라고 주장했다.

필자가 실시한 심리부검을 기준으로, 자살자 200명 중 83%는 정신 질환 경험을 했으나 '사회적 낙인'이 두려워 병원 가기를 꺼려

했다.* 전문가들은 "한 번의 자살 시도도 심각한 수준의 질환이므로 첫 시도 당시 전문의를 찾아야 한다"고 말한다. 하지만 이미 자살 시도가 있었던 40명 가운데 정신 건강 의학과에서 충분한 진료를 받은 사람은 6명(15%)에 불과했다.

'차라리 죽으면 죽었지 정신병자란 소리는 못 듣겠다'라고 이야기하는 자살 유가족도 어렵지 않게 만날 수 있다. 하지만 정작 일이 벌어지고 나면 잘못된 생각이었음을 깨닫고 뒤늦게 후회한다. 타인의 시선을 지나치게 의식하는 풍토는 주변의 도움을 받아 적극적으로 문제를 해결할 가능성을 차단한다. 정신적인 문제를 갖고 있는 가족일수록 외부로부터 도움을 찾고 문제를 해결할 수 있도록 적극적인 노력을 기울여야 한다. 그렇지 않으면 더 이상 손쓸 수 없는 상태까지 이르게 되는 것이다. 자살이란 누구든 무관하지 않다는 전제하에 개개인이 자살의 징후가 무엇인지를 알고 적절히 대처할 수 있는 준비가 되어 있어야 한다.

여기서 "아직 한국적인 정서상 이런 일이 생길 수 있다"고 말하는 것은 아무 도움이 되지 않는다. 개인의 생명이 문화적인 풍토보다 우선순위가 낮다는 말인가? 이것은 뭔가 정책적인 해결이 필요한 수준이다. 가족 구성원이 적극적인 조치를 취하지 못하는 사이에 일어난 자살은, 사망자에 대한 죄책감으로 유가족들이 죽음을 생각하게 되는 악순환을 만들게 된다. 이 악순환의 사슬을 끊고 행복한 가정을 만들기 위해서는 자살과 관련된 위험 징후가 무엇인지, 위험한 상황을 손쉽게 확인할 수 있는 방법은 무엇인지 알고 있어야 한다. 더 나아가 누구에게 도움을 받을 수 있는지, 어떤 노력을 기울여야 하는지에 대해서도 명확히 알고 있을 필요가 있다.

목을 맨다

한국에서 자살 방법으로 가장 많이 사용하는 방법은 끈을 목에 감아 자신의 체중으로 목을 압박하여 사망하는 것이다.

지금도 그랬지만 옛날에도 나뭇가지에 목을 매거나 절벽에 투신하는 경우가 많았다. 그중에도 '목을 맨다'라는 말은 곧 자살을 의미하곤 한다. 목을 맨 사람들의 사연을 보면 슬픔, 실패와 좌절, 외로움, 억울함, 무기력감, 절망 등의 단어들과 유난히 관련성이 있다. 그리고 목을 매는 방식도 다양하고 우리 주변에서 손쉽게 방식을 찾아 볼 수 있다. 우리에게 익숙한 도구를 활용할 수 있고 목을 맬 수 있는 장소도 집 안이나 밖이나 손쉽게 찾아 볼 수 있다.

전통 사회에서는 억울한 누명을 쓴 젊은 여성들이 방앗간이나 나무에 목을 매고 자신의 결백을 주장한 경우도 많았다. 신하가 임금에게 직언을 올리고 죽음으로써 그 진실성을 증명하려 하기도 했고, 나라가 어려울 때 현실을 안타까워하며 자결하는 경우도 있었다. 이처럼 목을 매고 죽는 것은 우리의 역사에서 친근하면서도 익숙한 자살 방식이다. 물론 음독을 하거나 칼로 자결하는 방법도 있지만, 사약은 사형 집행의 방법으로 선택되었고, 칼로 자결하는 방식은 주로 우리나라보다는 일본에서 택해졌다. 유교 문화는 죽음의 순간 부모가 물려준 신체를 가능한 한 훼손하지 않는 방식을 선호하게 했는데 그것이 바로 목을 매는 것이다. 결국 한국적 죽음의 방식에는 효와 예절을 중요시하는 절대적 이타성을 엿볼 수 있다.

집 안에서 흔히 보이는 허리띠, 넥타이, 파자마, 여자의 경우는 치마끈, 스카프, 목욕탕 수건, 커튼 고리 등을 이용해서 끈 끝을 장롱이나 문 틈새에 고정한 채 목을 매는 경우가 많다. 문고리에 끈을 고정하는 경우도 많은데 이때는 하체가 지면에 닿아 있는 상태임에도 목이 계속해서 압박되어 질식으로 인해 사망하게 된다. 대부분 사망자들이 장기간 사회적 관계가 단절되고 사회성이 심하게 손실된 상태이기 때문에 바깥으로 나가서 시도하기보다 주거지 안에서 안정적으로 평상시 입던 옷을 그대로 착용한 채 발견되는 경우가 많다. 가끔 주거지 마당 안에 있던 나뭇가지나 주거지 근처 야산에 올라가 나무에 목을 매는 경우도 있다.

특이한 점은 타살의 경우에는 끈을 한 번 정도 감지만 자살의 경우는 대개 두 번 이상 감게 되는 경우가 많다는 것이다. 가끔 타살을 자살로 위장하기 위해 사람을 죽인 후 목에 끈을 감고 문고리에 걸어 놓는 경우가 있다. 이럴 경우, 현수점이 다르거나 삭흔이 여러 갈래로 나와 있고 옷이 쏠리거나 부자연스럽게 보여 자살과는 다른 특징을 보이기도 한다.

마지막으로 기도의 입구 즉 코와 입이 동시에 막혀 사망하는 경우도 있는데 이를 비구폐색성 질식사라고 한다. 자살의 방식으로 잘 선택되지 않고 대부분 타살의 경우에 볼 수 있는데 손바닥같이 단단한 면을 가진 물체로 비구를 막거나 이불, 베개, 쿠션과 같이 부드러운 물체나 비닐봉지 등으로 얼굴을 덮어씌우거나 재갈을 물리기도 한다.

13. 치정 살인과 자살
억울한 자와 억울한 척하는 자

2010년 겨울 경북 안동에서 40대 중반의 평범한 가정주부 서순희 씨가 주거지 부근의 야산에서 매장된 채 발견되었다. 한창 고사리를 따던 철이라 우연히 그곳에서 고사리를 따던 할머니가 사체를 발견하고 112에 신고했다. 발견 장소는 왕복 2차선 도로에서 10분 정도 나무와 가시덤불을 헤집고 들어가야 나오는 넓지 않은 음침한 곳이었다. 주변 여기저기 소주병과 담배꽁초가 발견되었고 사체는 얕게 판 고랑에 흙과 나무 그리고 돌로 덮여 있었다. 신원 확인은 사체의 옷과 신발, 소지품을 통해 이루어졌다. 시신은 이미 부패가 심한 상태로, 부검을 통해 사인을 밝힐 수 없을 정도로 백골화가 진행되어 있었다.

결혼한 지 15년이 되는 그녀는 초등학교 동창회에서 우연히 옛날 짝사랑했던 동창생과 만나 관계를 이어 가다 점차 내연 관계로 발전했다. 초등학교 재학 중인 두 아이를 둔 그녀는 더 이상 이 관계를 지속할 수 없다고 생각하고, 관계를 정리하고 자신의 가정으로 돌아가고 싶어 했다. 하지만 똑같이 가정이 있었던 동갑내기 내연남은 그녀를 쉽게 놓아 주지 않았다. 그녀가 만나 주지 않자 밤낮으로 문자 메시지를 보내며 스토킹하기 시작했고, 심지어 그녀가 근무하던 초등학교 교무실까지 학부모인 척하며 들어와 찾았다. 2010년 추운 겨울밤이었다. 남편이 야근으로 늦게 들어오는 날 내연남이 그녀의 집 근처에 와서 만나 줄 것을 요구했다. 만나 주지 않으면 집으로 찾아가 남편에게 모든 것을 말하겠다며 협박까지 했다. 그녀는 어쩔 수 없이 정말 마지막이라 다짐하며 두 아이를 일찍 재우고 집 앞 호프집에서 기다리고 있는 그 남자에게로 갔다. 그렇게 나간 그녀는 그날 밤 다시 집으로 돌아오지 못했다. 귀가한 남편이 실종 신고를 했고 경찰은 타살 가능성이 있음을 알고 이튿날 바로 공개수사에 들어갔다. 아파트 인근 편의점 폐쇄 회로 화면에서 그녀와 함께 있던 내연남이 술과 담배를 사는 장면이 발견되었다. 그가 유력한 용의자로 떠올랐다.

수사를 받던 그는 중압감과 죄책감을 이기지 못하고 자살하기로 마음을 먹었다. 차를 타고 가다 고의로 다리 난간을 받았지만 난간에 차가 걸려 떨어지지 않았고 가벼운 상처만 입은 채 병원에 후송되어 살아났다. 병원에서 치료받던 그는 다시 자살할 기회를 찾았고 새벽 4시경 병원 지하 보일러실 배관에 목을 매고 자살했다. 그가 남긴 유서는 아래와 같다.

나는 알지도 못하는데 자꾸 나한테만 추궁한다. 견디질 못했다. 이걸 선택한 것에 대해 참 죄송하고 착잡하다. 내가 뭘 해야 할지도 모르겠고 훗날 모든 걸 알게 되면 결백한 걸 알게 되면… 미안해 여보… 죄송합니다. 아버지. 어머니

달력 종이를 찢어 빨간색 볼펜으로 쓴 유서는 몹시도 급하게 준비된 듯 보였다. 생각을 미리 정리하지 못한 듯 두 줄로 긋고 다시 쓴 부분이 많았다.

이 유서는 전체 7문장으로 이루어져 있다. 여느 유서처럼 많지 않은 내용을 담고 있다. 문장은 짧고, 급하게 흘려 쓴 글씨는 제대로 알아보기 힘들다. 틀린 글자는 없으나 문장의 연속성이 없어 보이고 중간 중간 생략 부호도 있다. 감정적으로 부정적인 정서, 인지적으로 제한 혹은 억제 의미를 지닌 단어가 상대적으로 많이 나타나 있다.

자신이 억울하게 추궁당하고 있음을 호소하는 것치고는 유서의 내용과 표현이 상당히 빈약하고, 병원 달력을 찢어 몇 개의 문장을 휘갈겨 쓰는 것으로 그런 상황을 표현한다는 것에도 부자연스러운 면이 있다. 문장을 완성시키지 않고 생략 부호를 반복 사용하면서 유서가 전달하고자 하는 전반적인 내용이 모호해졌다. '결백'이라는 단어가 나오고는 있지만 그에 대한 확신을 보이거나 호소하는 단어 내지는 어구를 찾아볼 수 없다.

필자는 유력한 용의자로 지목되어 수사받던 중 심리적인 부담 감을 이기지 못하고 자살한 사람들이 스스로 결백하다는 유서를 남 긴 사례들을 모아 비교해 보았다. 이들의 유서에서 공통적으로 나타 나는 특징은 다음과 같다. 첫째, 글의 양이 매우 적고, 내용에 논점이 없이 장황하며, 끊어지거나 생략 혹은 축약되는 문장이 자주 나타났 다. 둘째, 억울한 상황에서 죽음을 맞이하는 자가 흔히 경험하는 화, 분노의 감정이 많은 부분 희석되어 있었고 오히려 불안, 초조, 남겨 진 사람들에 대한 죄책감과 관련된 내용이 주로 표현되어 있었다. 마지막으로, 결백을 주장하는 적극성과 강렬함에 비해 유서의 짧음 과 즉흥성이 두드러졌다.

그다음 진짜 결백한 사람의 유서를 10개 추려 비교해 보았다. '진실한 결백 유서'와 '가짜 결백 유서'의 가장 큰 차이점은 단연코

분량의 차이였다. 진실한 결백 유서들은 억울함에서 나타날 수 있는 정서적 과정과 관련된 다양한 단어들을 많이 포함하고 있었고 억울한 부분에 대해서 구체적인 정보를 제공하고 이 사실을 확인까지 할 수 있는 결정적 단서도 함께 남겨 놓았다. 그리고 상대방이 잘 알아보고 이해가 될 수 있도록 글을 정자로 썼고 2건의 경우는 일반적인 유서로서는 드문 경우지만 워드프로세서로 작성하여 가독성을 높였다.

좀 더 구체적으로 살펴보고자 LIWC(Linguistic Inquiry Word Counting, 단어 수 측정 언어 분석) 프로그램을 이용해서 두 종류의 유서를 분석했다.* 가짜 결백 유서의 경우 문장이 보통 6~15개 정도였고 어절은 42~116개 사이였다. 그리고 문장 당 어절은 6~13.5개였고 문장 당 형태소 수는 10~23.8개였다. 반면 진실한 결백 유서는 문장이 85~102개 사이였고 어절 수는 570~650개 사이였다. 문장당 어절 수는 18~24.7개였고, 문장 당 형태소 수는 35~38개 사이였다. 더 재미있는 점은 가짜 결백 유서인 경우 긍정적 정서, 불안, 슬픔, 우울, 체면, 제한과 관련된 단어들이 상대적으로 높게 나타난 반면 진실한 결백 유서에는 화와 분노와 같은 감정적 과정이 높게 나타났고, 사회적 과정과 인지적 과정과 관련된 단어인 원인, 확신, 인간, 가족 등이 높게 나타난 것이다. 아래는 또 다른 가짜 결백 유서의 예이다.

나는 …… 참으로 마음 안정이 안 되네요. 그래서 한두 번은 나도 이해하고 협조를 했지만 마지막으로 거짓말탐지기까지 해야 하기에 마음이 당황하여 이렇게 손수 글을 쓰게 되었습니다. 죽어도 저는 지은 죄는 없어요. 수사관님 답변에 너무 힘이 들어서 남은 인생을 마감하는 것 유서를 남깁니다.

결론적으로 필자는 가해자가 자신의 명예회복 차원에서 거짓 유서를 쓰고 자살했거나 남겨진 가족에게 변명하는 차원에서 거짓 유서를 썼을 가능성을 제기했다.

다른 종류의 범죄 사건들과 비교해 보면, 유력한 용의자로 수사를 받다가 자살한 사람들의 경우 개인적인 의견이지만, 치정 관계 갈등에서 오는 경우가 많았다. 즉 상대방에 대한 분노와 배신, 그리고 집요한 집착에서 오는 충동 내지는 우발적인 범행이다. 피해자가 자신을 배신하지 말았어야 한다며 오히려 피해자 탓을 하는 경향이 있기 때문에 자신의 범행 책임을 쉽게 인정하지 못하며 합리화하는 경향이 강하고, 오히려 억울함을 호소하다 종종 극단적인 선택을 한다. 치정 살인 자체가 경계선적 성격 특성과도 상당한 관련성이 있는 것으로 보인다.

이들은 자신만이 (왜냐하면 치정 관계의 상대방이 사망했으므로) 지탄의 대상이 되고 과도한 (자신이 보기에) 처벌을 받을 수 있다는 생각에 괴로워하다가 상황을 모면하는 극단적인 방법인 자살을 택한다. 표면적으로는 가정에 충실하고 직장에서 동료들로부터 좋은 평가를 받고 있던 이런 '치정 살인 후 자살자'는 내연 관계의 폭로로 주변 사람에게 배신감을 안겨 주고 자신의 명예도 실추된 것을 견디지 못한다. 피해자를 죽였다는 죄책감과 중압감도 큰 요인일 것은 물론이다. 이런 설명은 유서와 가짜 결백 유서 간에 차이점을 해명하는 데 시사점을 줄 수 있을 것이다.

토머스 조이너(1965~). 현재 자살 연구에서 미국을 대표하는 학자이다.

　　플로리다 주립대 심리학과의 토머스 조이너 교수는 그의 책『자살에 대한 오해와 편견』*에서 '가장 미심쩍은 유서'라는 것을 언급하고 있다. 한 남자가 "자살에는 고통이 없다"는 일종의 유서를 남기고 자취를 감춘다. 조이너는 이것을 그가 본 유서 중에 가장 미심쩍은 유서라고 표현하였다. 그 이유로, 그 남자의 차가 발견된 그날 남자는 사기죄를 선고받고 교도소에 출두했어야 했다는 점과 정말 자살하려는 사람은 자살의 위압적이며 두려운 면모를 너무나 잘 이해하고 있기 때문에 "자살에는 고통이 없다"는 식의 가볍고 경박한 말을 남길 리가 없다는 점을 들었다. 마지막으로 진짜 유서에는 추상적인 개념이 잘 등장하지 않는다는 점을 지적하고 있다. 간혹 추상적인 개념어가 등장하더라도 다른 일상적인 내용에 의해 밀려 버리기 일쑤이다.

14. 노무현 대통령의 가짜 유서
세 가지 열쇠

❶

사는 것이 힘들고 감옥 같다. 나름대로 국정을 위해 열정을 다했는데 국정이 잘못됐다고 비판받아 정말 괴로웠다. 지금 나를 마치 국정을 잘 못 운영한 것처럼 비판하고 지인들에게 돈을 갈취하고, 부정부패를 한 것처럼 비쳐지고, 가족, 동료, 지인들까지 감옥에서 외로운 생활을 하게 하고 있어 외롭고 답답하다. 아들딸과 지지자들에게도 정말 미안하다. 퇴임 후 농촌 마을에 돌아와 여생을 보내려고 했는데 잘되지 않아 참으로 유감이다. 돈 문제에 대한 비판이 나오지만 이 부분은 깨끗했다. 나름대로 깨끗한 대통령이라고 자부했는데 나에 대한 평가는 먼 훗날 역사가 밝혀 줄 것이다.

❷

너무 많은 사람들에게 신세를 졌다.
나로 말미암아 여러 사람이 받은 고통이 너무 크다.
앞으로 받을 고통도 헤아릴 수가 없다.

여생도 남에게 짐이 될 일밖에 없다.

건강이 좋지 않아서 아무것도 할 수가 없다.

책을 읽을 수도 글을 쓸 수도 없다.

너무 슬퍼하지 마라.

삶과 죽음이 모두 자연의 한 조각 아니겠는가?

미안해하지 마라.

누구도 원망하지 마라.

운명이다.

화장해라.

그리고 집 가까운 곳에 아주 작은 비석 하나만 남겨라.

오래된 생각이다.

❶은 고 노무현 대통령의 진짜 유서 앞부분에 근거 없이 덧붙여진 채 인터넷에 유포되었던 가짜 유서이다. 문체나 분위기가 진짜 유서 ❷와는 차이를 보이고 있기 때문에 일반인들도 두 글이 같은 사람에 의해 같은 시간대에 쓰인 글이 아니라는 판단을 직관적으로 내릴 수 있었다. 그러나 이것은 두 글을 비교할 수 있는 유리한 조건이었기 때문이다. 만일 가짜 유서만 유포된 상황이었다면 그 진위 판정은 매우 복잡했을 것이다.

1957년 UCLA 교수였던 에드윈 슈나이드먼과 그의 동료들*도 진짜 유서와 가짜 유서 간의 차이점을 연구했다. 당시 미국에서도 사람을 죽여 놓고 자살로 위장하는 방식으로 유서를 대신 써서 남겨 놓은 사건이 많았다. 사망의 종류를 명확하게 밝히기 위해서 유서의 진위 여부를 파악하는 것은 중요한 일이다. 슈나이드먼은 33개의 가짜 유서와 진짜 유서 721개를 비교 분석하였다. 가짜 유서는 일반인들을 대상으로 자살의 상황을 가정하고 작성케 하였고 진짜 유서는 1945년부터 1954년까지 LA 카운티에서 모은 유서 자료였다. 두 유서의 차이점을 명확히 할 수 있다면 이후 유서의 진위를 추정하는 데 도움이 될 것이었다.

진짜 유서에서는 전형적으로 사람과 사물, 장소와 공간과 관련된 단어의 빈도가 높았고 반대로, 인지 처리 과정을 나타내는 단어의 빈도는 낮았다. 구체성과 모호성이라는 두 대비 개념으로 비교한 결과 진짜 유서는 더 구체적인 사람의 이름, 장소 위치, 사물 명칭을 언급했고 마지막 유언을 전하는 과정에서도 훨씬 구체적인 단어를 사용했다. 반대로 가짜 유서는 훨씬 더 많은 수의 인지적 정보 처리를 나타내는 단어를 사용했는데 사고, 감각, 학업 등의 범주와 관련된 단어들은 가짜 유서에서 훨씬 더 많이 나타났다. 대조적으로 진짜 유서는 사고나 감각보다는 '안다'는 단어를 더 자주 사용했다.

결론적으로 진짜와 가짜 유서를 구별할 수 있는 핵심적인 3가지 준거는 다음과 같다.

첫째, 진짜 유서는 구체적인 사물, 사람, 장소를 더 많이 언급한다.

둘째, 진짜 유서는 '사랑'이라는 단어를 더 많이 사용한다.

셋째, 진짜 유서는 사고 과정 혹은 결정과 관련된 단어들의 빈도가 낮다.*

15. 성적 수치심에 의한 자살

원인 제공자를 찾아라

경상남도 하동에 사는 조화정 씨(40세)가 1980년 겨울 새벽에 섬진강 포구에 투신하여 자살했다. 새벽 밭일을 나가던 같은 동네 사람들이 개천에 떠 있는 그녀를 발견하고 가까운 읍내 파출소에 신고했다. 자욱한 안개가 깔린 포구에 그녀가 투신 전에 벗어 놓은 것으로 보이는 고무신과 비녀가 발견되었다. 유서는 끝내 발견되지 않았다.

1965년 조화정 씨는 맞선을 보고 약혼한 연하의 남자와 처음으로 잠자리를 갖게 되었다. 이때 남자는 조 씨가 국부에 백반증(멜라닌 색소 결핍으로 인해 피부 일부와 체모가 흰색)이 있는 사실을 알게 되었고 '살다 살다 이런 재수 없는 여자는 처음이다'라는 말을 뱉고는 떠나 버렸다. 그녀는 상처를 받고 집 밖을 나가지 않았다. 얼마 지나지 않아 아버지의 강요로 윗마을에서 신발 가게를 운영하던 남자와 결혼했다. 그는 한쪽 눈을 잃은 시각 장애자였지만 성실하게 일하며 생활해 왔다. 아들 딸 낳고 큰 어려움 없이 잘 살아오고 있었지만 갑자기 그녀가 백반증이 있다는 소문이 마을에 나돌기 시작하더니 남편의 귀에까지 들어가게 되었다. 소문의 근원지를 캐던 남편은 결국 자기 아내와 한때 결혼할 뻔했던 마을 남자가 범인이라는 사실을 알아냈다. 자신을 추궁하는 남편에게 그녀는 옛날에 약혼한 사실은 있지만 아무 관계도 없었다고 항변했다. 남편은 의처증을 보이며 그녀를 괴롭히기 시작했다. 가게 문을 닫아걸고 그녀의 일거수일투족을 미행하며 감시했고, 만취하여 집에 들어와 폭행을 일삼았다. 급기야 '화냥년'이라는 말까지 사용하게 된 남편의 학대는 날로 심해졌다. 결국 조 씨는 새벽녘 강에 몸을 던졌다.

조 씨는 스스로 강물에 뛰어들었기 때문에 법의학적으로는 자살이다. 그러나 심리부검 측면에서는 그녀를 죽음으로 몰고 간 가해자는 소문을 퍼트린 파혼했던 과거 남자가 되고 이 여자는 피해자가 된다. 남편도 일종의 가해자라고 볼 수 있다. 부인을 학대하고 지나간 일에 집착해서 모욕과 수치심을 안겨 주었기 때문이다. 단순히 검시 내지는 부검 소견만 따지자면 자살이지만, 심리부검을 한다고 가정하면 남편과의 면담, 그리고 이 여인의 고민을 들어준 같은 마을 친구, 그리고 소문을 퍼트린 남자와의 심층 면담을 통해서 자살로 내몰릴 수밖에 없었던 절박한 상황이 드러나게 될 것이다. 옛날에는 이런 류의 억울함을 풀 수 없어 많은 여자들이 목을 매거나 강에 투신하였다. 이런 방법을 통해 자신이 결백하며 억울한 누명을 썼음을 호소하려 하였다. 이 여자도 그런 이유에서 자살을 택했을 것이다.

사실 여인을 곤경에 빠뜨린 소문 외에는 자살과 연결할 수 있는 다른 특별한 생애 스트레스를 찾아볼 수 없다. 과거에 정신 병력이나 자살 시도가 없었고 이전에 자살을 나타내는 위험 징후가 전혀 없었다. 즉 일반적인 자살과는 조금 다르다. 죽은 이후라도 여인의 억울함을 풀어 주기 위해서는 사망자의 명예를 훼손하고 과거 개인의 은밀한 사생활과 개인 정보를 노출시킴으로써 강한 성적 수치심을 유발했던 이 남자에 대한 형사 처분 또는 민사적 배상 청구가 필요할 것이다. 그 남자는 재미로 그런 소문을 퍼트렸을지 모르지만 한 가정이 와해되고 한 사람이 스스로 목숨을 포기하는 결과를 낳았다.

이런 자살은 타살성 자살이다. 앞으로 논의하겠지만, 자살에 위계(危計)가 없더라도 직간접적인 원인을 제공한 자에 대해서는 형사 처분도 가능하며 유가족에게 보험금 혹은 보상금을 지급할 때도 심리부검을 활용하여 법적인 책임을 물을 수 있다.

16. 어느 부상 퇴직자의 자살
산재 보상과 법심리부검

미국 국영 철도 회사에서 1980년부터 장기 근속해 왔던 30대 후반의 흑인 노동자 조지프는 윤활유가 묻어 있던 1백 킬로그램의 고철 커플링을 무리하게 들다가 척추와 근육을 심하게 다쳤다. 잠시 병가를 내고 치료를 받았지만 통증은 수개월 동안 지속되었고 결국 일을 계속할 수 없다는 판정을 받고 퇴직하게 되었다. 이 중년의 기술자는 부인에게 경제적으로 의존할 수밖에 없게 되었다. 갑작스럽게 직장을 쉬면서 그동안 함께 했던 동료와 친구로부터 멀어지게 되고 혼자 있는 시간이 많아졌다. 점차 무기력증과 우울증이 생겼지만 아무도 크게 신경 쓰지 않았다. 부인이 일하러 나간 사이 혼자서 폭음을 하는 일이 잦아졌고 밤에는 잠을 자지 못했다. 그렇게 하릴없이 몇 개월을 집에서 술을 마시며 바깥을 나가지 않았다. 그러던 중 새벽에 술을 마시고 화장실 수건걸이에 목을 매 자살했다. 퇴직 후 2년 만의 일이었다.

부인은 회사가 적극적으로 책임져 주지 않은 것에 분노하면서, 철도 회사가 노동자에게 안전한 작업 환경을 충분히 보장하지 않은 것과 안전 교육이 미비했다는 이유를 들어 민사 소송을 제기했다. 이에 대해 법원은 그의 자살에서 가장 중요한 자살 위험 요인이 무엇이었는지 구체적으로 살펴보기로 했고, 이를 위해 심리부검을 법심리학자에게 의뢰했다.

심리부검 보고서는 회사에서 발생한 사고가 자살에 이를 만한 충분한 위험 요인이 될 수 있다는 소견을 냈다. 하지만 고용주는 심리부검의 신뢰성에 이의를 제기했다. 고용주는 심리부검을 실시한 법심리학자가 '사망자가 생존 당시 자신의 일을 좋아했고 사고 당시 전혀 고통스러워하지 않았다'고 증언한 다른 직장 동료들과는 면담하지 않았다는 점을 문제 삼았다. 즉 법심리학자가 객관적으로 자료를 검토하지 않았을 뿐 아니라 공평하게 모든 사람들을 대상으로 면담을 실시하지 않아 결과가 편향되었다고 고용주는 주장했다. 이에 대해 법원은 고용주가 심리부검을 실시한 전문가에게 의문 사항을 제기할 수 있을 뿐 아니라 상대방의 심리부검 내용에 대해 반대 심문도 할 수 있다는 의견을 보였다.

그에 따라 고용주의 주장을 심리하였지만 그 결과는 당초의 심리부검 결과에 편파적인 오류가 없음이 드러날 뿐이었다. 최종 판결에서 법원은 심리부검 전문가의 소견에 따라 등 부상이 자살에 직접적인 관련성이 있음을 인정하며 원고의 편을 들어 주었다.

사망자가 자살한 이유가 무엇인지 밝혀내기 위해 심리부검을 실시했다면, 그 결과는 어느 정도 법적인 구속력이 있는 것일까? 법정에서 어느 정도로 진지하게 받아들여지는 것일까? 이것은 심리부검의 유용성에 대해 충분히 가질 수 있는 현실적인 물음이자, 중대한 물음이다. 심리부검이 아무리 과학적인 방식으로 투명하게 이루어지고 진실에 근접한 것처럼 보인다고 해도 법정에서 받아들여지지 않고 증거로 다루어지지 않는다면 이를 의뢰하고 요청한 당사자

자살학(suicidology)의 아버지 **에드윈 슈나이드먼**(1918~2009).

들인 유가족, 경찰, 정부, 혹은 보험회사 입장에서는 아무런 유익이 없기 때문이다.

결론부터 말하면, 최소한 북미에서 심리부검은 법적으로 유용하며 판결에 적극적인 영향을 미치고 있다. 심리부검이 법정에 처음 등장한 것은 1980년대이며, 그 역사는 수십 년밖에 되지 않는다. 그러나 점차 심리부검 보고서가 죽음의 종류를 판정하는 하나의 소견 내지는 증거자료로 법원에 제시되는 것이 점차 늘어나는 추세이다.

하지만 가장 큰 문제중 하나는 심리부검에 시간이 필요하고 많은 비용이 발생한다는 것이다. 의문사의 경우 부검의가 자살 전문가를 고용하여 조언을 받을 수 있는 예산상의 여유와 시간적 여유에 한계가 있을 수밖에 없다. 다행히 소송 관계인이 부검의와 검시관 소견에 의문을 제기할 이유가 있고 별도의 조사를 수행할 여유가 있다면, 법정에서 다른 소견을 제시함으로써 논쟁할 수 있을 것이다. 법정에서 심리부검은 대개 이런 방식으로 등장하고 있다. 자살 사건에 대해 고용주나 기타 당사자에게 책임을 묻거나 처벌을 요청하는 재판은 이제 낯익은 법정 풍경이 되어 가고 있다. 이때 한쪽 당사자 혹은 양쪽 당사자 모두는 전문가의 심리부검에 의지하여야 한다.

노동법에 명시된 대로 고용주는 노동자에게 안전한 노동 환경을 제공할 의무가 있다. 산재 보상 법규엔 노동 중 발생한 재해에 대해 노동자를 지원하고 보살펴 주어야 한다고 명시되어 있다, 불안정한 작업 조건으로 생긴 정신적인 스트레스는 자살의 가장 중요한 원인 중 하나이고, 최근에는 산재 보상법이 다루는 작업 관련 상해가 신체적인 피해뿐 아니라 정신적인 피해까지 의미한다고 적극적으로 해석되고 있다. 미국 연방 대법원에도 판례가 나와 있다.* 이는 심리부검이 법정에서 더 활발히 활용될 것임을 의미한다. 한국도 앞으로 예외가 될 수 없을 것으로 보인다.

17. 트렁크의 시체
보험사의 새로운 무기, 심리부검

2009년 미국 워싱턴 주에서 50대 후반의 애덤이라는 백인 남자가 불이 난 차량의 뒤 트렁크에서 시체로 발견되었다. 검게 그을린 변사체는 발목과 다리 부분이 끈으로 묶여 있었고 목 주변 부분은 배터리 충전기 선으로 두 번 가량 꽉 조여져 있었다. 검시의는 처음에는 사망 원인이 묶여진 끈에 의한 질식사이며 사망의 종류는 살인이라는 소견을 해당 수사 담당관에게 제출했다. 하지만 끈으로 목을 질식시키는 경우 대개 나타나는 연골, 설골 손상이 보이지 않았고 식도와 폐, 기도에 다량의 그을음이 발견되었다. 검시의는 다시 사망의 결정적인 원인이 화상과 일산화탄소 중독이라고 검안 소견을 변경하였다. 하지만 사망의 종류가 살인이라는 사실은 변함이 없었다.

부인에 따르면 사건 당일 아침 사망자는 수십억 달러가 걸린 계약 건으로 몇몇 시리아 사업가들과 만날 약속이 있다고 말했다. 부인은 최근 회사가 어려운 상태이고 자금난으로 남편이 스트레스를 받았다고 했다. 그녀는 남편이 회사 운영 자금을 어떻게 마련하는지 미심쩍어 했기 때문에 좀 더 추궁해 볼 계획이었다.

의심스러운 점은 3백만 달러짜리 고액의 생명 보험이 사건 발생 2개월 전에 가입되어 있었다는 점이었다. 수혜자는 부인으로 지정되어 있었다. 보험사는 사망자가 보험 가입시 가입자의 수입 정도를 허위로 기재했다는 이유를 들어 부인에게 보험금 지불을 일단 거부했다. 보험사 측의 법병리학자는 사망자가 최초 화재가 시작되었을 시점에는 살아 있었고 팔과 손이 묶이지 않았으며, 사망자가 사체 밑에 깔려 있던 성냥으로 불을 내고 보험금을 받기 위해 자살을 마치 타살인 것처럼 위장한 것이라는 소견을 냈다.

사망자는 심각한 경영난에 시달려 왔고 거액의 부채가 있었다. 사망당시 부부는 결혼 생활을 유지하기가 어려울 정도로 관계가 악화된 상태였다. 몇 년간 두 사람은 각방을 썼고 정상적인 관계를 갖는 부부가 함께할 수 있는 사회 활동과 모임은 거의 없었다. 사망자는 사망 당시 자주 음주를 심하게 했고 늦게 귀가했다. 죽기 며칠 전부터 새 고객인 시리아 회사를 언급하긴 했지만 실제로 이 회사 이름으로 된 어떤 기록도 발견되지 않았으므로 꾸민 이야기일 가능성이 높았다. 회사의 어려운 사정을 부인이나 가족에게 감추려는 시도로 보였다. 그리고 흔히 우리가 공격을 받을 때 생기는 방어흔을 사체의 손이나 팔목에서 전혀 찾아볼 수 없었다. 차는 주거지주변에서 쉽게 발견될 수 있는 곳에 주차되어 있었다. 이는 이 사건이 살인일 가능성을 희박하게 하는 단서였다. 법심리학자는 그의 죽음이 자살이며주요 동기가 가정을 경제적으로 부양할 수 없는 무능력에서 오는 좌절과수치심이라고 결론지었다.

보험사는 보험 통계적인 실리에 얽혀 있는 곳이다. 그래서 자살 의도를 갖고 보험금을 목적으로 보험에 가입한 사람은 안타깝게도사기 의도를 가지고 가입한 것으로 취급된다. 생명보험 약관은 보통 가입일을 기준으로 2년 이내 자살할 경우 보험금을 지불하지 않는다는 조건을 담고 있다. 하지만 보험사가 지불을 거부할 때 보험금 수혜자가 보험사를 대상으로 민사 소송을 제기하는 것이 보통인데 이 경우 사망의 종류가 의심의 여지없이 자살이라는 사실을 입증할 책임은 분명 보험사가 갖게 된다.

영국이나 미국의 대다수 주에서는 사망이 의문사로 남게 될 경우 자살인지 아닌지에 대해서 어느 정도 법률적인 판정을 내리고 이에 의존한다. 이때 부검의 혹은 검시관의 부검 결과서나 검안서는 자살 사망자가 어떻게 죽었는지에 대한 재판부의 참고 자료일 뿐 바로 법적 결론이 되는 것은 아니다. 자살 사망자의 마음 상태와 이 자살이 어떤 분류에 속하는지에 대한 심리부검 소견도 마찬가지이다. 하지만 보험사는 심리부검을 사용하여 보험 신청자가 보험사를 대상으로 부정적인 의도를 가졌을 가능성을 제시하며 보험금 지급을 유보하거나 거절할 수 있다. 실제 이런 경우는 비일비재하다.* 그리고 이를 바탕으로 추가적으로 수사를 요청할 수 있다.

18. 수영장의 의문사
배심원은 '미망인과 고아'를 동정한다

2003년 시애틀에서 여대생 애니타(18세)가 자신의 집 뒤뜰 풀장에서 시체로 발견되었다. 부모가 그녀를 발견하고 경찰에 신고했다. 그녀는 옷을 입은 상태였고 그날 친구들도 학교에서 그녀를 만나지 못했었다. 현장에는 이상하게도 물고기 어망이 풀장 바닥에 설치되어 있었고 어망 이음새 고리 부분에 옷이 걸려 있었다. 변사체의 목, 손이나 다른 신체 부위에 타살과 연관된 특별한 외상을 발견하지 못했고 폐까지 물이 차 있었으므로 검시의는 사인을 질식사로 판단했다. 법 감식 전문가는 어망 고리에 옷이 걸려 있는 것은 꼭 사망 원인이라기보다는 변사체가 물속으로 잠기면서 자연스럽게 얽혔을 가능성도 있으며, 촘촘한 어망에서 헤어나기 위한 적극적인 자기 구출 행동이 없었던 것으로 보았다. 변사자의 신발이 풀장에 나란히 놓여 있었고 사건 당일에는 풀장의 수위가 변사자의 키를 넘지 않았다는 사실도 확인되었다. 사건 당일 오후에 학교 수업이 있었지만 그녀는 수강하지 않았다. 하지만 유가족은 자신의 딸인 애니타가 자살할 특별한 이유가 없다고 주장하며, 경찰에 죽음의 원인을 정확히 밝혀 줄 것을 재차 요구했다.

이에 대해 사망자가 가입한 보험사는 검시의와 감식 전문가가 제출한 감식 증거와 최근까지의 수사 결과를 고려하여 사망의 종류를 잠정적으로 자살로 판단하고 자살을 연구하는 전문가인 사회학자에게 심리부검을 의뢰했다. 전문가는 사망자의 경제적 문제, 연애 문제 그리고 최근 입원을 포함한 우울증 경력을 바탕으로 사망자가 자살하였을 가능성을 강하게 주장했다. 하지만 이에 대해 가족들은 사회학자에게 심리부검 자격이 있는가라는 의문을 제기하며 정신과 전문의의 의견을 다시 요청했다. 정신과 의사는 사회학자의 의견을 신뢰할 수 없다고 주장했다. 이유는 자격 규정이 미비하고 관련 분야에 대한 경험이 부족하다는 것이었다. 결국 법원은 유가족의 주장처럼, 사고사일 가능성을 완전히 배제할 수 없다고 판시하며 보험금 전액을 지급할 것을 보험사에게 명령했다.

앞에도 언급했듯이 심리부검은 최소한 북미에서 법정 증거 혹은 주목할 만한 참고 소견으로 받아들여지고 있는 추세이다. 그러나 늘 그렇게 허용적인 것만은 아닌데, 위의 사건은 심리부검이 유족이 아닌 보험사나 고용주의 편에 있을 때 증거로 채택되지 않는 전형적인 사례 중 하나이다. 일반적으로 배심원은 보험사를 대상으로 한 법적 다툼에서 '유가족, 미망인과 홀로 남겨진 고아'에게 호의적인 경향이 있음을 부인할 수 없다.

심리부검은 많은 장점이 있지만 동시에 치명적인 약점도 함께 가지고 있다. 분명 어떤 형태이든 사망자에게 직접 사망의 경위를 질문할 수 없을뿐더러 이를 객관적으로 관찰도 할 수 없다는 점이다. 이 점은 여느 임상 심리 평가나 질적 조사와는 확연히 다른 특성이다. 뿐만 아니라 상호 이해관계와 법적 분쟁에 따라 유가족, 보험

회사, 기타 제3자가 제공하는 정보들이 충분히 의도와 목적을 달리하며 편향되었을 가능성이 크다. 가장 큰 문제는 심리부검을 시행하는 데 사용하는 포맷과 프로토콜이 전문가마다 다르며 표준화를 뒷받침할 수 있는 체계적인 기존 문헌이 부족하다는 점이다.

심리부검 과정의 표준화가 부족하다는 문제는 미국 연방증거법(FRE)이 규정한 증거로서의 기준*을 충족하지 못한다는 결과로 이어졌다. 증거능력을 판정하는 다섯 가지 지침은 다음과 같다. 증인을 다루는 이론과 기법이 과학적으로 검증된 것인가, 동료 심사와 학회 출판이 이루어진 것인가, 사용된 기법의 오차율이 보고되었는가, 기법을 활용할 때 적용 규준이 있었는가, 이론과 기법이 학회에서 폭넓게 허용되고 있는 것인가.

이 모두 간단치 않은 것들이다. 표준화된 프로토콜의 부재는 심리부검에 제기된 가장 큰 도전 중 하나이다. 한국에서 심리부검이 증거로 채택된 경우가 없지 않지만 언제나 변호인에 의해 반대 심문이 있을 수 있고 증거로 채택하는 과정에서 기준 결격으로 배제될 가능성도 있다.

19. 스트립 댄서로 내몰린 소녀
학대 사건과 심리부검

미국 오리건 주 포틀랜드에서 소녀 사만다(17세)가 자신의 주거지인 아파트 화장실에서 수건을 이용해서 목을 맨 채 발견되었다. 신고자는 함께 사는 어머니였다. 현장 감식 및 부검 결과 타살로 연결지을 만한 직접적인 혐의점은 없었다. 하지만 사망자의 등, 다리와 몸 이곳저곳에 사망 전에 생긴 피멍 자국이 발견되었다. 그리고 공공연하게 어머니가 신체 학대와 언어 협박을 했었다는 주변 목격자의 진술이 있었다. 참고인의 진술을 근거로 경찰 수사가 시작되었고 검찰은 기소로 방향을 잡고 관련 전문가에게 심리부검을 의뢰했다.

어머니가 친딸의 출생증명서에 기재된 생년월일을 위조해서 미성년자인 딸을 나이트클럽의 스트립 댄서로 일하게끔 강요한 것이 밝혀졌다. 17세에 불과했던 딸은 어머니의 학대와 협박으로 오랫동안 심리적인 스트레스를 받아 왔다. 어머니의 말을 듣지 않으면 며칠을 방에 가두며 음식을 주지 않거나 체벌을 가했다. 최근에는 스트립 바에서 성매매까지 강요받자 정신적 충격을 이기지 못하고 자살에 이른 것이다. 어머니는 딸이 성매매와 스트립 댄서 일로 번 돈을 마약 구입에 모두 사용했다.

심리부검을 실시한 정신과 의사는 어머니의 학대와 강요, 신체적 강제가 결국 딸이 자살하는 데 결정적인 요인이었음을 주장하였다. 주 법원에서는 이를 증거로 받아들였고 전문가는 결과를 직접 법정에서 증언하였다. 법원은 심리부검이 "자살을 평가하는 방법으로써 정신 의학 및 심리학 분야에서 폭넓게 받아들여지고 있다"는 판례를 바탕으로 "관련성이 있음"은 물론 "충분한 증거력이 있다"고 판단하였다. 어머니는 2급 살인죄로 유죄 판결을 받았다.

미국에서는 학대로 인한 자살 사건에 심리부검을 적용하는 판례가 점차 늘어나고 있다. 이 사례는 법원에서 심리부검을 증거로 인정하여 어머니에게 유죄 판결을 한 사건이었다. 어머니가 학대를 했고, 그 결과 딸이 자살했다는 것을 법원이 확정해 주었다. 이 판례는 심리부검을 적용한 대표적인 사례로 다른 학대 사건 판결에도 영향을 주고 있다. 법정은 친족의 학대가 사망자에게 결정적인 자살 혹은 자해 의지를 갖게 하고 평생 동안 심리적인 외상을 줄 수 있다는 주장을 받아들였다. 특히 모친이 자식에게 신체적 혹은 심리적 학대를 가할 때 씻을 수 없는 상처를 받을 수 있다고 다수의 전문가들은 주장한다.

학대가 자살 관념이나 행동에 유의미한 관계가 있다는 주장에는 이견이 없다. 학대의 대상이 아동이나 미성년자인 경우, 학대의 수준과 영향은 치명적으로 작용할 수 있다. 보편적으로 정신의학과 심리학 연구가 이를 뒷받침한다. 이런 이유로 법원은 아동, 청소년이 자살한 경우 가족 구성원 혹은 주변 사람들과의 연관이 있을 것임을 추정하고 면밀히 살피려는 경향이 있다. 특히 재판에서 모친 혹은 계모의 학대가 자살과 관련이 있는지 심리부검 전문가의 소견을 들음으로써 배심원이 사실 판단자로 주체적인 결정을 할 수 있게끔 돕도록 하고 있다.

20. 아버지는 괴물

강력한 증거가 되다

이번 사례도 아동 학대 사건이다. 미국 미시간 주 디트로이트에 살던 여자아이 세라(10세)가 저녁 7시경 주거지에서 가까운 고층 건물에서 뛰어내려 자살했다. 지나가던 주민이 이를 발견하고 911에 신고하였다. 검시의에 따르면 직접적인 사인은 갈비뼈 등의 골절로 인한 심각한 장기 손상과 과다 출혈이었다. 아이의 갑작스러운 행동이 이상하다고 여겼던 어머니가 아이가 남겨 놓은 유서와 일기장을 찾아 살펴보았다. 아이의 일기장에는 무서운 이야기가 씌어 있었다. 친아버지가 오랜 동안 어머니 몰래 집에서 아이를 성추행한 사실이 드러났다. 어머니는 남편을 디트로이트 경찰에 신고하였다.

검찰은 아버지를 과실치사와 아홉 건의 또 다른 성추행으로 기소했다. 이 사건에 대해 전문가의 면밀한 조사가 필요하다고 보고, 정신과 전문의 2명이 심리부검을 실시하게 되었다. 심리부검을 맡은 전문가는 아버지가 딸을 장기간 집요하게 성적으로 학대했고 이 사실을 감추기 위해 딸을 협박하고 거짓말을 강요했다고 했다. 그리고 이 과정에서 사실을 주변 사람들에게 발설하면 아이가 아끼던 개를 죽이거나 학교에 가지 못하게 하겠다는 등 다양한 방식으로 집요하게 위협했다는 것이다. 이것이 심각한 수준에서 정신과적 장애와 발달상의 문제를 일으켰을 뿐 아니라 아이의 자살과 직접적인 인과 관계가 있다는 전문가 소견서를 검찰에 제출하였다.

피고의 변호인은 심리부검이 신빙성이 없고 자살 사건과 관련된 실체적 진실과는 직접적인 관련성이 없다고 주장하며 여기서 도출된 소견은 배심원들에게 편견을 심어 줄 가능성이 있으므로 법정에서 배제해야 한다는 재정 신청을 했다. 법원은 만약 아버지가 딸이 자살하게끔 도와주거나, 교사하거나, 이를 직접적으로 모의하지 않았다면 과실치사 건에 대한 형사상 책임을 물을 수 없다고 엄격하게 판단했고 이를 배심원에게 주지시켰다. 다만 법원은 과실치사 건 외에는 심리부검 관련 증거를 배제하지 않았고 자살이 아버지의 성적 학대와 일부 관련성이 있다고 판단했다. 결국 피고인은 성적 학대로 유죄 판결을 받았다.

이 사건은 성적 학대가 딸의 자살의 원인이 됐다는 심리부검의 결론이 증거로서 받아들여질 여지를 남겼다. 이런 일련의 학대 사례에서 보듯 심리부검이 증언으로 받아들여지는 경우가 많아지고 있고 향후에도 학대와 관련된 법정 소송에서 많은 영향을 줄 것으로 보인다. 여기서는 심리부검이 고소인 측이나 검찰 측에서 사용되었지만, 보통은 피고인이 심리부검을 자신의 변호를 위해 사용하는 경우가 더 많다.

심리부검은 사망자가 어떻게 죽었는지 이해하는 데 도움을 주는 측면도 있지만, 판사나 배심원이 사실판단을 하는 데 편견을 가져다 줄 수 있다며 부정적인 기능을 경계해야 한다는 목소리가 실제로 재판 현장에서 나오고 있기도 하다.

전 미국 자살예방협회 회장 버먼 박사도 실제 심리부검을 여러 차례 실시했지만 법정 증언에서 사용될 때는 분명한 한계가 있다고 보고하였다.* 법원 내부에서도 심리부검 결과가 배심원에게 지나친 편견과 고정된 사고를 주어 편향적인 판단을 하게 할 가능성이 있다고 보기도 한다. 또한 심리부검은 특정한 사안이 자살과 직접적인 관련성이 있느냐는 질문에서도 도전을 받고 있는데, 이는 심리부검이 사망자의 진술이 아니라 주변에 관련된 사람들을 대상으로 후향적으로 조사하는 방식이기 때문에 본 사건과는 직접적으로 관련성이 없는 내용도 포함될 가능성이 있다는 점이 지적되고 있다.

특히 자살 혹은 타살 방향을 결정짓는 사건에서는 타살 즉 살인이라는 죄명으로 판결될 수 있는 상황이기 때문에 재판부에서는 심리부검의 결과를 더 엄격하게 혹은 보수적으로 해석하여 판결에 균형을 잡으려 한다. 이 과정에서 심리부검 결과가 배심원에게 지나친 영향을 줄 수 있다는 이유로 배제되거나 참고 자료로만 적용되기도 한다.

21. 세무 공무원 자살 사건
한국 최초의 증거 채택

2014년 세무 공무원 김기훈 씨가 자신의 주거지인 아파트에서 투신하여 사망하였다. 유서에는 "내가 죽는 이유는 사무실의 업무 과다로 인한 스트레스 때문입니다"라고 적혀 있었다.

공무원연금공단이 김 씨에 대한 보상 지급을 거절하자 부인이 소송을 제기했고 고등법원에서는 1심의 판결을 깨고 부인의 손을 들어 주었다. 법원에서는 정신 건강 의학과 전문의를 감정인으로 선정하여 심리부검을 실시했다. 목적은 자살의 원인을 명확하게 밝히는 것이었다. 전문의는 과거에 심리부검을 실시했고 이와 관련된 연구를 진행했던 전문가였다. 심리부검 과정으로 사망자와 잘 알고 지내 왔던 직장 동료, 선후배, 가족 등을 상대로 장시간 면담을 실시했고, 업무 부담과 부당한 처우가 자살과 중요한 인과관계가 있다는 결론을 내렸다.

사망자는 기존의 업무 이외에 다른 추가적인 업무를 맡게 되었고 당초 약속받았던 인원 충원이 이루어지지 않아 과중한 업무 스트레스가 3개월가량 누적되었다. 그러던 중 특별 승진 대상자에서 제외되자 이를 부당한 대우이자 큰 좌절로 받아들였다. 이후 그는 식욕이 떨어지면서 몸무게도 현격히 줄어들고, 우울증과 불면증에 시달려 오다 투신자살했다.

　국내 처음으로 법원에서 심리부검을 요구, 실시하여 이를 근거로 공무상 재해를 인정하는 판결을 받은 사건이다. 우리나라에서 심리부검을 증거로 인정받는 의미 있는 최초의 사례로 생각된다.

　아래는 법원이 심리부검 결과를 바탕으로 판결한 내용이다.

　"책임감이 강한 사망자가 정상적인 근무 시간보다 40퍼센트 가량 초과근무를 하며 많은 업무량을 성실히 처리해 왔는데 충원돼야 할 직원 3명은 충원되지 않아 부하 직원이 해야 할 업무까지 처리하면서 심리적 스트레스를 받았다."

　"또 특별 승진 대상자에서 제외되자 심한 절망감과 함께 윗선에서 자신을 특별 승진 대상자에서 제외하기 위해 부당한 다면 평가를 실시했다는 배신감까지 더해져 중증의 우울 장애가 발병했다."

　"이후에도 공무상 스트레스가 해소되지 않자 결국 자살이라는 극단적 선택을 했다고 판단되므로 공무와 망인의 우울 장애 발병 및 사망 사이에는 인과관계가 있다."

　향후 한국에서는 근무 중에 혹은 근무 중이 아니더라도 업무 과다, 직장 내 차별대우, 집단 따돌림, 불공평한 업무 부과 등으로 인해 심각한 스트레스를 받고 자살한 경우 심리부검이 적용될 가능성이 높다. 직장에서의 업무와 관계를 제외하고 특별한 자살 위험 요인이 없을 경우 심리부검이 공무상 재해를 밝혀 줄 수 있는 기법으로 활용될 것이다. 물론 자살 원인을 완전하게 규명할 수 있는 것은 아니지만, 후향적인 조사 방식을 이용하여 자살의 심각성, 임박성, 빈도, 가능성을 합리적으로 설명할 수 있는 시나리오를 만들 수 있으면 된다. 이 시나리오는 가장 합리적이면서 논리적인 방식으로 배심원과 판사에게 설명할 수 있다면 그 기능을 다했다고 본다. 그 공무와 자살 간의 인과론적 판단은 사실의 규명자인 판사와 배심원 손에 달려 있다. 자살의 인과론적 설명을 해 줄 수 있는 완전한 모델과 알고리즘은 이 세상에 존재하지 않기 때문이다.

따라서 법원에서 심리부검이 증거 혹은 중요한 소견으로 자리 잡기 위해서는 심리부검의 기능을 법적 맥락에서 찾고 강화할 필요가 있다.* 심리부검 전문가는 자살의 원인을 정확하게 규명할 수 있는 위험 요인 판단 기준을 만들 필요가 있고 이를 근거로 사망의 유형을 논리적으로 전개할 수 있는 구조화된 모듈이 있어야 한다. 무엇보다 심리부검 과정의 정확성과 일관성이 필요하다. 정확성은 자살의 예측 가능성을 과학적으로 설명하는 것을 뜻하고 일관성은 누가 하든 동일한 결과를 획득할 수 있어야 함을 의미한다. 그러기 위해서는 표준화된 심리부검 프로토콜과 절차가 필요할 것이다. 더 중요한 점은 법리적 맥락에서 심리 부검 결과를 설명할 수 있어야 한다는 것이다. 자살을 어떻게 정의하느냐부터가 법과 심리학에서는 다를 수 있기 때문이다. 심리 부검 전문가의 증언이 법정에서 실질적인 효과를 보기 위해서는 심리 부검을 법적 관점에서 어떻게 해석하고 전달할지 고민할 필요가 있다. 민형사소송에서 나타날 수 있는 법적 쟁점에 대한 지식이 요구되는 것은 물론이다.

각국의 자살 예방 노력

'심리부검으로 자살 원인을 밝히면 예방책을 더 정확하게 짤 수 있다.'
– 토머스 조이너(플로리다주립대 심리학과 교수)

가장 중요한 것은 자살이 충분히 예방 가능하다는 사실을 인식하는 것이다. 그 다음은 자살을 줄이기 위해 할 수 있는 모든 노력을 다하는 것이 공동체의 책임이자 의무라는 연대 의식이다. 자살도 암, 당뇨, 교통사고 못지않게 예방이 가능하다는 단순한 명제에서 시작한다면 의외로 쉽게 자살 예방에 대한 길이 열릴 수 있다.

현재 세계 각국은 어떤 형식으로든 자살 예방에 필요한 구체적 전략을 수립하려고 노력하고 있다. 이를 위해서는 충분한 데이터가 모여야 하고, 전략 역시 빅 데이터를 근거로 한 것이어야 한다. 여기서도 심리부검의 역할이 있는데, 자살에 관한 가장 상세한 데이터를 모을 수 있는 도구는 결국 심리부검이기 때문이다.

심리부검이 모든 것을 해결해 줄 수는 없다. 심리부검은 자살 예방에 필요한 기초를 닦는 작업이지 원하는 결과를 빠르고 손쉽게 가져다주는 요술 방망이가 아닌 것이다. 하긴 급하게 그런 도구를 찾아봐야 어차피 존재하지도 않을 것이다. 기초가 견고하지 않으면 쉽게 허물어져 버리듯 자살 예방 정책도 심리부검을 통해서 얻어진 다양한 결과를 과학적으로 검증하고 분석하여 얻어낸 사실에 바탕을 두지 않을 땐 의미 있는 효과를 보기는 어려울 것이다. 아래 사례는 2012년 미국자살예방협회 회장이었던 버먼 박사로부터 제퍼슨시에서 교육을 받을 때 심리부검 결과를 정책과 연결시켰던 사례로 제시된 내용들이다.

참전 군인
오랜 기간 이라크 전쟁과 아프가니스탄 전쟁 등에 참전한 뒤 귀향하거나 퇴역한 군인들이 자살하는 사건이 잦아졌다. 전문가들은 외상 후 스트레스 장애(PTSD)나 정신적 고통으로 인한 우울증과 같은 기분 장애가 자살의 원인일 것이라고 예상했다. 그러나 개인 심리 치료와 약물 치료를 실시해도 효과가 들인 비용만큼 나타나지 않았다. 정부는 보다 확실한 심층 조사를 위해 자살했거나 자살을 시도했던 재향 군인의 가족을 상대로 몇 년에 걸쳐 심리부검을 실시했다. 조사 과정에서 면담을 담당했던 전문가는 정신과 의사와 심리학자들이었다.

심리부검 결과, 오랫동안 전쟁터에서 동료들과 팀워크로 다져진 집단생활을 하다가 갑자기 개인적인 생활로 돌아오면서 받은 고립감, 가정에서 대화의 심각한 단절과 일상의 무료함, 그로 인한 부부 관계 갈등이 심각한 문제였음이 드러났다. 무엇보다도 퇴역 후 적당한 직장을 찾지 못하거나 직장에 적응하지 못해 그만두는 등 경제적 어려움과 사회적 소외도 심각했다. 특히 장애인으로 퇴역한 군인의 경우 다른 사람들보다 더 취약한 상태였다.

심리부검 결과를 활용해서 미군 당국은 귀향 군인들에게 개인 심리 치료보다는 직장과 생활 복귀 적응 훈련 프로그램을 개발하고 무료로 제공하였다. 그리고 사회 복귀 과정에서 적응 기간을 두었고 사회에 잘 복귀한 퇴역 군인을 멘토로 지정하여 긴밀한 관계를 맺으면서 도움을 주고받도록 하였다.

철도 자살

철로에 뛰어들어 자살하는 사람이 늘자 미국 철도 회사들은 그에 반응하여 '다시 생각하세요. 도움이 필요하면 전화하세요'라는 플래카드를 역 여기저기 설치했다. 하지만 자살자는 줄지 않았다.

철도 자살자 혹은 시도자의 특징을 알아내기 위해 미국 철도국은 철도 자살자의 유가족만을 상대로 면담과 자료 조사를 실시했다. 자살자가 자살 전에 무슨 일을 경험했는지, 유가족이나 지인들과 무슨 이야기를 주고받았는지 면밀하게 살펴보았다. 그중에 철도를 이용한 자살자는 자살 전에 휴대폰을 집이나 차에 놓고 온 상태로, 자살 순간에는 대부분 가지고 있지 않은 것이 밝혀졌다. 그 문구를 보고 전화를 하고 싶어도 할 수 없는 상태였던 것이다.

전화를 권유하는 캠페인은 포기되었고 대신 철도 자살률이 높은 지점에 긴급 전화기를 설치하고 도움을 무료로 받을 수 있는 연락처도 남겨 놓았다. 그리고 스피커를 달아 긍정적인 감정을 줄 수 있는 다양한 음악을 틀어 놓았다. 이후 철도 자살률이 현격히 감소하는 효과를 보았다.

다리 투신

뉴멕시코 주는 다리가 많은 주 중의 하나이다. 그래서인지 유난히도 다리에서 투신하여 자살하는 사례가 많았다. 원인 파악을 위해, 투신 사망자의 유족들을 대상으로 심리부검을 실시했다. 심리부검 결과, 다리에서 투신한 자살자들이 이전에는 자살 시도 경력이 거의 없음이 밝혀졌다. 단 한 번의 자살 시도로 사망에 이르게 된 경우가 많았다. 이를 볼 때 그들은 충동적으로 자살을 시도하는 성향을 가지고 있고 철도나 다리에 방지 시설이 설치된 경우 자살을 포기할 확률이 높다는 결론을 내렸다. 이것은 다리에 자살 예방 시설을 설치하는 것에 대한 수많은 회의론들을 정면에서 반박하는 것이었다.

주 정부는 대대적으로 방지 시설을 설치했고 자살률은 현저하게 떨어졌다. 그리고 자살 시도자를 추적 조사한 결과 방지 시설로 자살을 저지당한 사람들 중 40~50퍼센트가량이 더 이상 자살을 시도하지 않았다.

소년원

미국 정부는 10대 자살 사망률이 높아지자 20대 이하의 청소년과 미성년 자살 사망자를 대상으로 집중적인 심리부검 연구를 진행했다. 조사 결과 드러난 사실은 흥미롭게도 그들 중 상당수가 과거 소년원에 일정 기간 수감된 경험이 있었다는 것이다. 거기서 그들이 간수나 또래 재소자들부터 지속적으로 성추행을 당하거나 신체적 학대를 경험했다는 유가족의 진술도 공통된 것이었다.

이 성추행으로 인해 그들은 정신적 문제와 외상 후 스트레스 장애

래니 버먼 전 미국 자살예방협회 회장.

(PTSD)를 경험하며 사회생활에 적응하지 못하거나 이성 혹은 동성 간 또래 관계 형성에 어려움이 있게 된 것이 밝혀졌다. 소년원 교정 담당 부서는 이런 문제를 해결하거나 중재하기보다는 사건을 무마하는 데 급급할 뿐이었다. 무 엇보다 그곳에서 정신과적 문제를 전담하고 관리할 전문 인력이 턱없이 부족한 실정이었다. 소년원 담당자조차 성추행의 심각성을 인지하지 못하고 있었다. 그리고 이를 방지할 수 있는 매뉴얼도 없었다.

당국은 이를 인지하고 전문적인 심리 치료와 프로그램을 진행할 수 있는 외부 정신 보건 인력을 소년원에 추가 배치하고 성추행 방지를 위해 프로토콜과 교육 이수, 그리고 감시 전문가를 배치하는 등 후속 조치를 마련했다.

약물 통제

영국에서 실시한 심리부검은 상당수의 음독자살이 항우울제인 파록세틴(Paroxetine)의 과다 복용 또는 부작용에서 비롯된 것임을 밝혀냈다. 이에 따라 정부는 이 약에 대한 구매량과 구매 방법을 제한하는 조항이 포함된 자살 예방 법안을 2003년부터 마련했다. 법안 통과 이후 음독자살뿐 아니라 영국 전체 자살률도 현저히 줄어드는 효과가 나타났다.

한국에서도 지난 2011년 자살 예방을 목적으로 그라목손의 제조와 유통 중단이 이루어졌다. 이 조치는 전체 자살 사망자를 27퍼센트 정도 감소시키는 데 기여했다.

자살 위험 감지

1980년 후반에 실시한 핀란드의 심리부검 조사는 자살 사망자 가운데 약 80퍼센트 이상이 자살 전에 우울증으로 고통을 받아 왔고 이 중 15퍼센트 만 우울증 치료를 받았다는 사실을 밝혀냈다. 말하자면, 대부분의 자살 사망자가 자신이 우울증을 앓고 있다는 사실조차 모른 채 스스로 생을 포기했다. 이런 결과를 바탕으로 핀란드는 1991년부터 일반 방문 환자라도 보건소와 병원에서 마치 혈압이나 혈당 측정하듯 쉽게 우울증이나 자살 충동을 검사할 수 있게 했다. 또한 자살 고위험 집단으로 나타난 사람들은 엄격한 개인 정보 보호 아래 심리 치료와 약물 치료를 체계적으로 받을 수 있는 ONE-STOP 정신 보건 정책을 마련하였다.

자살자가 사전에 주변 가족이나 지인들에게 자살과 관련된 단서나 암시를 남긴다는 것은 상식이긴 하지만, 이를 수많은 데이터로 확인하자 정부는 자살 신호를 주변인들이 좀 더 민감하게 읽어 낼 수 있게 하는 교육과 홍보를 언론과 방송을 통해 주기적으로 실시했다. 특히 학교 교사, 의사, 경찰관, 소방관, 관공서 공무원뿐 아니라 일반인을 대상으로 자살 관련 교육이 의무화되었고 자살 위험 감지와 도움을 받기 위해 어떻게 해야 하는지에 대한 매뉴얼을 제작 배포하였다. 이 밖에도 언론의 자살 관련 보도가 자살률을 급증시키고 특히 유명 연예인의 자살은 사회적 파장이 더 크다는 것이 확인되었다. 이를 계기로 정부는 자극적인 자살 관련 기사에 대해 엄격한 제한을 두게 되었고, 선정적 보도 대신 다큐멘터리나 대담 등을 통해 자살을 심층적이면서도 객관적으로 접근할 것을 방송사에 권고하였다.

'자살자의 상태를 모르고 만드는 예방책은 무용지물이다.'
— 래니 버먼

2 심리부검 보고서:

여섯 명의 사례

집 주변을 돌아다니며 혹시나 남겨 놓았을 수 있는
유품을 찾던 중 식탁 위의 유서를 발견했다.
그 위엔 통장, 도장 그리고 집 열쇠가 올려져 있었다.

Case 1. 사이코패스에게 죽다

김장미 씨 위장 자살 살인 사건

사망자가 죽어 있던 현장이 아무리 자살처럼 보인다 하더라도 타살의 가능성이 없는지 혹은 사고사의 가능성은 없는지 눈여겨볼 필요가 있다. 오랜 수사 경력을 가진 형사일수록 범죄 현장에 대한 패턴을 보고 섣불리 자살 혹은 타살이라고 경험적으로 판단하는 경우가 있다.* 늘 이런 편견이 수사의 방향을 잘못 끌어가 자칫 사건이 미궁에 빠지는 경우가 드물지 않게 발생한다. 대부분 스스로 목을 매는 경우, 문고리나 옷장 문고리에 목을 매는 경우는 자살로 판단되는 경우가 많기 때문에 이런 종류의 자살 특성을 보이는 현장일수록 법과학자는 고정관념과 편견에서 벗어나려고 의식적으로 노력할 필요가 있다. 이번 사건도 그런 예이다.

2010년 제주도 중산간에서 김장미 씨가 집에서 목을 맨 채로 발견되었다. 김 씨의 여동생은 전날 저녁부터 언니와 연락이 되지 않자 아침 일찍 미장원으로 출근하는 길에 언니 집에 들러 문을 두드렸다. 아무 반응이 없었다. 이상한 낌새가 들어 근처 열쇠 수리공을 불러 문을 열고 들어갔다. 언니는 작은방 옷걸이에 전기선으로 목을 맨 채 죽어 있었다. 곧 112로 신고하였다. 언니는 사망 당시 착의 상태였고 면바지는 한쪽으로 말려 있었다. 사체에는 코피가 난 흔적이 있었고 그 외에 특별한 외상은 보이지 않았지만 목 부분이 빨갛게 부어 있었다. 평소 착용하던 팔찌와 귀걸이는 그대로였다.

사건 현장에서 순차적으로 발견된 것은 우선 현관문과 창문이 안에서부터 모두 잠겨 있던 점, 전깃줄로 8자 매듭을 맨 후 목을 맸다는 점, 짐을 싸려는 듯 거실 식탁 위에 여행용 가방이 놓여 있었고 사망자의 손목엔 팔찌가 그대로 끼워져 있었던 점 등이었다. 현장에서 특별히 자살을 암시하는 메모, 유서, 일기장은 찾아볼 수 없었다. 거실 쪽에 켜져 있던 컴퓨터에서 인터넷 로그 기록과 검색 기록을 찾아보았지만 별다른 내용은 없었고 핸드폰과 SNS 상에서도 자살을 언급하는 특이한 징후는 보이지 않았다. 언뜻 보아서는 자살인 것처럼 보이는 사건이었지만 자살로 보기에는 석연찮은 부분들이 한두 가지가 아니었다.

남편

당시 남편은 사망자와 별거 상태였다. 사망자를 만나 2년 만에 결혼을 했고 그녀의 이름을 따서 승마장 이름도 지었다. 하지만 15년에 걸친 결혼 생활에서 도박, 음주와 외도 등의 이유로 싸움이 잦았고 사망 전까지 세 차례 이상의 별거 기간을 가졌다고 하였다. 남편은 바깥으로 돌면서 집안일에 신경을 쓰지 않았을 뿐 아니라 전화기, 항아리 등 물건을 던지거나 사망자를 때리는 등 폭력을 휘둘렀다. 부부 생활은 이미 파경 국면이었다. 필자는 마침 경찰 조사를 받고 있던 그와 면담했다. (당시 그는 불법 고리대금업, 법정 한도를 초과한 이자율, 조직 폭력배를 이용한 수금 방식 때문에 경찰 조사를 받고 있었다.) 그는 부인의 자살에 대한 질문에 방어적으로 반응하며 저항감을 보였고 "자살의 책임을 나에게 묻는 것 같아 기분이 나쁘다" 는 등 불쾌감을 비쳤다.

"아내는 돈 쓰는 것을 좋아하고 고가의 명품 가방을 강박적으로 사 모으는 등 사치스런 소비 습관의 소유자였다. 경제적으로 감당이 힘들어 여러 번 이혼을 생각했지만 딸 때문에 그러지 못했다. 아내는 옷가게와 보험 일을 하며 번 돈은 자신이 다 소비했고, 딸에겐 신경을 거의 쓰지 않고 바깥으로만 나돌아 다녔다. 바깥 남자와 바람이 난 경우도 여러 번 있었고 내가 흥신소에 의뢰해서 현장을 목격한 적도 있다. 그런 일이 있어도 아내의 행동은 바뀐 게 없었다. 몇 개월 전에도 승마장의 남자 종업원과 바람이 나서 동거하며 지내 온 사실도 알고 있다. 더 이상 그 여자의 생활에 간섭하지 않았고 조만간 이혼할 생각이었다."

그의 회피적인 태도 때문에 면담은 오래 지속될 수 없었다.

경리 직원 미스 지

남편과의 면담이 끝나고 승마장에서 경리 일을 맡고 있었던 '미스 지'라고 불리는 20대 후반의 여자와 면담을 했다. 최근 몇 년간 사망자와 같은 공간에서 함께 일했기 때문에 사망자의 개인사에 대한 많은 내용을 알고 있었고 최근 동거했던 남자 친구와의 관계에 대해서도 알고 있었다. 승마장에서 5년 정도 경리로 일한 이 직원은 사망자와 친하게 지내는 편이었고 사적인 일도 스스럼없이 이야기하는 편이었다.

"사모님(사망자를 가리킴)도 당시 자기 일을 그만두면서 나를 도와 경리를 보조하며 근무했다. 성격이 활달하고 주변 사람들과 섭게 어울리는 등 사장 부인 같지 않게 스스럼없는 태도로 대해 주어 편했다. 사모님은 고리대금업자인 남편과 오랫동안 불화가 있어서 최근에는 집을 나와 원룸을 얻어 혼자 살고 있었다. 남편과 살 때보다 오히려 혼자 살 때 표정이 더 밝아 보였다. 최근 승마장에 취직한 연하의 남자는 활달하고 농담도 잘하는 성격이라 사모님과 죽이 잘 맞더니 좀 지나서는 사모님 집에서 둘이 동거를 하는 것이었다. 그 남자에게 용돈을 주고, 차를 사 주고 했는데 남자가 사모님에게 큰돈을 빌려 달라고 요구해 왔다. 빌려 주었지만, 이후 이런 요구가 잦아지고 갚기로 한 날에는 차일피일 변명하며 돈을 갚지 않았다고 한다. 이 때문에 사이가 벌어진 것으로 안다."

자살에 대한 언급이나 징후가 없어 보였고 사장 부인이었지만 직원들과 친하게 지내며 원만하게 생활하고 있었음을 알 수 있었다.

여동생

마지막으로 사망자의 유일한 여동생인 미장원 주인을 만나 면담했다. 그동안 가깝게 지내며 생활해 왔고 사망 전날에도 통화한 사이였다. 그녀는 최초 사건 현장을 목격하고 신고한 사람이기도 했다. 동생을 통해 사망자가 어떻게 살아 왔는지, 죽기 바로 전까지 무슨 일이 있었는지, 그리고 사망 현장에 대해 구체적으로 들을 수 있었다.

"중학생 때 부모님과 함께 연고도 없는 이곳에 내려왔다. 형제는 나와 언니 둘뿐이다. 언니는 고등학교를 졸업하고 나와 함께 옷가게를 냈다. 옷가게는 잘되는 편이었는데 결혼하고 임신하면서 남편이 반대하는 바람에 가게를 정리하게 되었다. 부모님 두 분 모두 지병으로 10년 전에 돌아가셨고 언니와 나는 서로 의지하며 지내 왔다. 언니와는 하루에 한 번씩 연락하고 주말에는 우리 집에 불러 밥도 먹고 함께 나들이도 나갔다. 전날 저녁 평소처럼 언니에게 전화했는데 핸드폰이 꺼져 있었다. 이게 이상하고 자꾸 불길한 생각이 들었다. 그래서 다음 날 아침 일찍 가 보기로 한 것이다. 언니의 집은 산 속이라 주변에 인가가 거의 없고, 가로등이 있긴 해도 나무가 우거져 있어 어두컴컴했다. 언니의 모습을 보았을 때, '죽었구나'라고 직감적으로 알 수 있었다. 침실이나 거실 쪽은 평소대로 깔끔하게 정리되어 있어 이상한 점은 없었다. 처음부터 동거했던 육지 남자가 의심스러웠다. 그에게 전화해 봤지만 핸드폰이 꺼져 있어 연락이 되지 않았다.

언니는 결혼 직후부터 형부에게 억눌려 생활했고 서로 언성을 높이며 다투는 일이 자주 있었다. 형부는 술주정이 심하고 강압적이고 폭력을 자주 쓰는 사람이다. 언니는 여러 번 떠날 생각을 했지만 형부가 해결사들을 풀어 잡아와서는 감금시키는 그런 영화 같은 일들도 있었다. 그런 데서 생긴 스트레스와 우울증 때문에 언니는 나와 친구들에게 자주 하소연을 했었다. 드디어 별거를 하게 되어 언니는 결혼 생활을 정리하고 승마장 경리일도 조만간 그만둘 생각이었다. 형부가 준 스트레스 때문에 언니가 정신과에서 상담을 받거나 약물을 복용한 일은 없었지만 수면제를 1년 정도 가끔 복용했던 것 같다. 현재 8살인 딸은 형부가 맡아 키우고 있고 언니는 1주일에 한 번 집을 찾아보는 정도였다. 딸한테 미안하다고 힘들어했다."

10년 전 부모의 사망이나 최근 어느 지인이 교통사고로 사망한 사건 외에는 최근 중요한 사람의 상실이나 자살 경험도 없었고 심각한 질병으로 인한 병원 기록도 없었다. 동생에 따르면 가족 내 자살 이력이나 특이한 내력은 발견할 수 없었다. 사망자는 동생에게 비관적인 이야기를 자주 했지만 대화 중 자살을 암시하는 행동이나 단서를 찾아볼 수는 없었다고 했다. 그녀가 남겨 놓은 핸드폰 메시지, 일기장 등에도 자살과 관련지을 수 있는 내용은 없었고 PC와 노트북에서 로그 기록과 검색어를 조사해 봤지만 자살과 직접적으로 연관된 단어는 찾을 수 없었다. 다만 동거 중인 남자 친구에게 빌려 준 돈 때문에 어려움이 있었고 그 남자 친구와 사이가 최근에 급격하게 나빠져 힘들어했다. 하지만 사망자의 재산 상태를 따져 보면 동거남에게 빌려준 돈 때문에 경제적인 어려움에 봉착할 정도는 아니었다.

사망자는 외향적인 성격으로 싫고 좋음이 명확하게 갈려 화가 나면 참지 않는 편이었다. 상대방에게 대한 감정 표현이 직설적이긴 했지만 화를 주체하지 못하거나 감정 기복을 보이는 등의 정신적인 장애는 없었다. 승마를 좋아했고 사교적이며 친근감이 있는 태도로 사람들에게 호감을 샀다. 전에 보험 영업이나 옷가게를 할 때 알고 지낸 친구들과 아직까지도 좋은 관계를 맺어 오는 등 사회성이 좋았다. 알코올 남용이나 환각성 약물 복용은 없었으며 담배도 피우지 않았다. 자신에게 친절하고 호감을 보이는 남자에게 쉽게 마음을 여는 편이었다.

심리부검 분석

10여 일 간의 자료 검토와 면담을 마무리하고 심리부검 내용을 종합적으로 분석했다. 사망의 종류로는 타살의 징후가 농후해 보였다. 가해자를 추정해 보았다. 필자는 가해자가 사이코패스 성향을 가졌으리라 의심하였다.

왜 사이코패스인가? 필자는 5년간 자살로 위장된 타살 사건에 대한 합동 연구 조사*를 수행한 적이 있다. 그런 사건으로 검거된 피의자들이 대상이었는데 이들 중 50퍼센트 이상은 사이코패스에 해당되었고 반면에 반사회적 성격장애가 있는 사람은 10퍼센트 미만이었다. 자살로 위장된 살인 사건을 살펴보면 범죄자는 매력적인 언변과 좋은 인상으로 주변 사람들의 호감을 샀다. 그렇기 때문에 범죄 이후에도 의심을 사지 않고 수사 용의자에서 배제되는 경우가 빈번했다. 사이코패스 주변에서 반복해서 비슷한 사건이 벌어졌음에도 불구하고 주변 사람들은 이해할 수 없을 정도로 범죄자를 신뢰하는 경우도 있었다. 주도면밀하고 이기적인 사이코패스나 소시오패스가 접근했을까? 몇 해 전 인기를 끌었던 영화 「추격자」처럼 범인은 처음부터 그녀의 죽음을 목표로 해 접근했을까?

이 사건의 경우 자살자에게 전형적으로 나타나는 특성이 없었다. 목 피부에 나타난 여러 갈래의 끈에 눌린 자국이나 경부 설골의 치명적인 손상은 타살에서 나타나는 전형적인 패턴이다. 특히 자살자가 8자 매듭을 짓고 목을 꽉 조이게 매는 형태는 굉장히 드물다. 무엇보다도 착의 상태가 상당히 불안전해 보였던 점도 지적해야 한다. 면바지를 입고 있었지만 마치 옮겨진 것처럼 바지가 쓸려 한쪽으로 돌돌 말려져 있었다. 그 밖에 유서나 자살 혹은 죽음과 관련된 단서를 전혀 찾을 수 없었다.

자살 위험성 평가 결과, 사망자는 오랫동안 남편과의 갈등으로 힘들어했고 우울감을 보이곤 했지만, 그 외에 특별한 경제적 어려움, 상실, 스트레스, 생애 사건으로 인한 고통은 두드러지게 나타나지 않았다. 그리고 이전의 자살 경력, 자살 가족력, 신체적 질병, 자살 시도, 알코올 의존 및 약물 남용, 정신과적 진단에 대한 보고 등 자살과 직접적으로 관련지을 수 있는 위험 요인을 찾아볼 수 없었다. 여동생, 직장 동료 등 주변 사람들에게 비관적인 심경을 토로하긴 했지만 자살을 언급하는 등의 직간접적인 사전 위험 징후는 보이지 않았다. 무엇보다도, 사망 이후 동거남이 연락 두절이 되었고 사망자가 가지고 있던 자동차 등록증과 인감증명서 등 중요 물품도 발견되지 않았다. 경찰과 필자는 동거남을 유력한 용의자로 지목했다.

신원 조회 결과 그는 육지에서 상해치사 경력과 강도 경력이 있었고 이미 수배가 내려진 상태였다. 필자는 범인이 금전을 목적으로 접근하여 사망자를 살해한 뒤 자살로 위장했을 가능성이 농후하다는 심리부검 소견을 냈고, 범인 수사는 탄력을 받게 되었다. 시체는 은폐하거나 매장하려 하는 것이 보통인데 자살로 위장하려는 시도는 치밀한 성격과 범죄의 숙달, 보통 이상의 법적 의식(forensic awareness)이 있음을 의미한다. 이는 주변의 매체나 영상물 혹은 범죄를 통해서 획득된 정보에서 비롯되었을 것으로 보인다.

가해자

검거 후 제주교도소에서 가해자와 면담했다. 흔치 않은 일이지만, 그는 사이코패스로 의심되었다.* 우리나라에서 대표적으로 유영철이나 정남규, 강호순과 같은 성격 특성이 그 예라고 볼 수 있는데, 이런 유형은 포식자처럼 희생자를 찾아 기생적인 관계를 맺으며 죄책감 없이 피해자를 착취하고 결국에는 모든 것을 앗아가 버린다.*

그는 자기의 상황을 변명하는 듯한 어조로 이야기를 시작했다.

가정환경에 대해서 말이 별로 없었으며 불우한 기억을 떠올리고 싶지 않은 듯했다. 자기에게 불리한 이야기는 의도적으로 감추고 다른 사람의 이야기를 장황하게 늘어놓았다. 조용한 어조를 유지하다가도 갑자기 흥분하거나 울면서 결백을 주장하는 등 필자를 조종하려 들었다. 자신이 자살을 시도했다는 둥, 사망자에 대한 죄책감 때문에 괴롭다는 둥, 둘이 얼마나 사랑했는지에 대한 이야기는 범행에 대한 잘못을 시인하는 듯 보이면서도 전반적인 책임이 결국은 사망자에게 있음을 말하는 듯했다. 이런 부분은 사이코패스가 가지는 전형적인 증상들이다.

가해자는 장미 승마장에 취업한 뒤 사망자의 가정 상황을 면밀하게 파악했다. 주변 직원들이 사장 부부에 대해 들려주는 이야기를 통해 정보를 수집한 그는 남편 때문에 힘들어하는 사망자의 행동을 주의 깊게 관찰하였다. 그리고 승마를 좋아하는 사망자에게 접근한 후 고민을 들어주고 위로하며 말을 태워 주면서 본격적으로 작업을 시작했다. 먹이를 찾는 포식자처럼, 사전에 사망자가 좋아하는 것을 미리 알아낸 후 그것을 교묘하게 활용해서 의도적으로 접근한 것을 볼 때 과거에도 이런 유사한 전력이 있었을 가능성이 있다. 그는 천성적으로 언술이 좋고 외모가 호감을 주는 형태라 쉽게 상대방의 마음을 얻을 수 있었다. 검거 당시 소지하고 있던 검정색 수첩에는 사전에 무슨 말을 할지, 어떻게 접근해야 할지 등을 치밀하게 준비한 내용이 시기별로 깨알같이 기록되어 있었다. 사망자 이외에도 다른 여자 이름과 개인적인 정보들이 담겨 있어 이미 다른 여자를 대상으로 이와 유사한 편력이 있었던 것이 암시되었다. 가해자는 신용 불량자였고 사기 및 강간 등 전과로 인해 제대로 된 직장을 구할 수 없는 상황이었다. 이후 가해자에 대한 정신감정과 관련된 평가를 진행했다.

면담 내용을 보면 그는 인격이 자기 중심화가 되어 있으며 문제의 근본적인 책임을 다른 사람에게 돌리는 등 무책임성과 기생적 생활 방식이 역력했다. 관계를 맺는 형식도 집착과 자기 통제, 변화를 통해서 강박적인 소유욕이 강했으며 일관성 있는 관계를 유지할 수 있는 능력이 결핍되어 보였다. 어린 시절 부모로부터 받은 신체적 학대와 이른 가출 후 혼자 생활해 온 가해자의 심리 기저에는 애정에 대한 집착과 피해 의식과 열등감이 내재되어 있는 것으로 보였다. 양심의 거리낌 없이 자신이 목표로 한 대상에 접근한 후 그럴듯한 언변과 매력을 이용하여 원하는 것을 얻어내는 착취적이며 기생적인 태도를 보였다. 자신의 행동에 대해 받아들이고 직면하기에는 이미 자기 정당화, 특권 의식과 모면 의식이 확고하게 형성된 반사회성과 사이코패스적인 기질이 보였다.

감정 표현은 자신의 신변과 누명에 대해 염려가 될 때는 변화되기도 하였지만 범행을 자백하거나 현장 검증을 할 때는 심경 변화가 언제 있었냐는 듯 웃거나 평소와 다름없이 무정한 심리를 보였다. 그의 감정 표현은 피상적이었다. 가출 이후 몇 번의 동거 생활 중 자신을 배신하고 떠난 여자들에 대한 적개심을 보이면서도 자신이 사랑하는 여성과의 관계에서 버림받는 것에 대한 두려움으로 인해 오히려 버림받지 않기 위해 상대방을 고립시켜 조종하고 통제하려는 패턴을 보였다.

가정과 학교를 통한 정상적인 사회화 과정을 경험하지 못한 가해자는 정서적, 사회적으로 정상적인 발달이 이루어지지 않았다. 어린 시절에 부모에게서 충분한 애정을 경험하지 못하고 부모와의 상호작용이 이루어지지 않은 채 성장한 사람이 타인과 정상적인 애착 관계를 형성하는 방식을 학습하지 못하면 자신의 성격 문제로 끝나는 것이 아니라 극단적인 범죄로 진행될 수 있다는 것을 보여주고 있다. 심리부검 보고서에 꼭 첨부할 의무는 없었지만 필자는 보고서 말미에 가해자에 대한 법심리학적 소견을 기재하여 제출했다. 법정에서 참고 자료로 쓰일 수 있도록 한 것이다.

시사점

최근 사이코패스와 관계를 맺은 후 피해를 당한 사례가 빈번히 발생하고 있다. 연인 관계로 발전했다가 경제적인 피해를 입거나 커다란 정신적 상처를 받는 경우도 발생하고 있다. 자신에게 매력적으로 다가왔던 그가 어느 순간 착취하고 교묘하게 조종하며 원하는 것을 얻어 내는 냉혈 인간으로 바뀐다. 그리고는 더 이상 얻어 낼 게 없다고 생각되면 홀연히 떠나 버린다. 아무런 양심의 가책과 죄책감을 느끼지 않은 채 말이다.

피해자는 이제 배신과 실망으로 더 이상 사람들을 믿을 수 없게 되고 심각한 정신적 후유증에 시달리게 된다. 실제 북미에서는 이들 피해자들이 모여 만든 단체가 있다. 이 단체는 사이코패스의 실체를 알리고 이들로부터 당한 경험을 공유하고 실제 전문가로부터 상담을 받을 수 있다. 그리고 이 경험을 바탕으로 사이코패스부터 자신을 보호할 수 있는 방법이 무엇인지 사람들에게 정보를 제공한다 (http://www.aftermath-surviving-psychopathy.org).

한계

심리부검을 처음 실시하면서 마주치는 가장 큰 어려움은 자살 사망자 가족, 친구들과의 면담이었다. 경찰 조사와 함께 추가적으로 받는 심리부검 면담은 유가족들에게는 부담스러울 수밖에 없다. 그리고 경찰서 내부 규정으로 심리부검이라는 절차를 만들었지만 인식이 부족한 상태였고 수사 서류와 참고 서류에 대한 접근성에 한계가 있을 수밖에 없었다. 무엇보다도 시간적으로 촉박한 것, 표준화된 프로토콜이 없는 것, 당시에는 필자가 아직 전문가 자격을 갖추지 못한 것이 커다란 한계로 다가왔다.

심리부검이 자살의 원인을 밝혀내고 사망의 종류를 밝혀내는 중요한 기법으로 발전하였음에도 불구하고 국내에서는 여전히 필요성에 대해 의구심을 보이고 있을 뿐 아니라 시간과 인력의 제한으로 시도조차 하지 않고 있었다. 이 뒤의 사례에서 보게 될 분석 도구들을 이 사건에서는 아직 사용하지 못했다.

검시와 부검에만 의존하는 법적 소견은 분명 불완전할 수밖에 없다. 사망자가 사망에 이르게 된 본질적인 위험 요인을 찾고 그 요인들을 논리적으로 합당한 방식으로 구조화하여 사망의 종류를 보다 설득력 있는 의사 결정 방식으로 찾아내야 한다. 자살이라면 자살에 이를 수 있는 원인을 과학적으로 모색할 필요가 있다. 심리부검을 통해서 현재 우리 수사의 한계를 어느 정도 극복할 수 있으리라 본다.

Case 2. 보이지 않는 인간
트랜스젠더 자살 사건

2010년 10월 전남 여수시 한적한 바닷가 부근의 주거지에서 사망한 사람이 있다는 신고가 들어왔다. 변사 현장에는 자살 현장을 발견하고 신고한 20대 후반의 친구 2명이 기다리고 있었다. 정적이 흐르는 집은 바닷가의 한적한 단독주택으로 널따란 마당이 있었고 방 두 개와 부엌이 있는 구조였다. 사망자는 방문 안쪽 손잡이에 수건을 고정하여 목을 매 사망한 상태였다. 119 대원들이 안방에서 변사자를 내려놓고 급하게 심폐 소생 시술을 한 듯 보였다. 여느 변사 현장과는 달리 방은 잘 정돈되어 있었고 사망자가 있었을 것으로 보이는 안방 내부도 흐트러짐 없이 깔끔하게 정리되어 있었다. 잘 개어진 옷과 이불, 가지런한 용지와 필기도구, 책장에 잘 꽂혀져 있는 책과 서류 등 마치 사람이 살지 않은 듯 모든 게 깨끗했다.

변사자는 평소에 입는 듯한 빨간색 꽃무늬 잠옷을 입고 있었고 긴 머리를 빨갛게 염색한 갸름한 여자였다. 집 주변을 돌아다니며 혹시나 남겨놓았을 수 있는 유품을 찾던 중 식탁 위의 유서를 발견했다. 그 위엔 통장, 도장 그리고 집 열쇠가 올려져 있었다. 부엌 한쪽에는 마시다 남은 술병이 놓여 있었다. 변사자가 사용한 컴퓨터를 켜서 인터넷에서 검색한 용어와

3개월간의 로그 기록을 찾아보니 "죽기 좋은 곳", "고통 없이 죽는 방법", "자살", "목매기" 등이 확인되었다. 기타 저장용 자료들은 하나같이 깨끗하게 삭제된 상태였다. 사망자는 핸드폰의 메시지와 연락처도 빠짐없이 지워놓았다.

변사자가 살던 집 주변은 집들이 많지 않고 이른 아침에는 사람을 거의 찾아 볼 수 없는 외진 곳이었다. 처음 현장에서 사망자를 목격했을 땐 모두 여성이라고 생각했었다. 실제 머리가 길고 얼굴의 형태도 갸름한 여자형이었고 여자 속옷을 입고 있었기 때문이다. 하지만 검시 과정에서 남자가 성전환 수술을 받은 것임이 드러났다.

자살의 방식

최초 발견자인 친구들이 사망자 목에 감겨 있던 수건을 풀었다고 하고, 119 대원에게 확인한 바에 따르면 도착했을 때 발견자가 변사자에게 심폐 소생술을 시행하고 있었다. 현장에서 발견된 수건은 길이가 약 130센티미터, 접힌 폭이 4.7센티미터로 변사자가 자주 쓰던 수건이었다. 현장 방문 안쪽 손잡이의 폭을 측정해 보았더니, 최대 폭 2.3센티미터였다. 배와 가슴 주위의 얇은 멍은 발견자의 심폐 소생술 시행 시 발생한 손상으로 추정할 수 있는 부분이다. 뒷목 부위 멍은 문손잡이 밑에 붙어 있던 볼록한 못에 의한 것으로 나타났고 얼굴 및 눈꺼풀 결막의 울혈과 점 출혈, 목 부위의 끈 자국 및 피부 벗겨짐 이외에 사인에 이를 만한 특이 외상은 관찰되지 않았다. 현장 상황과 변사자의 상태를 종합해 볼 때 목을 매 사망한 것으로 추정되었다.

유가족을 조회하니 부모는 모두 사망하였고, 유일하게 셋째 형과 연락이 닿았다. 그는 다음 날 여수로 내려오기로 했다.

남자 친구

자살임이 명확한 사례였다. 따라서 심리부검은 처음부터 자살 원인이 무엇인지 살펴보려는 목적으로 이루어졌다. 최초 발견자인 사망자의 친구에게 따뜻한 차 한 잔을 주면서 면담실로 자리를 옮겨 이야기를 나누었다. 먼저 현장을 어떻게 발견하게 되었는지 그리고 어떤 관계인지 물어보면서 대화를 풀어 나갔다.

그는 지난해 10월경 단란주점 종업원으로 일하면서 사망자와 알게 되었고 친구로 지내 오다 작년부터 연인 사이가 되어 여자 집에서 동거하기 시작했다. 하지만 올해 1월경 사망자가 성전환 사실을 자신에게 고백하면서부터 그녀에 대해 성적 거부감이 들기 시작했다. 사망자는 갈수록 집착을 보였고 이 때문에 헤어지려 했지만 그때마다 죽어 버리겠다는 등의 말로 그가 떠나지 못하도록 겁을 주었다. 실제로 허리띠나 수건으로 목에 매는 시늉을 하는 등 여러 차례 자살 시도를 하며 위협을 주기도 했다. 그럴 때마다 정말 죽지 않을까 불안해진 그는 사망자가 강박적으로 집착하는 행동 때문에 힘들어하면서도 어쩔 수 없이 위험한 동거 생활을 이어갔다.

사망자는 직장에서 출퇴근 시간을 미리 알고 직접 통근을 시켰고 평소 알고 지내는 여자 친구들에게 전화 연락을 하지 말라는 등 간섭이 점차 심해졌다. 특히 그가 다른 여성과 어떠한 사회적 접촉이나 교류를 하는 데 대해서도 히스테리에 가까운 반응을 보였다.

또 언제나 그렇듯이 다시 홀로 서게 되었다. 내 죽음의 메모장에 죽어 서조차 당신에게 아픔을 주기 싫지만 그건 나도 잘 알 수가 없다. 이 생을 떠나 무슨 방법으로 너를 다시 볼지 잘 모르겠다. 확실한 건 언젠 간 다시 우리가 서로를 볼 날이 오게 될 거다. 누구의 모습을 하든 난 널 넌 날 분명 보게 될 거야.

재회의 그날 우리가 다시 만나!! 하지만 지금은 우린, 시기와 미움으로 서로를 헐뜯고 상처를 주는 나의 모습에 너무나 실망이다. 이제 우리 서로를 그만 미워하자. 그리고 서로를 조용히 놓아 주자. 수술이 끝나고 내가 여자라고 생각했던 시점부터 나는 죽음을 생각했다. 하지만 죽으면 죽어서라도 너랑 함께 있을 것이다.

네가 얼마나 날 미워하는지는 모르겠지만 지금까지 몇 번의 자살을 시도했고 다른 사람들이 하는 걸 봐서는 참 쉬운 것 같았는데 내가 하려니 난 참 비겁해지는 것 같다. 죽음이라는 신 앞에 난 좀 더 용감해져야겠다. 우리 다시 만나면 날 좀 한결같이 사랑해 주렴. 난 한세월 불안하게 살았다. 네가 그나마 잠시나마 잘 감싸줘서 여기까지 왔다. 여자로 살고 싶었는데, 너에게 비밀이 없기를 원했는데, 그리고 그렇게 믿었는데 이 세상은 나를 있는 그대로 받아 주지 않았다. 사랑해. 다음 생에는 날 여자로 받아 주고 사랑해 줘.

— 일기장에서

자신을 구속하며 의심하는 정도가 극에 달하자 견딜 수 없게 된 그는 결국 그녀의 곁을 떠나기 위해 집을 나섰다. 사건 전날의 일이었다. 집을 나올 때 그녀는 체념한 듯 "정말 이제 죽어 버리겠다"라고 말하며 더 이상 어떤 행동도 하지 않았다. 그는 평소처럼 자신을 붙잡기 위해 하는 위협 정도로만 생각하고 대수롭지 않게 여겼다. 그는 다른 친구(사망 현장에 와 있었던)의 집에 하루를 머문 뒤 다음 날 비행기를 탈 생각이었다.

그는 그녀가 죽기 전까지 보낸 문자를 보여 주며 지난밤의 상황을 설명해 주었다. 자살 전날 그녀가 저녁에 술을 마시자는 문자 메시지를 보냈지만 답장하지 않았고, 다시 새벽에 문자 메시지가 왔지만 무시해 버렸다. 그리고 마지막으로 새벽 5시경 "너 편안[한] 대로 [해라.] 마지막까지 난 너한테 불편한 사람이구나. 잘 가라"라는 문자를 받았다. 이 문자는 정말 마지막 메시지처럼 보였다. 평소처럼 자신을 떠나가지 못하게 하려는 말로 보기엔 어조가 너무 침착해 보였다. 불안을 느낀 그는 친구와 함께 아침 일찍 그녀의 집을 찾아갔다. 그녀는 안방 문손잡이에 목을 매단 채 늘어져 있었다.

형

그 다음날 여수로 내려온 형을 만나 면담을 시작했다. 가냘프고 작은 체구는 그녀와 비슷한 생김새였다. 오랜 기간 떨어져 있어서인지 눈물도 슬픈 기색도 보이지 않았고 몹시 피곤한 기색이었다. 그녀가 집을 나간 후 이제야 처음 만나는 것이라고 했다.

"동생은 15년 전 고등학교 재학 중에 가출하여 다른 가족들과는 이미 연락이 닿지 않은 상태였다. 4형제 중 막내로 태어난 그에게는 세 살 위인 내가 그나마 간간이 연락하며 지내던 유일한 혈육이다. 연락을 받고 인천에서 내려왔는데 여수에서 간단하게 화장한 후 바닷가에 뿌리고 싶다. 어차피 이 일로 모일 친척도 없다.

동생은 어릴 적부터 또래들과 어울리지 못해 따돌림을 당하며 학교생활을 무척이나 힘들어했다. 말과 행동이 꼭 계집애 같다고 해서 형제나 주변 아이들로부터 놀림받기 일쑤였다. 고등학교 2학년 때 처음으로 자기 방에서 목을 맸는데 실패했다. 옷장 고리에 목을 맸는데 고리가 부러졌다. 죽으려고 한 이유는 같은 반의 좋아했던 남학생 때문이었다. 그가 동생을 계집애 같다고 놀리며 '재수 없어, 죽어 버려'라고 했던 것이다.

심한 상처를 받은 동생은 곧 학교를 그만두고 집을 나갔다. 식당이나 술집에서 아르바이트를 하며 돈을 벌었다. 여자아이같이 곱게 생겼으니 여자처럼 변장하는 게 어렵지는 않았을 것이다. 그렇게 열심히 돈을 모은 이유는 성전환 수술을 하기 위해서였다. 그렇게 시작한 건데 성전환 수술은 한 번에 끝나지 않는다. 돈을 벌면 수술을 하고 다음 수술 때까지 또 돈을 모으고…… 이런 과정이 여러 번 반복되면서 수술 후유증으로 수면제와 진통제를 입에 달고 산다고 했다. 마지막으로 수술한 것이 죽기 3년 전쯤이다. 그때는 10년에 걸친 성전환 수술이 마무리된 단계라 겉으로는 여자들과 차이가 없었다. 그래서 단란주점에 취직도 했을 것이다.

하지만 5년 전부터 보인 우울증이 차츰 심해진 것 같다. 여러 번 자살을 시도하는 등 상태가 급속하게 나빠졌다. 특히 얼마 전에는 남자 친구가 동생의 성전환 사실을 알고부터 자신을 멀리하는 것 때문에 힘들다며 내게 하소연하기도 했다.

동생이 집을 나간 뒤 직접 만나지는 못했고 그저 가끔 전화로 소식만 전해 주었을 뿐이다. 자살하기 며칠 전의 통화에서 특이한 기미는 느끼지 못했다. 그러나 동생이 요즘 다른 어느 때보다 많이 힘들어한 것은 사실인 것 같다."

아무 것도 모르는 면담자들

이 사건의 관련자들을 면담하면서 느낀 점은 그녀에 대해서 '너무 모른다'였다. 물론 남자 친구는 그녀를 만난 지 1년도 되지 않은 상태였고 그 짧은 기간에서조차 깊은 대화가 없게 된 지 오래였다. 가족으로 유일하게 접촉을 유지했던 셋째 형은 어렸을 때의 모습은 어렴풋이 기억하고 있을지 모르지만 사회생활을 어떻게 했는지 군 생활을 어떻게 했는지에 대해서는 전혀 알고 있지 못했다. 그리고 자신도 삶이 힘들기 때문이었겠지만 그에 대해 관심이 없어 보였다. 집을 나와 성전환 수술을 받으며 홀로 살아온 그녀의 인생 내막을 아는 사람은 아무도 없는 듯 보였다. 필자가 그녀의 신원을 조회하며 공식 기록을 통해 알게 된 사항들에 대해서는 여기에 굳이 적지 않는다. 다만 면담자들 중 그것들을 아는 사람이 아무도 없었다는 사실이 중요하다.

남자 친구조차 자신에게 집착하는 그녀를 떠나가고 싶은 마음뿐이었다. 갈수록 심해진 통제와 감시 때문에 목을 죄는 듯 힘든 시간을 보냈다고 한다. 하지만 남자 친구도 "[그녀가] 불쌍하다"라고 하였다. 성전환 사실을 안 뒤 그녀를 도저히 연인으로 생각할 수 없었다. 그는 자기가 바로 떠나지 못한 것은 그녀가 자살할 것 같다는 두려움 때문이었고 이제 그게 현실이 되었다며 망연자실했다.

그녀가 남긴 유서와 일기장을 읽으면, 주변 사람들이 그녀에 대해서 너무도 몰랐을 뿐 아니라 안다고 생각했던 사실조차 잘못 알고 있었던 부분이 적지 않다는 사실을 알게 된다.

심리부검 분석

마지막으로 심리부검 분석 단계이다. 자료와 면담을 통해 얻는 자료를 종합하여 사망의 종류와 원인을 후향적으로 찾아내는 과정이다. 그리고 자살 예방에 도움을 줄 수 있는 구체적인 착안점을 찾아볼 필요가 있다. 자살 유형, 자살과 관련된 위험 요인과 보호 요인, 시기별 자살 징후, 'IS PATH WARM'*을 통한 위험 요인 탐색, 자살 예방 시사점에 대해 전체적으로 조망해 보도록 하자. '경로는 맞아떨어지는가'라고 해석될 IS PATH WARM은 2013년 미국자살예방센터에서 자살과 관련된 위험성을 평가하기 위해 만들어 낸 10가지 자살 위험 요인 리스트이다.

자살 유형은 무엇인가?

이 사례의 유형은 '적극적 자해 혹은 자살 시도 유형'으로 볼 수 있다.* 사망자는 내적인 심리 고통 즉, 절망감, 무망감, 남에게 부담을 지운다는 느낌, 오랜 기간 단절된 대인관계, 소속되지 못한다는 좌절 등을 느낀 듯 보인다. 이후 '자해·자살 시도'가 연속적으로 발생하면서 지속적으로 자살 의도를 표현하던 중에 사망에 이른 경우로 볼 수 있다. 그녀의 경우 전형적인 경계선 성격 장애, 기분 장애의 특성을 보였다. 구체적인 하위 유형으로는 '자살이 목적인' 자해 혹은 '위협이 목적인(상대방을 통제하려는 시도)' 자해가 혼합되어 나타나면서 발생한 자살 형태로 볼 수 있다. 그녀는 트랜스젠더로서 오랜 기간 고립된 채 감정적 고통을 받아 왔다.

위험 요인*으로 본 자살 원인은 무엇인가?

그녀가 죽음에 이른 가장 큰 이유는 바로 고립감이었다. 그녀는 남자 친구 외에는 따로 알고 지내는 친구가 없었다. 오로지 남자 친구 한 사람뿐이었다. 세상과 이어지는 유일한 끈이다. 그녀에게 가족이 따뜻한 안식처라는 관념은 이미 상실된 듯하다. 지금껏 자신을 알고 떠나간 사람들은 다시 돌아오지 않았다. 그녀는 차츰 세상에서 살아갈 자신을 잃었고 그 의미도 잃은 것으로 보인다. 남자 친구가 떠나는 사실에 대해 그녀는 일기장에 이런 글귀를 남겼다.

내가 내 사람이라고 여기는 그에게조차 인정받지 못한 삶이다. 아무런 의미도 없다. 집도 가게도 나 자신도 모든 게 무너져 버렸다. 모래성처럼 무너져 흔적조차 사라져 버린 내 무의미한 인생 이제 이 질긴 숨조차 멈춰 버리고 싶다. 흔적 없이 재가 되어 흩어져 버리고 싶다.

그녀가 다녔다는 단란주점을 찾아 그와 함께 일했던 사람들을 만나 보았다. 그녀의 이름을 말하고 함께 지낸 동료가 있는지 알아보는 과정에서 모든 사람들이 그녀를 JM이라고 알 뿐 자세히 알고 있는 사람은 없었다. 다만 숫기 없고 조용했던 그리고 자주 일을 빠졌던 작고 마른 아이 정도로 기억하였다.

유서나 일기장을 보면 외로움과 죽음이라는 단어가 지속적 반복적으로 나타나고 있음을 알 수 있다. 죽음을 떠올리는 것은 마음의 상처와 굴욕감을 해소하기 위한 소극적인 방법의 하나이다. 트랜스젠더인 그녀가 어린 시절부터 겪어 왔을 수많은 상처를 떠올리기 위해 굳이 상상력을 발휘할 필요는 없을 것이다. 앞에서 적었듯이

자살 경로

나이	1	10		20	
부모 경험 (분리, 방임, 학대 등)	△ 출생	▲ 부모 이혼 (일정 수준의 방임)		▲ 가출(가족 분리)	
대인 관계		△ 모친과 거주	▲ 따돌림	▲ 친구들로부터 고립 및 소외	
사회적 환경 생애 사건					
교육 환경				△ 고등학교 중퇴	
경제적 사건 (실직, 무직, 빚 등)				▲ 가출 이후 경제적 어려움	
신체적 문제					
다른 관련 정보 (죽음 언급 등)					
정신과적 문제					
서비스 접촉 (정신과 상담, 진료 등)					
자살 의도 노출					
자해 · 자살 시도				▲ 고2, 최초 자살 시도	
알코올 · 약물 사용				▲ 음주 및 담배 시작	

✖ 사망 시점

△ 발생 시점 영향

▲ 한동안 영향

▲ 자살 사망 시점까지 영향

▲ 가족과 연락 두절

▲ 대인관계 빈약   ▲ 이전 남자 친구 떠남   ▲ 성전환 수술 고백
(직장 동료 등)   ▲ 사망 전 남자 친구 떠남

▲ 군 관련 수배 상황   ▲ 술집 종업원으로 생계 유지

▲ 성형 수술비 마련 등 경제적 어려움

▲ 성전환 수술 시작(5회에 걸쳐, 사망 5년 전까지)

▲ 죽겠다고 협박성 자해 시도
▲ 형에게 힘들다고 표현

▲ 우울감, 불면증   ▲ 기분 변화 심함(우울증 진단)

▲ 단기성 정신과 상담 및 약물 처방(중단)

▲ 죽기 직전
남자 친구에게 죽음을 암시

▲ 자해 시도(5회 이상)

▲ 알코올 중독, 수면제 복용, 진통제 복용

고등학교 시절 처음으로 그가 좋아했던 남학생이 그녀에게 내뱉은 말 한마디는 바로 자살을 시도하게 할 만큼 커다란 상처였던 것으로 보인다. 그러나 그 상처는 앞으로 다가올 인생의 고통에 비하면 아무것도 아니었다. 마음의 상처에는 내성이 없다. 고통을 느끼는 정도는 처음이나 마지막이나 생생할 정도로 같다. 마치 내성 없는 전기 고문과 같다.

'이 지독한 외로움이 너무나 싫다. 하루 하루가 삶의 고통의 연속이다. 이제 그만 이 지독한 외로움에서 벗어나고 싶다!! 죽어 버렸음 좋겠다. 아니 죽고 싶다. 힘들게 붙잡고 있는 삶의 끈을 이제 그만 놓아 버리고 싶은 마음뿐이다.'

그녀는 오랜 기간 성전환 수술을 받으며 육체적 고통에 대한 내성이 생겼을 것이다. 생존 본능을 뛰어넘을 만큼의 고통에 대한 내성, 그 내성은 자살을 반복적으로 시도하고 이를 다른 사람에게 시위하는 과정에서 더 강화되었을 것이다. 그럼에도 그녀는 여전히 자살에 대해 두려움을 느낀다고 했다. 하지만 반복적인 자살 시도는 결국 결정적인 자살 시도로 이어지게 된다. 자살 시도 중의 하나가 결국 최종적인 자살이 되는 것이다.

그녀의 보험 내역이나 의료보험 진료 내역을 살펴보았다. 5년 전 정신과에서 진료받은 내역이 있었다. 남자 친구와 형의 진술, 5년 전부터 우울증이 시작된 듯하다는 진술과 일치한다. 그러나 특별한 약물은 없었고 집에서 발견된 것은 다량의 진통제와 수면제 정도였다. 그녀는 불면증이 있어 그때마다 술을 먹거나 수면제를 먹고 잠을 잤다고 했다. 그녀의 우울증과 불면증은 일상적인 직장 생활을 불가능하게 함은 물론 주변 사람들과의 대인관계를 단절시키는 데에도 일조한 것으로 보인다. 남자 친구의 진술에 따르면 일을 나가지 않는 날은 매일 술을 먹고 잠만 잤다고 한다.

결정적으로 자살하게 된 이유는 무엇인가?

짐작할 수 있듯이, 남자 친구와의 이별이다.

그는 그녀에게 남은 마지막 사람이었다. 비유를 하자면 세상과 소통 역할을 했던 마지막 한 가닥 전화선이 잘려 나간 셈이다. 자기에게 남은 마지막 연결끈이 끊어지는 순간 몰려오는 고독과 외로움은 삶의 모든 이유를 잠식해 버린다. 이미 그녀에겐 자살만이 이 상황을 벗어날 수 있는 유일한 길이다.

그녀의 삶을 지탱해 온 것은 자신도 여자가 되어 사랑받을 수 있다는 믿음이었다. 그래서 여자가 되기 위해 무엇이든 다 했다. 10여 년 이상을 오로지 그 목적만을 위해 견뎌 왔다. 하지만 그 믿음은 헛된 꿈이 되었다. 그녀가 만났던 사람들은 하나같이 상처를 주며 떠나갔다. 이제 마지막 남은 사람마저 자신을 버리고 떠나갈 때 느꼈던 배신감과 외로움은 더 이상 이 세상에 있어야 할 의미를 잃게 한 셈이다.

그녀의 보호 요인은 무엇인가?

그녀가 지금까지 살아오게끔 한 힘은 무엇일까? 셋째 형과의 관계도 한몫한 듯하다. 어려움이 있을 때 하소연이라도 할 수 있는 유일한 상대이다. 남자 친구와의 관계도 처음에는 그랬을지 모르지만

자살 징후

	자살 당일	3개월	12개월
40대 이하	행동: 철회적 행동 측면 혹은 평소와는 다른 특이 행동		
	• 자살 방법 관련 단어 검색	• 자해 시도 • 다니던 직장 그만둠 • 남자 친구 앞에서 자살 시도	• 대인관계 완전 단절 • 반복적인 자해 시도
	감정: 스트레스 반응 · 감정(기분) 변화		
	• 감정 기복 심함(양극성) • 남자 친구를 때리고 협박	• 남자 친구에 대한 집착적 행동 (경계선 성격 의심) • 수면 장애와 수면제 복용, 안정제 복용	• 수면 장애와 수면제 복용
	언어: 자살 의도 · 이유 표현		
	• 자살직전 남자 친구에게 자살시사 메시지 보냄 • 남자 친구와 헤어지면서 자살 협박	• 남자 친구에게 자살 협박 • 형에게 신변 비관 전화	• 남자 친구에게 자살 협박
	기타 자살 관련 단서		
	• 마지막 일기장 언급	• 일기장 언급	

조건: 개인과 관련된 언어적인 표현, 스트레스 반응, 감정 기분 증상 혹은 표현, 행동적 측면(평소와
다른 행동, 철회적 행동 등), 자살과 관련된 단서
제외: 생애 사건, 생애 어려움, 문제, 촉발된 사건 등

이 관계는 이별의 순간 자살의 촉발 요인으로 바뀐다.

연대기적 자살 관련 징후

자살을 암시하는 징후를 시간을 거슬러 찬찬히 살펴보는 일은
매우 유익하다. 자살 징후가 나타났을 때 우리가 민감하게 반응한
다면 자살 가능성을 알아채고 경각심을 갖고 대처할 가능성도 높아
진다. 개인마다 자살 징후가 다르게 나타나는 면이 있기 하지만 공

통적으로 보이는 부분도 분명히 있다. 자살 징후는 사망자가 보인 1) 행동: 철회 행동이나 평소와는 다른 특이 행동 2) 감정: 스트레스 반응이나 기분 변화, 3) 언어: 자살 의도 및 이유 표현 등에서 찾아 볼 수 있다.

자살 전 12개월에서 3개월 사이에는 반복적인 자해 시도가 있었다. 불면증으로 수면제를 복용했다. 간헐적으로 자해 시도를 해 보이며 위협 내지는 협박을 통해 남자 친구를 통제하려 했다. 다니던 직장도 그만두었고 그나마 몇 안 되던 대인관계가 완전히 와해되었다.

자살 3개월 전부터 자해 시도가 계속해서 나타났다. 극단적으로 남자 친구 앞에서 자살 시도 제스처를 취했다. 남자 친구에 대한 집착 혹은 강박 행동이 심해지면서 둘의 관계가 악화되었다. 스트레스가 심해지자 점차 음주량과 수면제 복용량이 늘어났다. 연락이 뜸했던 친형에게 오랜만에 전화하여 신변을 비관하였다.

자살이 임박한 시점에는 구체적으로 고통 없는 자살 방법을 찾기 시작했다. 양극성 기분 장애가 의심될 정도로 정서 기복이 심해졌다. 남자 친구에게 폭력을 행사하거나 협박하는 빈도가 늘어났다.

자살 직전에 남자 친구에게 '죽겠다'는 메시지를 보냈다. 마지막으로 일기장에 유서 형식의 짧은 메모를 남겼다.

자살 예방 및 방지 시사점

트랜스젠더의 자살 경향성은 각종 연구*를 통해 그 심각성을 알 수가 있다. 사실 그들이 경험하는 내면적 고민과 갈등의 강도는 굉장히 큰 편이다. 트랜스젠더는 보통 서로 고민을 들어주는 등의 사회적 정서적 도움을 주고받기가 힘든데, 그 이유는 이들이 극히 소

'IS PATH WARM'을 통해 본 자살 위험 요인

	요인	여부	구체적 기술
Ideation (자살 사고)	• 직접적으로 자살 사고를 표현하거나 글로 기술 • 자살 사고를 갖고 자살 도구(끈, 약물 등) 구입 의사를 비치거나 구할 수 있는 방법을 찾음	○	• 산발적으로 남자 친구에게 자살 협박 • 자살 관념 일기장에 기술 혹은 적극적 표현
Substance abuse (약물 남용)	• 과도한 약물복용이나 알코올 중독 증세 • 평소 먹지 않던 술 혹은 약물 복용	○	• 알코올 중독 증세 의심 • 수면제, 안정제 등 약물복용 심함
Purposelessness (목표 없음)	• 삶의 목표를 상실 • 삶을 계속 살아가야 할 이유가 없다고 표현	○	• 더 이상 삶의 의욕을 느끼지 못한다고 형에게 토로
Anxiety (불안)	• 불안, 초조하며 편안하게 쉬지 못함 • 불면증 또는 온종일 수면	○	• 남자 친구가 떠날 것에 대한 불안감, 경계선적 행동 • 버림받을 것에 대한 두려움
Trapped (갇힘)	• 덫에 빠진 듯 답답한 느낌 • 현 상황에서 도저히 빠져나길 수 없다고 생각 • 고통스런 삶 속에 죽는 것 외에 다른 대안이 없다고 믿음 • 차라리 죽는 게 낫다고 생각	△	• 외로움에서 벗어나고 싶다고 호소하며 죽음에 대한 언급
Hopelessness (무망감)	• 자기 자신, 타인, 미래에 대한 부정적 관념 • 미래에 대한 희망이 없음	○	• 남자 친구가 떠나간 이후 희망이 없다는 부정적 생각 • 미래에 대한 절망감 표현(일기장)
Withdrawal (철회)	• 친구, 가족, 의미 있는 타인으로부터 멀어지는 경향 • 가까운 사람(친구, 가족 등)과 소원해짐	○	• 가족과의 단절 이후 대인관계가 협소한 상태, 소외감 등 고립감 심화
Anger (분노)	• 심하게 화를 내거나 분노를 감당하지 못함 • 문제나 고통의 원인이 되는 사람들에게 복수 방법을 찾음	○	• 남자 친구에게 협박, 폭력, 욕설 등 행사 빈번(간헐적 분노 표출)
Recklessness (무모함)	• 무모하게 행동하거나 위험하게 행동 • 나중에 어떤 일이 발생할지 생각하지 않고 행동	○	• 남자 친구를 미행하며 위험 운전
Mood change (기분 변화)	• 극단적인 기분 변화와 심한 감정 기복	○	• 감정 기복이 심하고, 남자 친구에 대한 집착 성향

○ 강한 징후 △ 약간의 징후 × 징후 없음

2부

수이기도 하지만 트랜스젠더라는 사실을 어떻게든 숨기고 살고 싶어 하기 때문이다.

지금 트랜스젠더의 자살이 늘어나고 있다고 말할 수는 없지만 뉴스로 접하는 일은 점차 증가하고 있다. 2014년에는 트랜스젠더 장채원 씨가 이성 문제로 신변을 비관하며 "남자와 관련되지 말라"라는 유언을 남기고 자살한 사건도 있었다. 필자는 이 여수 사건 외에도 세 건의 트랜스젠더 자살 사건을 담당한 적이 있다. 공통적인 점은 이들이 대체로 사회적 대인 관계가 없다는 점, 평생에 걸쳐 자해 시도나 자살 시도가 있었다는 점, 그리고 정신과적 진단을 받을 정도로 심각한 우울증과 감정 기복이 있었다는 점이다.

모두 군대를 가지 않아 전과자이거나 군 소집 명령을 받았음에도 응하지 않아 수배가 된 상태여서 제대로 된 직장을 찾을 수가 없었던 것도 중요한 점이다. 정규 교육이 제대로 이루어지지 않은 상태에다 전과자이다 보니 상대적으로 취직이 쉬운 술집에서 종업원이나 아르바이트를 하며 생계를 유지했다. 그 결과 범죄에 노출될 가능성이 높았고 결혼은커녕 가족에게조차 외면당하는 경우가 대부분이었다. 전반적으로 보수적인 한국 사회 구조에서 이들은 취약 계층 혹은 아웃사이더일 수밖에 없다.

오랫동안 성전환 수술을 거치면서 극심한 육체적 고통에 노출된 까닭에 다량의 진통제를 복용하고 있었던 것도 공통점이다. 사용한 진통제는 알코올, 수면제, 신경안정제, 기타 향정신성 약물 등이었다. 언제나 경제적인 어려움에 봉착해 있었던 것도 당연하다.

그들의 고립감과 고독이 중요한 자살 요인이라고 했을 때, 사람들이 이들을 같은 사회의 일원으로 바라보지 않는다는 것이 핵심적인 문제임을 지적하지 않을 수 없다. 가족에게조차 외면당하고 철저히 버림받는 마당에 사회에서 따뜻한 손길을 내밀 것이라고 기대하기는 어려운 일이다. 특히 타인을, 그것이 자기 혈육이라 할지라도, 자신의 틀로만 이해하고 그에 맞지 않으면 쉽게 배격하는 풍토는 우리 사회의 고질적인 문제이다.

우리나라는 자살률이 높다는 문제가 있지만, 성소수자의 인권에 대한 감수성이 매우 낮다는 문제도 있다. 이 두 가지에는 분명한 연관점이 있을 것이다. 성소수자들을 그저 동등하고 평범한 타인으로 대하는 성숙한 태도가 우리 사회에 빨리 자리잡기를 바랄 뿐이다. 국가는 이들이 좀 더 사회에 적응하고 생활할 수 있도록 제도적인 뒷받침을 마련했으면 한다.

Case 3. 이 학교를 빠져나가야 한다
입시 실패 자살 사건

2008년 충북 괴산에서 자살한 정진형 군은 조용한 시골에 사는 평범한 10대 소년이었다. 오래전 부모가 이혼한 후 조부모와 함께 허름한 초가집에서 지금까지 살아왔다. 그는 주말 점심때쯤 진학 문제로 조부모와 이야기를 나누다가, 잠시 가게에 다녀오겠다고 하면서 집을 나섰다. 그러나 실제로 간 곳은 집 앞에 있던 낮은 야산이었다. 야산은 정 군이 어릴 적부터 머리가 아프거나 답답한 일이 있으면 습관처럼 가던 곳이었다. 그 야산을 올라가면 멀리 보이는 풍경이 좋았다고 한다.

해질 무렵 피를 흘리며 쓰러져 있는 정 군을 지나가던 동네 사람이 발견하여 병원으로 후송했지만 사망했다.

이 심리부검은 자살의 원인을 조망해 보고 예방책을 탐색해 보는 데 목적이 있었다. 참고한 자료는 수사, 부검 기록, 의료 기록, 일기장, 마지막 유서 등이었다. 정보 제공자는 면담에 자진해서 임해 주신 조부와 그의 친구 등 2명이었다.

사건 현장을 가다

투신자살은 아파트 단지 등 고층 건물에 사는 청소년들이 많이 선택하는 자살 방식이다. 현장에서 즉사하는 경우가 대부분이지만 살아남더라도 평생 장애인으로 살게 된다.

집에서 멀지 않은 현장을 갔다. 그가 뛰어내린 곳에 올라가서 아래를 내려다보았다. 절벽 아래에는 찌르는 듯 뾰족한 바위들이 즐비했다. 잠시 서 있기도 아찔한 곳이었다. 한쪽 편엔 발자국들이 유난히 많이 찍혀 있었다. 그가 신었던 신발의 문양과 일치했다. 절벽 위에서 낭떠러지 아래를 내려다보며 주저하고 고민했을 그의 모습이 상상되었다. 주저, 머뭇거림, 그리고 고뇌, 자살하기 전에 죽음을 결심하고 그 죽음 바로 앞에 서 있는 그들은 공통적으로 무수한 '심리적 주저흔'을 갖는다. 뛰어내릴지 말지, 두려움이 앞서면 포기하고 내려온다. 그리고 그 다음 날 또 올라가서 뛰어내릴지 말지 고민한다.

정 군의 의학적 사망 원인은 폐출혈에 의한 혈흉 및 비장 파열 등에 의한 저혈량성 쇼크사였다. 한마디로 장기가 손상되면서 과다출혈로 사망했다. 부검 결과 알코올 농도는 0.002% 이하였고 독극물 검사 결과 특이한 내용이 없었다. 특이한 질병은 없었지만 피부에 오래된 흉터가 있었다.

할아버지

조부모와는 면담 동의를 받은 지 6개월 후에야 면담할 수 있었다. 유가족에게 심리부검의 필요성을 설명했고 이에 흔쾌히 면담에 나서 주셨다. 사망자와 10년 이상을 함께 살아온 조부모는 그의 출생의 비밀, 학교생활, 모친과의 관계 등 어떤 삶을 살아왔는지 생애 경로를 찾아내는 데 필요한 많은 것을 알고 계셨다. 가장 많은 정보는 유가족과의 면담에서 나오는 것이 보통이다. 때문에 더 주의 깊게 진행할 필요가 있다.

"친부모는 진형이가 갓난아기일 때 이혼했다. 재혼한 어머니를 따라 진형이는 어린 시절 대전에서 잠깐 생활했다. 의붓아버지는 원래 프로 야구 선수였는데 부상으로 선수 생활을 접고 무직으로 지내고 있었다. 술을 많이 마시고 아이와 애 엄마에게 화풀이를 하며 폭력을 일삼았다. 의붓아버지가 하도 폭력을 휘두르고 괴롭히니까 진형이는 초등학교 3학년 때 혼자 우리 집에 피하다시피 옮겨 왔다. 그렇게 손자를 맡아 기르게 된 지가 6년이다. 나나 아내나 여든이 다 된 몸이라 힘들었지만 공부를 잘하는 진형이를 뒷바라지하기 위해 해마다 마늘이든 쪽파든 닥치는 대로 농사를 지었다.

처음부터 진형이는 우리를 잘 따르며 모범생으로 불릴 만큼 성실했다. 주말이면 우리 농사일을 돕고 주중에는 학교를 열심히 다녔다. 초등학교와 중학교 때는 공부를 잘한다는 소리를 들었고 친구들과도 잘 사귀고 불량한 아이들과 어울려 나쁜 길로 빠지는 일도 없었다. 이웃들도 진형이를 대견해 하니 손자가 참 자랑스러웠다. 그렇게 열심히 공부했는데 정작 가고 싶은 고등학교를 못 갔다. 열심히 준비한 학교에 떨어지고 나자 진학한 고등학교에 적응을 못했다. 다니는 학교를 '덜 떨어진 곳'이라고 하더라. 방황하기 시작했다.

아이는 가고 싶은 고등학교를 가야만 이런 가난이라든가 여러 가지 힘든 상황에서 벗어날 수 있으리라고 생각한 듯하다. 그 고등학교를 가게 되면 졸업 후 취직과 미래가 어느 정도 보장되기 때문이었다. 떨어져서 간 학교는 기숙사 생활을 하는 곳이었는데 힘들다고 했다. 있을 곳이 여기가 아니라는 생각을 버리지 못한 것 같다. 같은 반 친구들과 어울리고 싶지 않다고 하더라.

아이를 힘들게 한 것이 전학 문제였다. 선생님과 면담을 했는데 공부를 열심히 해서 좋은 성적을 받으면 다음 학기에 전학 갈 수 있다고 약속했다는 것이다. 그래서 아이가 희망을 가지고 열심히 했는데 그때가 되니까 갑자기 전학이 힘들다면서 이제 전학 같은 거 가려고 하지 말고 학교생활에 충실하라는 식으로 나왔다. 아이는 그제야 재수를 할지 말지 고민했다. 하지만 재수하는 것은 할아버지 형편에 너무 힘든 일이라고 생각한 것 같다. 우리는 괜찮다고 해 보라고 했는데…… 자꾸 너무 미안하다고, 할아버지 할머니에게 희망이 되고 싶었는데 실망시켰다면서 괴로워했다.

진형이는 그 학교를 가면 자랑스럽게 어머니를 찾아 갈 생각이었다. 그걸 못한 게 무척 괴롭지 않았나 한다."

그가 죽기 전에 자살 시도나 관련된 행동들은 보이지 않았으나 그가 남긴 일기장엔 "할머니께 너무 죄송스럽다. 고생하시면서 나를 뒷바라지해 주시는데 난 너무 병신 같다. 죽고 싶다"라는 표현이 계속 등장한다.

기현

할아버지로부터 사망자의 절친한 친구 김기현 군을 소개받아 면담했다. 이 친구는 사망자가 생전에 유일하게 의지하며 고민을 나누었던 친구였다. 죽기 전에 여러 번 자신의 신변을 그에게 토로하며 힘들어했다며 도움을 주지 못한 것이 미안하다고 울먹였다.

"진형이가 이 학교에 와서 유일하게 사귄 친구가 나였을 것이다. 진형이는 여기서 어떤 친구 관계도 맺지 않으려고 했다. 자기 표현도 거의 하지 않고 문제가 생겨도 속으로만 삼키고 여기를 벗어나는 날까지 그냥 참고 견디려고만 한 것 같다. 교우 관계가 너무 없으니까 주변 아이들도 진형이와 가까이 하려 않고 무슨 말을 해도 무시하고 대꾸도 하지 않게 되었다. 특히 기숙사 생활을 하는데 옆방 아이들이 계속 괴롭혀서 스트레스를 주었다.

어느 날 진형이가 나한테 '더 이상 학교를 못 다니겠다. 내가 너무 초라하고 비참하다'라고 말한 것을 기억한다. 왜 그러느냐고 물으니까 주위 사람들에게 실망감을 주어서 힘들고 여기서 빠져나오지 못하고 갇혀 있는 게 너무 슬프다는 것이다. 그러면서 흐느껴 울며 한동안 넋을 놓고 있었다. 담임선생님은 말을 들어 주지 않고, 아이들이 이유도 없이 괴롭히는 것도 화가 난다고 했다. 안 그러던 애가 술과 담배도 하게 되었다. 많이는 아니고 조금 하는 정도였다. 외로워서 그랬는지 중학교 여학생과 소개팅으로 만나 사귀었다. 성관계도 가진 것으로 안다."

그에게는 기현이란 친구 이외는 마음을 터놓고 고민을 나눌 친구가 없었다. 이미 그 자신부터가 외부와 경계선을 긋고 그들과는 다른 곳에서 살고 있었다. 그는 오로지 이 학교를 어떻게 하면 그만두고 다른 데로 옮길 수 있을까만 생각했다. 다니는 학교에 대한 미련은 전혀 없었다. 하루 바삐 벗어나고 싶은 마음뿐이었다. 하지만 현실적으로 빠져 나올 수 있는 방법이 보이지 않았다. 그는 자주 이런 말을 했다. "병신 같은 학교에 있는 아이들, 병신 같은 학교, 이 지옥 ○○학교에서 빨리 벗어나고 싶어."

일기장 — 생지옥 ○○학교

'2개월 남았을 시 숙면하고 과학 3시간, 영어 3시간 진짜 열심히 최선만 다하면 100% 합격, 20일 정도 악으로 견뎌 보는 거야. ○○고등학교에 합격해서 꼭 이 지옥 같은 곳을 벗어나자. 이 생지옥을 나오기 위해서 라면 무조건 전교 10등 안에 들어서 ○○고등학교에 합격해야만 한다.'

'분식점에서 용돈 사용 절대 하지 않을 것이다. 담배에 들어가는 비용은 최소화하고 술은 기말 고사 끝날 때까지 절대 입에 대지 말자. 합격했 을 시 절대 자살 시도와 생각은 금물이다. 자살 충동을 억제하거나 약 화시킬 수 있다. 합격 전까지는 혜정이(여자 친구)와 성관계 일절 하지 말자. 죽기 살기로 노력을 해 보자. 하지만 모든 게 망쳐지면 미련 없이 할아버지, 할머니 짐을 덜어 드리자. 자살로 마무리하자. 달콤한 인생 을 비참하게 망쳐 버렸으므로.'

이 현실을 벗어날 수 있는 유일한 길은 이 학교를 벗어나는 것 말고는 없는 듯 보인다. 이를 달성하지 못하면 그의 인생은 패배한 인생이고 더 이상 살 가치도 없다고 스스로에게 말한다. 이미 그에 겐 다른 여지를 생각할 수 있는 사고의 개방성이 없는 것이다. 그저 벗어나든지 죽든지 둘 중 하나이다. 하지만 실제로 벗어날 기회가 있는 것인지에 대해서는 더 생각해 본 것 같지 않다. 그저 빠져나가 지 못한다면 죽음만이 있을 뿐이라는 자살적 다짐만을 되풀이했을 뿐이다.

자살 의지

중학교 3학년 때까지는 별 어려움 없이 학교생활을 해 왔다. 하지만 고등학교에 진학하면서 모든 게 달라졌다. 그 짧은 기간에 죽음과 자살이라는 주제가 갑자기 떠올랐다. 불과 6개월 사이의 일이었다. 일기장에는 자살을 어떻게 해야 할지, 구체적으로 어떤 방법을 사용해서 죽어야 할지에 대한 이야기가 나온다. 죽음의 장소도 그가 자주 가던 곳으로 언급되어 있다. 물론 유서는 남기지 않았다.

일기장에는 오랫동안 보지 못한 그의 어머니에게 서운함을 표현하기보다 떳떳한 아들이 되어 다시 만나고 싶었는데 그러지 못해 '미안하다'라는 말을 남겼다. 양부로부터 학대를 당하는 모친을 두고 홀로 빠져 나온 것에 대한 죄책감도 암시되어 있었다. 조부모에게는 마지막 날까지도 진학을 제대로 하지 못하고 짐이 되어 '미안하다'라는 말을 남겼다.

자살은 충동적으로 이루어지지 않는다. 현장에 가면 죽음에 이르기까지 많은 준비가 있었음을 파악할 수 있다. 그가 마지막으로 조부모에게 한 이야기, 그리고 죽기 위해 산을 오른 행동, 일기를 통해 그의 어머니와 조부모에게 남긴 마지막 말, 그리고 평소 그가 수집한 동전을 조부모 방안에 둔 것 등 이런 일련의 행동들은 죽음에 대한 명확한 의도가 있었음을 짐작해 볼 수 있는 단서들이다. 그가 남겨 놓은 일기장의 한 내용이다.

> 엄마, 내가 좋은 고등학교 가서 졸업하고 취직해서…… 잘돼서 보러 가려고 했는데. 그리고 같이 나랑 둘이서 살려고 했어. 그러지 못해 미안해. 나 같은 놈 낳아 주신 엄마 미안해.

필자는 자신의 형편을 비관하지 않고 열심히 살아 온 아이가 이렇게 학교 진학이 좌절되었다고 죽을 수 있을까라는 의구심을 가졌다. 다른 문제가 더 있지 않았을까? 하지만 그를 잘 알고 있는 사람이 없었다. 조부모와는 대화가 많지 않았다. 고등학교에 가면서 기숙사 생활을 했고 학교 친구와 선생님들도 필자와의 면담을 거부했다. 그리고 면담한 몇몇 아이들도 그를 잘 알고 있지는 못했다. 다만 학교에서 따돌림을 당한 아이 정도로만 알고 있었다. 중학교 때까지 그렇게 조부모가 기특해 했던 그에게 도대체 무슨 일이 있었던 것일까? 청소년 자살은 분명히 성인과는 다른 자살 맥락을 보이는 측면이 있다. 특히 그들이 가지고 있는 자원이 빈약하고 가정환경이 충분히 안정감을 주지 못할 때, 그리고 자신이 중요하게 생각했던 것들이 좌절될 때 더 심한 스트레스와 좌절을 경험하며 자살에까지 이르게 된다. 정진형 군의 사례가 말하는 결론은 그런 것이다.

자살 유형은 무엇인가?

이 청소년 자살 사례는 만성 스트레스 유형으로 볼 수 있다. 만성 스트레스 유형인 경우, 자살 직전까지 전 생애에 걸쳐 직간접적으로 자살 행동과 관념에 영향을 줄 수 있는 생애 사건 즉, 어린 시절 부모의 이혼, 모친과의 이별, 양부로부터 학대 경험, 경제적인 어려움 등이 만성적 위험으로 존재해 왔고, 최근 발생한 일련의 촉발 위험 사건 예컨대 전학 좌절, 성적 비관, 입시 실패, 친구들과의 관계 문제 등이 무기력과 우울감 등 심리적 상태에 영향을 준 듯 보인다. 그에 더하여 일련의 생애 어려움이 자살 관념, 자살 계획에 연쇄적으로 영향을 끼친 것으로 볼 수 있다. 자살에 대한 어느 정도의 예측 인자들이 있는 가운데 특정 촉발 사건에 의해 자살 사망에 이른 경우이다. 하위 유형으로는 만성 복합 스트레스 유형으로 분류할 수 있다.

위험 요인으로 본 자살 이유는 무엇인가?

만성적 위험 요인으로 출생 후 부모가 이혼한 경험과 재혼 후 양부로부터 신체적인 학대를 당한 부분이다. 모친과 자신에게 상습적인 학대를 하던 양부를 떠나 어머니의 고향으로 내려와 조부모와 함께 동거하기 시작했다. 그때가 초등학교 3학년이었다. 조부모와 살면서 1년에 한두 차례 어머니를 만날 수 있었고 양부와 함께 사는 어머니에 대한 걱정이 많았다고 한다. 어릴 때부터 아토피성 피부염이 있어 고생했지만 병원에 찾아가 적극적으로 치료하지는 못했다. 그래서인지 몸 여기저기 부분적으로 빨간 흉터나 상처가 남아 있었다. 성격이 활달하거나 원만한 편이 아니어서 친구가 적었으나 친하게 지내는 친구 몇 명이 있었다. 하지만 그마저도 고등학교로 진학하면서 서로 헤어지고 그의 주변에는 벗어나고 싶은 학교의 아이들밖에 없게 되었다. 그는 늘 조부모 그리고 어머니에게 미안함을 느꼈다. 자신 때문에 어머니가 양부에게 심한 학대를 당했고 조부모도 고생한다는 내용이었다. 그래서 그가 할 수 있는 공부를 통해 그들의 희망이 되려는 욕망을 가졌다.

급성 위험 요인으로는 가고 싶은 고등학교를 가지 못하고 떨어진 경험을 들 수 있다. 이후 그의 삶은 급격히 바뀐다. 진학한 학교에서 적응하지 못하고 친구들과 갈등을 빚기 시작하고 급기야는 전학 계획이 무산되자 죽기로 결심한다. 진학 좌절이 자살을 결심하게 했

자살 경로

나이	1	4	13
부모 경험 (분리, 방임, 학대 등)	△ 출생	▲ 부모 이혼 ▲ 모친 재혼(모친과 거주)	▲ 양부 학대(살해 협박)
대인 관계		△ 모친과 거주	▲ 조부모와 동거 (모친과 떨어짐)
사회적 환경 생애 사건			
교육 환경			△ 중학교 입학
경제적 사건 (실직, 무직, 빚 등)		▲ 조부모와 살며 경제적 어려움 가중	
신체적 문제			
다른 관련 정보 (죽음 언급 등)			
정신과적 문제			
서비스 접촉 (정신과 상담, 진료 등)			
자살 의도 노출			
자해 · 자살 시도			
알코올 · 약물 사용			

✖ 사망 시점

△ 발생 시점 영향

▲ 한동안 영향

▲ 자살 사망 시점까지 영향

▲ 모친과 연락 두절

▲ 중학교 원만한 생활   ▲ 고등학교 생활(무시 등 갈등 증폭)
(친구 관계 좋음)   ▲ 기숙사 생활 중 친구로부터 따돌림 및 구타

▲ 가고 싶은 고등학교 진학 실패

△ 고등학교 입학   △ 진학 후 전학 시도
(입시 실패)   ▲ 전학 좌절

▲ 아토피성 피부염(치료 중)

▲ 고등학교 입학 후 일기장 극단적인 죽음 언급
▲ 친구에게 자주 죽고 싶다고 표현

▲ 우울감(조부에게 죄책감 피력)
▲ 기분 변화(현실에 대한 불만과 좌절)

▲ 죽기 직전 조부, 모친에게
미안하다는 말

△ 음주 및 담배 시작
(성관계 시작)

다는 것은 일기에서 확인할 수 있다. 학교에서 계속되는 구타와 따돌림, 기숙사 생활을 하면서 이들로부터 거리를 확보할 수 없는 환경, 자존감을 주지 못하는 학교생활('하루라도 빨리 벗어나고 싶은 곳, 숨 막히는 곳'), 이 모든 것들이 자살을 앞당기는 데 기여한 촉발 요인인 것으로 보인다. 자신을 괴롭히는 친구들에 대한 심한 분노를 느끼며 복수할 방법을 찾으려 했으나 그럴 수 없는 자신의 상태에 괴로워하였다.

보호 요인은 조부모의 따뜻한 보살핌이었다. 넉넉하지 않은 살림이었지만 조부는 아낌없이 그를 돌보았다고 했다. 그도 늘 조부모에게 감사하다는 말을 하며 살았고 보답하는 손자가 되고 싶어 했다. 그가 할 수 있었던 것은 공부를 잘해 목표로 하는 고등학교에 진학하는 것이었다. 멀리 떨어져 있었지만 자주 연락하며 지낸 어머니의 따뜻한 보살핌도 큰 역할을 했을 것이다. 어머니와 함께 살 수 있는 그날을 생각하며 하루하루를 버텨냈다고 한다.

연대기적 자살 관련 징후

그가 보인 자살 징후를 연대기적으로 살펴 볼 필요가 있다. 자살 사망일을 기준으로 12개월 전부터 직전까지의 징후는 청소년들이 보이는, 이런 유형의 청소년들이 자살하기 전에 나타내는 예가 될 수도 있다.

자살하기 전 **12개월에서 3개월 사이**에는 이전에 하지 않던 음주를 하고 담배를 피우기 시작했고, 소개팅으로 만난 중학생 여자 친구와 처음으로 성관계를 가졌다. 다만 자살과 관련된 직접적인 징후나 암시는 보이지 않았다.

정진형 군의 자살 징후

		자살 당일	3개월	12개월
20대 이하	행동: 철회적 행동 측면 혹은 평소와는 다른 특이 행동			
		•갑자기 기숙사에서 퇴교 후 집으로 들어온 후 신변 정리 행동을 보임	•전학 좌절 후 중간고사 성적이 떨어짐 •전학 좌절 후 학교에서 잠만 잠(선생님 진술) •절친한 친구와 연락이 되지 않음	•음주, 담배 시작 •여자 친구와 성관계 •진학 후 친구들과 단절
	감정: 스트레스 반응 · 감정(기분)변화			
		•감정 기복은 없으나 오히려 평안해 보임(조부모 진술)	•신변을 비관하며 자주 울며 친구에게 하소연 •우울 증세가 보임(친구 진술)	•수면제 복용(어느 정도의 수면 장애)
	언어: 자살 의도 · 이유 표현			
		•조부모에게 키워 줘서 고맙고, 미안하다고 전함 •진학에 관련 이야기를 하며 죄책감을 표현	•친구에게 자신이 초라하고 비참하다고 표현 •모친에게 '미안하다'는 전화 통화를 함	•진학하지 못하면 죽겠다고 친구에게 이야기함
	기타 자살 관련 단서			
		•자살 방법 검색어로 조회(컴퓨터 로그 기록)	•일기장에 죽음에 대한 내용을 기록함	

조건: 개인과 관련된 언어적인 표현, 스트레스 반응, 감정 기분 증상 혹은 표현, 행동적 측면(평소와 다른 행동, 철회적 행동 등), 자살과 관련된 단서
제외: 생애 사건, 생애 어려움, 문제, 촉발된 사건 등

자살 전 **3개월에서 1개월 사이**에는 중간고사와 기말 고사 성적이 떨어지고 학교 사정으로 인해 전학이 좌절된 이후 수업 시간에 잠만 자기 시작했다. 절친한 친구에게 문자 메시지로 "초라하고 비참하다"라는 표현을 했고 모친에게는 전화 통화로 "미안하다"고 하며 울먹였다. 이 기간에는 특히 신변을 자주 비관하며 집에만 있는 등 철회적인 행동을 보였고 매사 의욕이 없고 눈이 풀려 보이는 등 무기

력 증세가 역력했다. 주변 친구, 선생님, 가족과 연락을 끊고 세상과의 채널을 닫아 버리는 행동을 보였다. 극적인 감정 기복이나 지속적인 불안감은 없어 보였으나 순간 화를 참지 못하고 간헐적으로 표출한 경우가 몇 번 있었다(무모할 정도로 과도한 행동은 아니었다).

자살이 임박할수록 일기장에 죽음, 자살과 관련된 단어들이 더 자주 등장했다.

자살 직전에 갑자기 기숙사를 나와 집으로 들어왔지만 오히려 집에서는 뚜렷한 자살 징후를 보이지 않았다. 오히려 조부모의 진술에 따르면 편해 보였고 자신들을 위로하는 듯한 말을 하곤 했다. 진학 좌절에 대한 이야기를 하며 죄송하다는 이야기를 했고 "그동안 키워 줘서 고맙고 미안하다"라고 했다. 컴퓨터 로그 기록을 통해 자살 1주일 전을 기점으로 자살 방법에 대한 검색어를 확인할 수 있었다. 그리고 책 정리, 앨범 정리, 청소 등 자신의 신변을 정리하는 행동을 하였다.

자살 예방 및 방지 시사점

청소년 시기에는 학교 성적, 또래와의 관계, 이 두 가지가 전부일 수 있다. 특히 이 두 가지 이외에 자신의 존재감을 확인할 수 없는 학생일수록 더 강박적으로 매달린다. 어떤 경우에는 목숨보다 더 중요한 목표가 될 수 있다. 이 목표를 달성할 때만 부채를 해소할 수 있고 그 자신이 짐이 된다는 의식을 내려놓을 수 있기 때문이다. 정진형 군은 일기에서 자신이 늘 무거운 짐을 지고 살아왔다고 이야기한다. 이제 그 짐을 내려놓을 수 있어서, 그 짐에서 해방될 수 있어서 평화롭다고 했다. 그가 할 수 있는 일이 그에겐 더 이상 없기 때문이

'IS PATH WARM'을 통해 본 자살 위험 요인

	요인	여부	구체적 기술
Ideation (자살 사고)	• 직접적으로 자살 사고를 표현하거나 글로 기술 • 자살 사고를 갖고 자살 도구(끈, 약물 등) 구입 의사를 비치거나 구할 수 있는 방법을 찾음	○	• 친구에게 직접적인 언급을 했음 • 일기장에 죽음을 이야기
Substance abuse (약물 남용)	• 과도한 약물복용이나 알코올 중독 증세 • 평소 먹지 않던 술 혹은 약물 복용	×	• 중독 증세, 과도한 양상은 아님
Purposelessness (목표 상실)	• 삶의 목표를 상실 • 삶을 계속 살아가야 할 이유가 없다고 표현	○	• 고등학교 전학이 좌절되자 목적의식을 잃고 방황 • 친구에게 삶의 목적이 없음을 언급
Anxiety (불안)	• 불안, 초조하며 편안하게 쉬지 못함 • 불면증 또는 온종일 수면	△	• 학교에서 온종일 잠만 잠 • 뚜렷하게 불안 증세는 없는 듯
Trapped (갇힘)	• 덫에 빠진 듯 답답한 느낌 • 현 상황에서 도저히 빠져나갈 수 없다고 생각 • 고통스런 삶 속에 죽는 것 외에 다른 대안이 없다고 믿음 • 차라리 죽는 게 낫다고 생각	○	• 상황을 벗어나기 위해 노력했으나 더 이상 방법을 찾을 수 없는 상태, 지금의 상황에서 빠져나갈 수 없는 답답함을 호소
Hopelessness (무망감)	• 자기 자신, 타인, 미래에 대한 부정적 관념 • 미래에 대한 희망이 없음	○	• 전학이 불가능해지자 미래에 대한 좌절 심각
Withdrawal (철회)	• 친구, 가족, 의미 있는 타인으로부터 멀어지는 경향 • 가까운 사람(친구, 가족 등)과 소원해짐	○	• 학교와 관련된 모든 채널을 닫아 버리는 듯한 행동을 보임
Anger (분노)	• 심하게 화를 내거나 분노를 감당하지 못함 • 문제나 고통의 원인이 되는 사람들에게 복수할 방법을 찾음	○	• 자신을 괴롭히는 친구들에 대한 분노 표출
Recklessness (무모함)	• 무모하게 행동하거나 위험하게 행동 • 나중에 어떤 일이 발생할지 생각하지 않고 행동	×	없었음
Mood change (기분 변화)	• 극단적인 기분 변화와 심한 감정 기복	○	• 극적인 감정 기복은 없으나 순간 화를 참지 못하는 상태를 보임

○ 강한 징후 △ 약간의 징후 × 징후 없음

다. 마지막으로 그는 할 수 있는 모든 것들을 다 해 보았기 때문이다. 다만 남겨진 사람들에겐 미안할 뿐이다.

　가족은 그에겐 무조건적인 안식과 수용을 제공하지 못했다. 자신을 뒷바라지하는 조부모, 양부의 학대로부터 자신을 보호한 모친, 그리고 그녀를 두고 온 자신을 보면서 그는 안온함을 느끼기 이전에 죄의식과 짐이 된다는 의식을 가졌다. 그를 위해 희생하는 조부모와 모친을 바라보는 그의 시선은 늘 불안하고 초조한 것이었다. 그가 좀 더 부드럽게 만나 대화할 수 있는 친구와 선생님이 있었더라면, 학교가 그런 기회를 제공할 수 있었더라면, 하는 아쉬움을 가질 뿐이다.

　청소년 혹은 아동의 자살은 일반 성인과는 분명 다른 패턴을 보이기 때문에 성인과 동일한 측면에서 분류할 때는 어려움이 있을 수밖에 없다. 아무런 문제가 없는 듯 보이다가 갑자기 특정 사건이 계기가 되어 자살하는 경우나 또래의 말에 심각한 영향을 받아 자살 관념을 갖는 것 등은 청소년에게서 나타나는 특성이라 볼 수 있다. 앞으로 이와 관련된 연구가 지속적으로 이루어져야겠다.

Case 4. 출생의 비밀
여고생 김진희 양 자살 사건

    강원도 삼척시 근교의 외딴 집에서 고등학교 2학년인 김진희 양(17세)이 사망했다. 김 양은 외할머니 황둘선 씨(82세)와 단둘이 살아오고 있었다. 김 양은 어머니가 결혼 전에 낳은 사생아로서, 사람들 눈을 피해 태어나자마자 외할머니와 함께 살게 되었다. 어머니는 곧 다른 남자를 만나 포항으로 시집을 갔다. 김 양이 자신의 출생에 대해 알게 된 것은 중학교 1학년 때 외할머니를 통해서였다. 일기장에 따르면 김 양은 그날부터 자신이 이 세상에 태어나지 말았어야 하는 존재라고 느끼게 된 듯하다. 그리고 외할머니에겐 더 미안함을 갖게 되었다.

    김 양이 전혀 연락이 없었던 친모와 만나게 된 것은 최근의 일이었다. 포항을 찾아가 처음 만난 어머니는 김 양이 상상했던 것보다 훨씬 주름이 깊고 햇볕에 타 늙어 보였다. 어머니는 결혼 후 3남매를 낳아 키우고 있었다. 남편은 자동차 운송업을 하다 교통사고가 난 뒤 병원에서 재활 치료를 받고 있었다. 그 때문에 어머니가 낮에 작은 식당에 나가 번 돈으로 5인 가족이 겨우 입에 풀칠할 정도로 힘들게 생활하는 형편이었다. 김 양은 자신을 버린 어머니에게 미움보다는 오히려 동정심을 느꼈다. 첫 만남에서 그녀는 자신에게 눈물을 흘리며 미안하다고 하는 어머니의 사과를 들었고, 영원히 못 만나리라 생각했던 어머니를 부둥켜안고 한참 울었다. 그 후 어머니를 만나는 것은 1년에 한 번 정도였다. 그게 다였다. 보고 싶었지만 어머니에겐 가정이 있고 아이들이 있다는 생각에서 참았다.

그로부터 얼마 뒤 4월 저녁, 김 양은 외할머니가 집에 없는 틈을 타 생을 마감했다.

개인적으로 오랫동안 기억에 남는 사례이다. 이 사례의 경우 자살이 명확한 사건으로 심리부검은 자살 동기와 예방책을 찾는 데 그 목적이 있었다. 유서의 내용은 길지 않았다. 다만 일기로 남은 자료가 많았다. 외조부모와 절친한 친구 등 2명이 심리부검 면담에 참여해 주었다.

9만 8천50원
자살 전날 그녀는 근처 철물점에서 노끈을 구입했다. 그리고 자살 당일은 외할머니가 마을 회관에서 정기적으로 친구들과 뜨개질을 배우는 날이었다. 함께 저녁을 먹고 외할머니가 집을 나가시는 것을 확인하고 집 대문과 현관문을 잠갔다. 혼자 남은 것을 확인한 그녀는 외할머니 앞으로 유서를 썼다. 유서 위에다 그녀가 그동안 용돈으로 받은 9만 8천50원을 봉투에 넣어 올려놓았다. 봉투 겉엔 "그동안 할머니의 사랑에 감사합니다"라는 문구를 적어 놓았다. 그녀는 서랍 안에 두었던 노끈을 벽면에 고정된 옷걸이에 묶고 그 아래 살며시 앉는 방식으로 목을 맸다.

자해

부검 보고서 검토가 중요한 것은 사망자에 대한 정보를 얻을 수 있는 방법이 극히 제한적인 경우 많은 도움을 받을 수 있기 때문이다. 예컨대 가족이 없다거나, 오랫동안 지병으로 친구, 사회와 단절된 채 지내 온 사망자라면 더욱 그렇다. 이 사례의 경우 부검 보고서를 통해 사망자가 생존 시 지속적인 자해를 해 왔음을 알 수 있었다. 이런 사실은 심지어 함께 살던 가족조차 모르는 경우가 태반이다.

집은 방 2칸이 있는 조그만 단독주택이었다. 집 마당에는 큰 고목 한 그루가 있고 마당 한편에는 개도 키우고 있었다. 그녀를 검시하던 중 손목 부분과 허벅지 부근에 오랫동안 생긴 깊은 상처 자국이 있었다. 허벅지 부근은 곳곳에 피멍 자국이 있었고 손목 부근은 날카로운 것으로 찌른 흔적이 보였다. 장시간에 걸쳐 누적된 것으로 보이는 상처가 특정 부위에 몰려 있었다. 그 밖에 여러 곳에 산발적인 상흔이 있었다. 이 상흔과 죽음 간에는 인과관계가 없는 것은 분명했지만 상흔의 이유에 대해서는 추정만 할 뿐이다.

최근 이런 자해가 청소년들에게 많이 나타나고 있는 추세다. 정서적인 긴장과 불안감을 해소할 목적으로 신체의 일정 부분에 고통을 가하는 것이다. 우리는 이를 비자살적 자해 행위*라고 하는데, 미국 청소년의 20퍼센트가 불안감과 긴장감, 애정 결핍 등으로 인해 반복적인 자해를 하고 있다고 보고되고 있다.* 하지만 안타깝게도 우리나라의 청소년이 얼마나 자해를 하고 있는지는 가늠조차 할 수 없다.

할머니

사건 이후 6개월이 지난 뒤 홀로 남은 외할머니와 면담할 수 있었다. 건강이 나빠진 것은 아니지만 잘 듣지 못하셨고 외손녀를 잃은 상실감으로 기운이 없어 보였다. 하나뿐인 손녀를 잃은 후 집에만 계시는 할머니의 손을 잡아 드리며 말동무가 되어 담소를 나누는 듯 대화를 풀어 갔다.

"어린 시절부터 부모가 없다는 사실 때문에 늘 자신감이 없었고 의기소침한 채 생활했다. 매사에 겁이 많고 불안해했다. 친구들이 엄마 없는 아이라고 괴롭히면 그저 무기력하게 당하고만 있고, 놀리면 울기만 했다. 어릴 때부터 잔병 치레가 많았다. 감기 몸살을 자주 앓았다. 갓난아기 때 젖을 제대로 못 먹었기 때문이다. 몸이 약해서 학교에 가는 날보다 오히려 집에 있거나 병원에 입원해 있는 날이 더 많았다. 그러니 바깥출입을 하는 일이 거의 없었다. 진희가 방에 누워 있으면 유리창 너머로 파란 하늘과 산이 보이는데 그게 그렇게 좋다고 얘기했었다.

학교에서는 미영이라는 아이와 단짝이었다. 다른 친구들은 별로 안 만난 것 같다. 미영이는 근처에 살고 초등학교 때부터 알고 지낸 사이이다. 진희가 집에서 심심하게 지낼 때 유일하게 찾아와서 같이 놀아 준 아이가 미영이다. 내가 근처 식당 일을 나가면 진희는 하루 종일 집에 누워 있었으니, 외로웠을 것이다."

미영

"진희는 '자기 때문에 할머니가 더 힘든다'라는 생각을 늘 가지고 살았다. 자기 약값과 생활비 때문에 하루 종일 일하는 할머니한테 너무 미안해했다. 자신이 기생충 같은 존재라고 말하곤 했다. 할머니를 위해서 자신이 사라지는 게 좋겠다고 생각하기 시작했다. 이런 생각이 더 뚜렷해진 건 중학교를 가면서 병세가 심해지면서다."

유일한 친구 미영이도 고등학교를 올라가며 도시에서 학교를 다니기 시작했고 그 때문에 자주 만나지 못했다.

깊어지는 병

중학교에 입학하면서 그녀의 병이 더 심해졌다. 말수가 줄고 하루 종일 잠만 자거나 우울해 하며 우는 횟수가 많아졌다. 식욕도 떨어져 먹는 양도 얼마 되지 않았고 끼니를 거르는 경우도 많았다. 점차 몸이 말라 갔고 학교에 갔다가도 조퇴를 하고 돌아오는 경우도 잦았다. 하지만 병원에서 받은 병명은 명확하지 않았고 현기증과 어지럼증 그리고 불안 증세가 같이 나타났다. 그리고 밀폐된 곳에서는 답답함과 더 심한 불안 증세를 느꼈다. 신경정신과에서는 공황 장애 진단을 내렸지만 넉넉하지 못한 사정 때문에 적절한 치료를 받지 못했다.

점차 학교를 못 가는 날이 늘어났다. 중학교 때부터 포항에서 어머니를 만나고 온 이후 그녀는 어머니에 대한 그리움으로 더 힘들어했다. 어리광도 부리고 싶었을 테지만 그럴 수 없다는 점은 어머니를 만나기 전이나 후나 똑같았다.

외할머니의 진술에 따르면 진희는 평소 불안과 걱정이 많았고 사람이 많은 곳을 피해 다녔고, 잠을 잘 잘 수 없었다고 한다.

일기장

어쩌면 나는 태어나지 말았어야 했어. 포항에 계시는 어머니에게조차 나는 무거운 짐이 될 뿐이야.

부모도 나를 버리고 나에겐 아무 것도 가진 게 없어, 친구도 없다. 건강조차 나에게 없어. 난 이 세상에 없는 것이나 마찬가지야. 내가 누군지 그리고 내가 어디서 왔는지도 나 자신도 모르잖아. 난 잘못 태어난 거야. 태어나지 말았어야 하는 존재야.

나는 애초에 태어나지 말았어야 했다. 내가 괜히 태어나서 모든 사람들에게 피해만 끼친 것 같다. 내가 아프거나 힘들어할 때 밤새도록 나를 위해 애쓰시던 할머니를 생각하면 차마 발걸음이 떨어지지 않는다. 나는 그저 할머니 피만 빨아먹는 흡혈귀처럼 늘 그렇게 살아왔다. 이제 와서 후회해도 소용없다는 생각을 해 보지만 이제껏 돌아보면 할머니께 제대로 된 효도 한 번 해 드린 적이 없다.

아마도 이런 죄책감과 우울감이 그녀가 손목과 허벅지에 자해를 반복한 이유 중 하나일 것이다. 피멍이 나고 상처가 덧나도 손목에 작은 상처를 반복해서 냈다. 이런 감정을 잊어 버리고 싶어서였을 수도 있고 죄책감 때문이었을 수도 있다. 아무것도 할 수 없는 무기력감은 반복적인 자해로 이어졌고 결국 그녀를 절벽으로 내몰았다.

외할머니, 저는 여태껏 부모 없이 자랐다는 이야기를 듣는 게 싫었어요. 그래서 그런 말을 듣지 않기 위해서 제가 할 수 있는 일은 나름대로 정말 최선을 다했고 또 그렇게 살아 보려고 했지만 지금에서야 깨달아요. 난 더 이상 나아질 수 없는 한없이 나약한 사람이었어요. 할머니, 전 늘 혼자 있을 때 죽음과 삶이라는 단어를 떠올렸어요. 그게 언제부터인지는 몰라도 오래되었어요. 그리고 그게 나와 할머니를 위해서 옳은 길이라고 보기 시작했어요.

짧은 메모

나이가 점차 들어가면서 너무 염치가 없고 마음속으로 죄스럽다는 생각만 하게 되었어요. 괜히 저 때문에 팔자에도 없는 고생만 하시고 힘들게 사시는 할머니를 보면 저 같은 건 그냥 없어져 버렸으면 좋겠다는 생각을 하루에도 수천 번이나 더 했어요. 더 이상은 할머니 옆에서 돈만 잡아먹으면서 앞으로 성공해서 할머니께 보은하며 살아갈 자신이 없어요. 이미 오랜 전부터 제 미래에는 아무런 희망이 없어 보여요. 기댈 곳도, 의지할 곳도 없는 저에겐 여기는 아무런 미련이 남아 있지가 않아요. 이렇게 힘들고 애끓으며 살아갈 자신이 없어요. 제 미래에는 아무런 희망이 없어요. 이렇게 힘들고 애타게 살아갈 이유가 무엇일까요 결국 모두가 다 가련하고 서글퍼지기만 할 텐데요.

이 아이에 관해선 많은 정보가 없었다. 그녀를 알고 지내는 사람도, 그녀와 관련된 기록도 특별히 없었기 때문이다. 오랜 기간 병으로 인해 집에서만 혼자 지내 온 아이였다. 그녀의 장례식에 온 사람은 할머니, 포항에서 올라온 어머니 그리고 그녀가 알고 지낸 몇몇

반 친구뿐이었다. 그렇기에 자살 원인을 찾는다는 건 다분히 상상과 추정에 의지할 수밖에 없다. 할머니와 면담은 힘들었다. 여든이 넘은 할머니로 하여금 구체적인 정보를 떠올리게 하는 것이 쉽지 않았다. 내 질문을 잘 이해하지 못할 뿐 아니라 장시간 과거를 떠올리기를 고통스러워 하셨다.

자살 유형은 무엇인가?

이 사례는 앞의 사례와 동일한 만성 스트레스 유형으로 볼 수 있다. 이 사례의 경우, 자살 직전까지 전 생애에 걸쳐 자살 행동에 영향을 줄 수 있는 만성화된 신체 질병, 또래 관계 단절, 모친과의 이별, 경제적인 어려움 등과 같은 중요한 생애 사건이 자살자에게 만성적으로 영향을 주었다. 그녀는 고등학교 진학 이후 고질병의 악화, 절친한 친구와의 이별을 경험하며 힘들어했다.

무엇보다도 외조모에게 짐이 된다는 의식, 무기력, 낮은 자존감, 우울감이 자살 관념, 자살 계획, 행동에 직간접적으로 영향을 준 것으로 판단된다. 특히 삶의 목표를 잃고 미래에 대한 희망이 없다고 느꼈고 가족, 친구, 사회로부터 심각한 소외감을 느낀 것으로 보인다. 경제적인 어려움과 대인관계 손상을 감안하면 하위 유형으로는 만성 복합 스트레스 유형으로 분류할 수 있다.

위험 요인으로 본 자살 원인은 무엇인가?

만성 위험 요인으로 가장 큰 부분은 태어나면서 보인 체질적으로 허약한 건강 상태가 아닌가 한다. 병원에서조차 특별히 알 수 없는 병 때문에 정상적인 학교생활을 하지 못했다. 잦은 결석과 조퇴,

휴학, 병원 생활, 요양을 반복하면서 또래들과의 관계 형성이 없었고 사회적인 기능에서 정상적인 성장이 없었다. 할머니 홀로 손녀를 키우면서 경제적인 어려움에 봉착할 수밖에 없었다. 할머니가 일을 나가면 그녀 혼자 집을 지켰다. 결국 병에 대한 적극적인 치료와 개입이 힘들었다. 사생아로 태어나 죽는 순간까지 주위 사람에 대해 죄책감을 느꼈다. 모든 것이 자기로 인해 비롯된 것이라고 느낀 듯 보인다. 고립감과 외로움 뒤에는 늘 반복되는 자해 시도가 있었다. 자신에 대한 처벌일 수도 있고 혼자 남겨졌을 때 엄습하는 감정을 잊고자 하는 시도일 수도 있다. 아니면 정말 죽고자 했을지도 모른다. 그녀는 이미 고통에 오랫동안 노출되었고 그에 익숙해진 상태였다.

급성 위험 요인으로는 모친과의 만남 이후 모친을 만날 수 없는 처지에 대한 비관이 두드러졌다. 자신이 결국 태어나지 말았어야 할 존재, 가족에겐 짐만 된다는 의식이 뚜렷해진 듯하다. 죽음 직전의 시기는 할머니의 건강 악화와 맞물려 있다. 돈을 벌기 위해 식당에서 설거지를 하는 할머니의 건강이 악화되는 것조차 그녀는 결국 자신의 책임으로 돌린다. 그리고 그녀의 유일한 친구 미영이가 떠나갔다. 이제 정말 그녀 혼자가 된 것이다.

보호 요인은 할머니의 지지와 따뜻한 사랑이었다. 부모 없이 자라 온 그에게 버팀목이 되어 준 할머니를 그녀는 잘 따랐다. 할머니에게 희망이 되어 드리기 위해 공부도 열심히 했다고 한다. 중학교 때는 상도 받아 오고 노래도 잘했다고 한다. 그것이 할머니의 사랑에 보답하는 것이기 때문이다. 하지만 그녀의 알 수 없는 병이 깊어 가고 더 이상 학교에 갈 수 없을 정도로 악화되었다. 그녀는 차츰 아무것도 할 수 없는 무기력한 존재가 되어 갔다.

자살 경로

나이	1	4	13
부모 경험 (분리, 방임, 학대 등)	▲ 출생(사생아, 외조모와 생활 시작)		
대인 관계	△ 외조모와 거주		▲ 초등학교 무난하게 생활 (학교생활 문제 없음)
사회적 환경 생애 사건			
교육 환경			
경제적 사건 (실직, 무직, 빚 등)	▲ 외조모와 살며 경제적 어려움 가중		
신체적 문제			
다른 관련 정보 (죽음 언급 등)			
정신과적 문제			
서비스 접촉 (정신과 상담, 진료 등)			
자살 의도 노출			
자해 · 자살 시도			
알코올 · 약물 사용			

✖ 사망 시점
△ 발생 시점 영향
▲ 한동안 영향
▲ 자살 사망 시점까지 영향

△ 모친과 재회 후 그리움   ▲ 모친과 잦은 연락 두절

▲ 중학교 생활, 조퇴, 결석 잦음   ▲ 미영의 이사 후 관계 단절
   (내성적, 협소한 대인 관계)   ▲ 집에서 고립된 생활이 지속

△ 중학교 1회 휴학   △ 고등학교 입학. 결석 잦음

▲ 잔병 치레가 심해지며 건강 악화
   허약체질(뚜렷한 병명을 찾지 못함)

▲ 고등학교 입학 후 일기장에 죽음 언급

▲ 우울감 지속(진단 내용 없음)   ▲ 공황 장애 징후(정신과 진단)

▲ 보건소 등에서 진단 후 약물 처방, 한시적 치료

▲ 죽기 전 미안하다는 말

▲ 자해 시도 수시로 발생(부검 결과로 추정)

연대기적 자살 관련 징후

다음으로 연대기 흐름에 따라 자살 징후가 어떻게 진행되었는지 살펴보도록 하자. 먼저, 철회적 행동 혹은 평소와 다른 특이 행동 측면에서 징후를 찾아보자. 자살 전 **12개월에서 3개월 사이**에는 평소처럼 말수가 없고 표정이 어두워졌다. 자해 시도도 간헐적으로 있었던 것으로 보이지만 어떤 이유에서 그랬는지는 알 길이 없다. 자살 전 **3개월에서 1개월 사이**에는 뚜렷한 원인과 병명을 알 수 없는 질환 때문에 활동력이 훨씬 떨어졌고 학교 등 사회적 활동이 거의 사라졌다. 그 사이 미영과의 연락도 거의 끊어진 상태였다. **자살 시점**에는 외조모가 식당 일을 나간 사이 거의 혼자 집에 칩거하며 외롭게 지내는 상태였다.

두 번째, 감정, 스트레스 반응이나 기분 변화 측면이다. 자살 전 **12개월에서 3개월 사이**에는 근처 개인 정신과에서 상담을 받고 공황 장애에 대한 약물 처방을 받고 복용하다 중간에 치료를 그만두었다. 우울증 진단은 없었고 이에 대한 약물 혹은 상담 치료도 없었다. **3개월에서 1개월 사이**에는 공황 장애 약물 복용을 중단했고 우울 증세를 보이기 시작했다. 사회복지사가 방문 후 외조모에게 사망자 상태가 너무 좋지 않으니 입원시킬 것을 권유했다. **자살 시점**에는, 우울 증세가 심해졌고 처음 처방받은 약을 다 먹고 난 후 추가 처방을 받지 않았다.

마지막으로, 언어, 자살 의도와 관념 표현 측면이다. 자살 전 **12개월에서 3개월 사이**에는 평소처럼 말수가 없었고 특이한 징후를 보이지 않았다. **3개월에서 1개월 사이**, 편지지를 사서 친구 미영에게 "네가 있어 행복했다"라는 요지의 편지를 보냈고 모친에게 "마지막으로 하고 싶은 이야기가 있다"라는 문자 메시지를 보냈다. **자살 전날** 마지막으

김진희 양의 자살 징후

	자살 당일	3개월	12개월
20대 이하	행동: 철회적 행동 측면 혹은 평소와는 다른 특이 행동		
	• 모든 사회적 활동이 단절, 혼자 지냄	• 칩거, 학교에 2주 동안 조퇴 • 미영과 연락이 끊김 • 사회적 활동이 거의 없음 • 자해 시도	• 말이 없어지고 잘 웃지 않게 되었음 • 자해 시도
	감정: 스트레스 반응 · 감정(기분)변화		

	• 공황 장애 등 약물 복용 중단
	• 우울증이 심해짐
	  (진단 없음)
		• 공황 장애 등 약물 복용 중단
		• 우울 증세가 보임
			• 공황 장애에 대해 상담 받고 약물 처방
			• 우울증 치료는 받지 않음
			  (진단 없음)

	언어: 자살 의도 · 이유 표현		
	• 저녁을 먹으면서 외조모에게 미안하다는 말을 함 • 외조모가 몇 시에 나가는지 확인 • 자살 전날 사회복지사에게 고맙다고 전함	• 미영에게 '네가 있어 행복했다'라는 편지 보냄 • 모친에게 '보고 싶다'는 문자 메시지를 보냄	
	기타 자살 관련 단서		
	• 일기장에 처지 비관과 죽음에 대한 내용을 씀		

조건: 개인과 관련된 언어적인 표현, 스트레스 반응, 감정 기분 증상 혹은 표현, 행동적 측면(평소와 다른 행동, 철회적 행동 등), 자살과 관련된 단서
제외: 생애 사건, 생애 어려움, 문제, 촉발된 사건

로 집을 방문한 사회복지사에게 그동안 살펴 주셔서 고맙다고 했다. **자살 당일**, 외조모에게 함께 저녁을 먹으면서 늘상 하듯 "미안하다"고 이야기하였고 몇 시에 마을 회관으로 나가는지 물어보았다.

자살 예방 및 방지 시사점

그녀에게 특징적인 것은 또래를 만나 대화를 나누는 소소한 일

'IS PATH WARM'을 통해 본 자살 위험 요인

	요인	여부	구체적 기술
Ideation (자살 사고)	• 직접적으로 자살 사고를 표현하거나 글로 기술 • 자살 사고를 갖고 자살 도구(끈, 약물 등) 구입 의사를 비치거나 구할 수 있는 방법을 찾음	△	• 직접적인 언급은 없었으나 일기장에 죽음을 이야기
Substance abuse (약물 남용)	• 과도한 약물복용이나 알코올 중독 증세 • 평소 먹지 않던 술 혹은 약물 복용	×	없었음
Purposelessness (목표 상실)	• 삶의 목표를 상실 • 삶을 계속 살아가야 할 이유가 없다고 표현	○	• 고등학교 들어서면서 교사가 되겠다던 꿈을 포기 • 미영에게 삶의 목적이 없음을 언급
Anxiety (불안)	• 불안, 초조해하며 편안하게 쉬지 못함 • 불면증 또는 온종일 수면	○	• 집에 혼자 있으면서 온 종일 잠을 자는 경우가 많음 • 할머니 건강에 대한 걱정 혹은 불안감 호소
Trapped (갇힘)	• 덫에 빠진 듯 답답한 느낌 • 현 상황에서 도저히 빠져나갈 수 없다고 생각 • 고통스런 삶 속에 죽는 것 외에 다른 대안이 없다고 믿음 • 차라리 죽는 게 낫다고 생각	○	• 갇혀 있는 느낌, 지금의 상황에서 빠져나갈 수 없는 답답함을 호소 • 모친과의 연락 두절, 미영의 전학과 이사로 인해 고립
Hopelessness (무망감)	• 자기 자신, 타인, 미래에 대한 부정적 관념 • 미래에 대한 희망이 없음	○	• 건강이 악화되면서 미래에 대한 부정적인 시각을 가짐
Withdrawal (철회)	• 친구, 가족, 의미 있는 타인으로부터 멀어지는 경향 • 가까운 사람(친구, 가족 등)과 소원해짐	○	• 친구, 학교, 가족으로부터의 소외감
Anger (분노)	• 심하게 화를 내거나 분노를 감당하지 못함 • 문제나 고통의 원인이 되는 사람들에게 복수할 방법을 찾음	×	없었음
Recklessness (무모함)	• 무모하게 행동하거나 위험하게 행동 • 나중에 어떤 일이 발생할지 생각하지 않고 행동	×	없었음
Mood change (기분 변화)	• 극단적인 기분 변화와 심한 감정 기복	×	• 극적인 감정 기복은 없으나 우울감이 존재

○ 강한 징후 △ 약간의 징후 × 징후 없음

상이 결여된 것이었다. 요즘은 그녀처럼 부모 없이 할머니와 홀로 사는 아이들이 많다. 필자가 만나 본 유가족들 중에도 부모가 이혼하거나 죽거나 재혼하면서 홀로 남겨진 아이들이 조모와 사는 경우를 자주 보았다. 오히려 부모와 함께 자란 아이보다 곧게 잘 자란 아이들이 참 많다. 그렇지만 마음의 상처가 있고 모든 것을 자신의 탓으로 돌리거나 자신감이 없고 주변 사람들을 경계하며 혼자 지내는 아이들도 없지 않다. 안타깝게도 이 사례의 경우에는 모든 상황이 너무나도 오랫동안 만성적으로 아이의 삶을 주변인들로부터 단절시키게끔 했다. 특히 만성 질병까지 겹쳐 인간관계 단절에 이르게 되었다.

이 문제는 비단 아이와 할머니만의 문제는 아니다. 이 사회에는 이와 비슷한 가족 형태가 얼마나 많은가? 경제적인 어려움과 마음의 상처로 학교, 또래, 세상과 담을 쌓은 채 홀로 고립된 채 살아가는 아이들이 많다. 제도적으로 학교에서 선생님이나, 담당자가 이들이 어떻게 살고 있는지 어떤 상태인지를 면밀하게 파악하고 대책을 마련할 필요가 있다. 그들에게 자살과 관련된 치명성과 의지가 얼마나 있는지 또 어떤 도움이 필요한지 세심하게 배려하며 찾아야 한다.

이 사례에서 또 하나의 중요한 시사점은 자해이다. 한국 사회에서는 아직 이 문제를 심각하게 생각하지 않는 듯하지만, 외국에서는 자해 문제가 중대한 이슈로 대두되고 있다. 자해는 신체에 치명적인 손상을 가할 뿐 아니라 자살로 이어질 수 있는 기폭제가 되기 때문이다. 자해와 자살의 위험 요인이 무엇인지 규명해야 하고 이에 대한 연구가 체계적으로 이루어질 필요가 있을 것이다.

Case 5. 3중의 자살

직장 따돌림 자살 사건

2010년 11월 초 창원시 마산합포구의 인적이 드문 공원의 공영 주차장에서 20대 중반의 이형민 씨가 차 안에 번개탄을 피워 사망한 채로 발견되었다. 발견자는 새벽 산을 오르던 등산객이었다. 공원은 새벽이 되면 사람들이 산을 오르기 위해 지나가는 길목이었다.

이른 아침 현장에 출동하니 차 위의 가로등은 아직도 불이 꺼지지 않은 상태였다. 유리창 너머로 운전석에 앉아 있는 그를 보았다. 커터 칼로 그은 손목에서 흘러나온 피가 시트에 묻어 있었고 목을 맨 노끈은 뒷좌석의 고리와 연결되어 있었다. 의자를 뒤로 눕히면 자연스럽게 목이 조이도록 할 생각이었던 듯했고 실제로 목이 심하게 죄어 있었다. 필자는 현기증을 느꼈다. 이토록 절실하게 죽고 싶었단 말인가? 번개탄, 칼, 노끈, 무려 세 가지 자살 도구를 한 번에 사용해야 안심이 될 만큼? 무엇이 이 젊은 남자를 이 공원, 이 차 안으로 몰아갔을까?

이 사례의 경우 자살이 명확한 상태에서 원인과 동기를 찾아보는 데 목적을 두었다. 객관적인 정보를 얻기 위해 수사 및 피신 자료,

부검 및 검시 자료, 현장 자료 등을 참고로 하였다. 정보 제공자로는 유족인 어머니, 직장 동료, 병원 담당 의사 등 3명이 심리부검 면담에 참여해 주었다.

어머니와 선생님

이 씨의 아버지는 그가 네 살 때 자살했다. 돈 때문이었다. 운영하던 중급 규모의 목재소는 1990년대 후반 IMF가 오면서 부도가 났다. 빌려줬던 돈을 돌려받지 못하고 납품했던 곳으로부터는 수금이 되지 않았던 것이다. 이후 빚 독촉에 시달리던 아버지는 짤막한 유서를 남기고 강에 몸을 던져 자살했다. 그는 가족이 자신으로 인해 더 힘들어하지 않기를 바란다고 썼다. 그가 사랑했던 아들에게 직접 남긴 유서는 어머니가 코팅을 해서 가지고 있었다.

> 아들아 미안하다. 네가 크면 이 아빠를 원망하겠지. 하지만 언젠가 이
> 해해 주리라 믿는다. 작고 초롱초롱한 너의 눈망울을 보고 있으면 세상
> 을 다 가진 듯했다. 그게 나에겐 행복이었다. 아들아 너무나 너를 사랑
> 하기에 이 죽음을 선택할 수밖에 없구나. 부디 이 못된 아빠를 용서해
> 주려무나. 당신에게도 미안할 뿐이오.

이 씨는 초등학교부터 대학까지 큰 문제 없이 잘 지내 온 듯 보였다. 선생님에 따르면 키도 크고 훤칠한 외모이고 학교에서 적응하는 데 별 어려움은 없었다고 한다. 사교적이지 않아 주변에 친구는 많지 않았지만 공부도 곧잘 해서 임원도 여러 번 했다. 하지만 정작 가족과는 대화가 많지 않았다. 남편 사망 후 경제적으로 힘들었

던 어머니는 억센 구두쇠가 되었다. 어머니의 고백에 따르면 아들이 병원에 입원해 있을 때도 돈이 없다며 조기 퇴원을 신청한 일이 있었다. 또 한번은 아들이 교통사고를 당해 다리 골절로 걱정하고 있는데도 달래 주지는 않고 대수롭지 않으니 신경 쓰지 말라는 식으로 말해서 아들이 크게 서운해 한 일도 있었다.

여동생은 대학을 졸업하고 건축 사무실에서 경리로 일하고 있었다. 오빠와는 정반대로 사교적이어서 친구들과 어울려 놀기를 좋아했다. 성격이 다른 남매는 평소에도 서먹한 편이었고 말이 많지 않았다. 전체적으로 단란한 분위기의 가정이라 말할 수는 없었다. 아버지의 자살 이후 경제적인 스트레스로 가족들 모두 지쳐 보였다.

직장 동료

이 씨가 가장 힘들어 했던 시기는 대학을 졸업하고 마산의 한 건축 회사에서 일할 때였다. 직장에서 동료 직원들과 부딪치는 사소한 대인관계 문제가 발단이었다. 학교 생활과는 달리 조직 생활에서 위축되었고, 내성적인 성격에 점차 말수가 줄고 주변 사람들과 어울리기를 힘들어했다.

"이 씨는 업무 처리가 늦고 일 배우는 게 더딘 편이었다. 설계도면 작성 일을 맡기면 마감 기한을 넘기고 의도치 않게 동기나 선배에게 자기 일을 떠넘기게 되는 경우가 잦았다. 일을 제때 마무리하지 못해 선배가 야단을 맞거나 징계를 받기도 했다. 점차 주변 사람들로부터 평판이 좋지 않게 났고 직원 평가에도 최하점을 받아 진급 대상에서 탈락했다. 갑자기 건설 경기 불황으로 회사 재정이 어려워지면서 연봉 조정 대상에 자신의 이름이 올라가는 등 힘든 시기를 겪었다. 최근에는 팀장이 마감이 며칠 안 남은 일을 자신에게 갑자기 떠넘기면서 회사 창립 기념식에 오지 못하게 하는 방식으로 의도적으로 따돌렸다. 그는 점차 선배와 동기 모두의 표적이 되었는데, 선배들은 상사들이 있는 자리에서도 그의 귀를 툭툭 치거나 꿀밤을 때리고, 없는 자리에서는 욕을 해 댔다. 동료 직원들은 그가 말해도 대꾸 없이 모른 체하거나 회피했다. 다른 직원의 일을 퇴근할 때 대신 시키고, 일을 다 해 놓지 않으면 야근이나 연장 근무를 시켰다. 그 때문에 식사도 햄버거로 대충 때우거나 거르는 경우가 잦았다. 급기야 팀장은 도저히 그와 함께 일할 수 없다며 다른 부서로 발령을 내줄 것을 요구했다. 그러지 않으면 자신이 그만두겠다는 청원서를 회사에 제출하기까지 했다."

업무 스트레스와 관계 갈등으로 피폐해진 그는 회사를 그만두려 했으나 자신의 벌이로 가족이 가계를 꾸려 가는 형편이라 뜻을 이룰 수 없었다. 그가 결국 사직서를 제출할 수 있게 된 때는 그의 건강이 악화된 후였다.

고등학교 친구와 담당 의사

이 씨는 고등학교 때부터 알고 지내 오던 친구 두 명과 친하게 지냈다. 그들의 말에 따르면, 사교적이지 않은 편이라 친구들이 많지는 않고 특별히 나쁜 관계를 맺거나 하지는 않았다고 했다. 직장 생활을 하면서 힘이 되어 준 고등학교 교사인 여자 친구가 있었다. 대학 때 아르바이트를 하면서 만나 오랫동안 교제해 오던 사이였다. 대학 시절 1년 정도 동거했을 정도였다. 그녀는 이 씨가 교통사고를 당해 병원에 입원해 있을 때도 간병하며 퇴원할 때까지 곁을 지켜 주었다. 직장에서 힘들어할 때도 그에게 전화와 문자 메시지로 격려해 주었다. 여기까지는 아무 문제가 없어 보이지만, 여자 친구는 부모의 요구로 선을 보게 되었고, 결국 새로운 남자와 몰래 만남을 지속하다 이 씨를 떠났다.

이 씨의 건강이 악화되고 있었던 부분도 주의 깊게 살펴볼 사항이다. 그가 회사에 다니기 시작한 이후 계속된 스트레스와 피곤 때문에 몸 여기저기가 아프기 시작했다는 것은 여러 사람이 지적하고 있는 것이다. 그는 소화가 잘 되지 않고 속이 답답하고 더부룩하다고 호소하였다. 결국 과민성 대장 증후군 진단을 받았는데 약을 먹어도 특별히 나아지지 않았다. 회사 생활의 반복된 스트레스는 우울증으로도 나타났지만 가족들은 뒤늦게야 그 사실을 알았다고 한다.

직장을 그만두고 쉬게 되었지만 그는 여전히 힘이 없고, 피곤을 빨리 느끼는 등 아픈 곳이 많았다. 병원을 찾았으나 정확한 병명이 나오지 않다가, 얼마 뒤 간경화 초기 진단을 받았다. 스트레스와 피로 누적으로 간에 무리가 왔다는 것이다. 그는 2개월가량 입원한 후에 수술을 받았다. 수술이 제대로 되지 않아 다시 큰 병원에서 재수술을 받았다. 퇴원 후 수술 후유증으로 고통이 심했다. 119에 몇 번 실려 가는 일도 있었다. 정작 의사나 가족들은 수술 후 몇 달 동안은 후유증이 나타날 수 있다면서 대수롭지 않게 여겼다. 하지만 그는 자신의 고통을 보고 대수롭지 않게 생각하는 가족과 주변 사람들에 대해 서운함을 느꼈다.

심리부검을 하다 보면 느끼는 것이지만, 평범한 사람이 생애 한 번 경험할까 말까 한 어려움을 자살 사망자들은 마치 폭풍이 몰려오는 것처럼 아주 짧은 기간에 상당히 많이 그것도 연쇄적으로 경험하는 경우가 적지 않다. 특히 관계 단절과 신체 질병이 중대한데, 이는 직간접적으로 정신 장애를 악화시키고 경제적인 궁핍을 가중시켜 삶을 무기력하고 무방비 상태로 만든다.

자해와 자살

퇴원 후 그는 가족들에게 쌓인 서운함과 분노를 참지 못하고 모친 앞에서 손목을 그어 자해했다. 이번에는 손목 수술을 받았는데, 여기에도 후유증이 있어서 몇 차례 더 병원에 입원했다. 입원 중에 여자 친구의 극진한 간호 덕분인지 상당히 안정을 되찾고 퇴원했다.

하지만 여자 친구로부터 갑작스런 이별 통보를 받은 것이 바로 이때였다. 한동안 정신 나간 사람처럼 집에서만 지내던 그는 다시 손목을 긋는 자해 시도를 했다. 어머니에게 '죽고 싶다, 더 이상 살고 싶지 않다'는 말을 이때부터 반복하게 된다. 걱정이 된 어머니는 딸에게도 오빠를 잘 보고 있으라고 당부했다.

새벽 3시 화장실에 가려고 깬 어머니는 아들이 집 안에 없는 것을 알게 되었다. '잠깐 운동하고 들어가겠다'는 아들의 문자가 와 있었다. 불안해진 어머니는 바로 그에게 전화했다. 그는 "저는 괜찮아요. 좀 있다 바로 들어갈게요. 여기 가을이라 공기가 너무 좋네요. 좀 있다 봐요. 저 나쁜 아들 아니잖아요"라고 말하고는 핸드폰을 끊었다. 몇 시간 뒤 경찰서에서 아들이 사망했다는 전화가 왔다.

갑자기

어떤 사람은 오랫동안 별 문제 없이 잘 살아오다 갑자기 특정 사건이 계기가 되어 자살에 이르는 형태를 볼 수 있다. 가정을 꾸려 잘 살다가 실직하면서 어려움을 겪는다든지 사업 실패 등으로 경제적인 문제가 가중되어 스트레스를 단기간에 심하게 받는 경우가 대표적이다. 그런 사건 이전에는 자살의 징후나 이와 관련된 별다른 기미가 보이지 않는다.

이형민 씨 역시 입사 전까진 큰 문제 없이 살아왔던 것으로 보인다. 여자 친구도 있었고 가족을 보며 열심히 살고자 하는 의지도 있었다. 하지만 최근 직장에서 경험한 일련의 사건, 대인 관계 단절, 실직, 이별, 급작스러운 질환 등이 짧은 기간에 마치 하늘이 그에게 가혹한 시련을 주기로 작정을 한 것처럼 일어났다.

이 모든 것이 참을 수 없을 만큼 위중한 것으로 보이기는 하지만 만일 그에게 계속적인 가족의 지지가 있었고, 그가 그것만은 의심하지 않을 수 있는 조건이었다면 결론은 조금 다르지 않았을까 생각해 본다. 결국 최후의 버팀목으로서의 가족의 역할은 아무리 강조해도 지나치지 않은 것이다.

자살 유형은 무엇인가?

이 사례는 급성 스트레스 유형이다. 사망자가 회사에 들어가기 전까지는 큰 어려움 없이 살아왔고 자살과 관련될 수 있는 특별한 암시나 단서들이 직간접적으로 존재하지 않았다. 물론 오래전 아버지의 자살, 어느 정도의 경제적인 어려움 등이 있었지만 자살에 이르는 필수적인 요인으로 보기 힘들 듯하다. 하지만 자살 전 비교적 짧은 기간인 불과 1~2년 사이에 직장에서 대인관계 단절과 실직, 여자 친구와 이별, 우울증이나 공황 장애 등 정신적 문제, 과민성 대사 증후군이나 간경변과 같은 신체 질병, 2차례 정도의 자해 등 특정 스트레스로 인해 급성으로 발생한 사건들이 촉발되어 자살한 경우라고 볼 수 있다.

하위 유형으로는 급성 혼합 스트레스 유형으로 분류할 수 있다. 직업에서 좌절과 실패, 그리고 대인관계에서 단절 등 2개 이상의 급성 스트레스가 복합적으로 작용하여 사망한 자살이라고 생각된다.

위험 요인으로 본 자살 원인은 무엇인가?

만성 위험 요인으로 아버지 자살 이후 경제적 어려움이 있었고 어머니와 대화가 없는 등 외로움을 느끼며 가족과 친밀한 관계를 갖지 못했다. 아버지 자살에 대해서 담담하게 이해를 한다면서도 자신이 그 죽음에 원인을 제공하지 않았나 하는 죄책감도 갖고 있었다. 내성적이고 폭 넓은 관계를 맺지 못하는 성격이라 대인관계가 협소하고 마음을 나눌 수 있는 친구가 많지 않았다. 그에겐 가족을 책임지고 돌봐야 한다는 중압감도 늘 있었다.

급성 위험 요인은 취직을 했지만 직장에서 업무 처리가 미숙하다는 이유로 선배나 동료들로부터 은근히 따돌림을 받기 시작한 것이다. 그때부터 심한 스트레스를 받기 시작했고, 야근이 이어지면서 끼니를 제때 챙기지 못해 과민성 대장 증후군에 걸려 고생하게 된다. 사내 따돌림과 놀림이 이어지면서 대인 기피증과 공황 장애 증상까지 보였다.

가장 자살을 촉발한 요인은 수년 동안 함께 했던 여자 친구와 헤어진 사건이다. 가장 친밀했던 친구이자 사랑하던 여자가 떠나간 후 그는 자해를 시도했다. 자해 이력으로는 간 수술 후 집에서 요양할 때 가족들이 그의 고통을 무시한다는 생각에 자해를 시도한 적이

자살 경로

나이	1	4	18
부모 경험 (분리, 방임, 학대 등)	△ 출생	▲ 부친 자살	
대인 관계	△ 홀어머니와 거주(식당)		▲ 친구 관계 원만 (학교 생활 문제 없음)
사회적 환경 생애 사건			
교육 환경			△ 학업 성적 좋은 편
경제적 사건 (실직, 무직, 빚 등)		▲ 부친 사망 후 경제적 어려움	
신체적 문제			
다른 관련 정보 (죽음 언급 등)			
정신과적 문제			
서비스 접촉 (정신과 상담, 진료 등)			
자살 의도 노출			
자해 · 자살 시도			
알코올 · 약물 사용			

✖ 사망 시점

△ 발생 시점 영향

▲ 한동안 영향

▲ 자살 사망 시점까지 영향

21	25	27 ✖
△ 군복무		▲ 모친과 대화 단절
▲ 학원 생활, 결석 없음 (내성적, 협소한 관계)		▲ 여자 친구가 갑작스런 이별 통보 ▲ 직장 내 따돌림 시작
		△ 건축 회사 취직
		△ 대학교 졸업
		▲ 과민성 대장 증후군 진단 ▲ 간경화 수술 ▲ 수면 장애
		▲ 우울증 징후(진단 내용 없음) ▲ 이별 후 대인 기피증
		▲ 정식 정신과 진단 및 치료 없음
		▲ 수술 후 후유증 자살 언급
		▲ 2차 자해 시도 ▲ 1차 자해 시도
		△ 평소 하지 않던 음주 시작

있다. 직장에서 힘들어도 참고 버텼던 이유도 여자 친구와 가족을 위해서였지만 정작 그들이 자신을 버리고 무시하는 상황에서 분노와 배신감을 느꼈을 것이다. 여자 친구와의 이별은 결정적인 사건이다. 그에겐 여자 친구 외에 함께할 수 있는 사람이 없었다. 가족마저 그의 고통을 이해해 주지 못했으니 말이다.

보호 요인으로 가족들의 지지가 일부 있었지만 지속적으로 일관성 있게 이루어지지 못했다. 간 수술 이후 후유증 증세가 있을 때와 여자 친구가 떠나갔을 때 가족들이 옆에서 이 씨의 심정을 공감해 주고 이해해 주었다면 위기를 충분히 이겨냈을 가능성이 있다. 여러 번의 자해 시도는 자신의 어려움을 알아 달라는 호소인 것을 알 수 있다.

연대기적 자살 관련 징후

자살 사망자가 연대기적으로 보인 자살 징후에 대해 살펴보도록 하자. 먼저, 철회 행동 혹은 평소와는 다른 특이 행동 측면이다. 자살 전 **12개월에서 3개월 사이**에는 입사 이후 말수가 급격하게 줄거나 어두운 표정, 평소 하지 않던 음주 증가, 불면증을 보였다. **3개월에서 1개월 사이**에는 말과 행동이 느리거나 평소 하지 않던 행동, 두 차례의 자해를 보였다. 자살 직전에는 개인 휴대폰이나 하드디스크 내용물을 포맷하거나 본인 이름으로 가입된 보험을 해지했다. 그리고 평소 만났던 몇몇 친구들과도 연락을 끊고 집을 나가지 않았다. 평소 음주를 하긴 했지만 남용 수준은 아니었고 간 수술 이후 술을 끊었다.

스트레스 반응이나 감정 변화 측면에서 살펴보자. 자살 전 **12개월에서 3개월 사이**에는 수면 장애 등으로 회사 생활을 힘들어하였고, 가

이형민 씨의 자살 징후

	자살 당일	3개월	12개월
	행동: 철회적 행동 측면 혹은 평소와는 다른 특이 행동		

**20대
이하**
	• 모든 사회적 활동 철회
	• 개인 휴대폰, 하드디스크
	  내용을 삭제
	• 기존 가입된 모든 보험 해지
		• 말과 행동에 느리거나 평소
		  하지 않는 행동
		• 자해 시도 2회
			• 갑자기 웃음을 잃고 말수가
			  줄어 듬
			• 평소에 거의 먹지 않던
			  음주량이 증가함
			• 수면을 취하지 못함

	감정: 스트레스 반응·감정(기분) 변화		

	• 자살 전날 담담한 아들의
	  표정과 태도
		• 모친과 갈등 및 다툼이
		  지속적으로 발생 돌발 행동
		• 대인을 피하고 사람이 많은
		  곳을 피함
		• 간 수술 후 후유증 호소
			• 수면 장애 등으로 생활 패턴이
			  과거와 다르게 변화
			• 가족·지인들과의 관계 마찰
			  혹은 단절에서 오는 외로움
			• 직장에서의 관계 변화에서
			  오는 스트레스 반응 변화

	언어: 자살 의도·이유 표현		

	• 모친에게 미안하다는 말을
	  갑자기 함
	• 어머니에게 언제 외출하는지
	  확인
		• 여자 친구에게 나를 잊고 잘
		  살라고 전함
		• 여자 친구와 헤어진 후 자신을
		  쓰레기라고 비하
		• 희망이 없다는 표현이 많아짐	

	기타 자살 관련 단서		

조건: 개인과 관련된 언어적인 표현, 스트레스 반응, 감정 기분 증상 혹은 표현, 행동적 측면(평소와
　　다른 행동, 철회적 행동 등), 자살과 관련된 단서
제외: 생애 사건, 생애 어려움, 문제, 촉발된 사건 등

족이나 지인들과 관계 마찰 혹은 단절에서 외로움을 느꼈다. 직장에
서 관계 변화와 따돌림으로 인해 심각한 수준의 스트레스를 호소하였
다. 자살 전 **3개월에서 1개월 사이**에는 모친과의 갈등 및 여자 친구와
의 갑작스런 이별 후 자신을 "쓰레기"라고 비하하면서 서운함과 분
노를 표현했고 사람이 많은 곳을 피하고 간 수술이나, 과민성 대장

증후군 등 신체적 질병과 함께 내부적으로는 타인에 대한 화, 우울증 증세, 헤어날 수 없는 답답함을 보였다. 전반적으로 감정 기복이 눈에 띈다. 자살 직전에는 가족에게 담담하게 말을 걸고 이야기하는 등 오히려 상태가 좋아 보였다.

마지막으로 자살 의도나 이유 등을 표현한 측면이다. 자살 전 **12개월에서 3개월 사이**에는 자살 의도나 이유 등에 대한 언급이 전혀 없었다. 자살 전 **3개월에서 1개월 사이**에는 여자 친구에게 "나를 잊고 잘 살아라"라고 전화했고 건강 악화 등 좋지 않은 일이 계속 일어나자 자신에겐 희망이 없다는 표현을 많이 하며 우울감을 보였다. **자살 전날** 모친에게 미안하다는 말을 남겼고 더 이상 짐이 되고 싶지 않다고 이야기했다.

자살 예방 및 방지 시사점

이 씨가 취직 후 힘든 직장 생활을 지탱할 수 있었던 것은 가정의 따뜻한 보살핌과 여자 친구의 관심 덕분이었다. 하지만 그렇게 힘이 되어 준 사람들이 떠나게 될 때에는 그 이상의 상실감과 배신감을 느끼게 된다. 특히 신체적인 질병과 정신적인 문제가 함께 나타날 때 소중한 사람들이 떠나거나 무심하다면 더 심한 무기력감과 아픔을 느끼게 된다. 누구든 어떤 이유로든 가족과의 결속력이 약해지고 사랑했던 친구와 이별하게 될 때, 지금까지 지탱할 수 있었던 원동력을 잃고 삶에서 가장 취약한 단계에 이르게 된다. 가장 위험한 순간이다.

이 씨는 신체적인 문제로 어려움을 호소했지만 대수롭지 않은 것처럼 외면하는 가족들에게 강한 서운함을 가지게 되었다. 가족들

'IS PATH WARM'을 통해 본 자살 위험 요인

	요인	여부	기술
Ideation (자살 사고)	• 직접적으로 자살 사고를 표현하거나 글로 기술 • 자살 사고를 갖고 자살 도구(끈, 약물 등) 구입 의사를 비치거나 구할 수 있는 방법을 찾음	○	• 어머니에게 자신이 짐만 된다고 언급 • 2차례의 자해 시도 있었음
Substance abuse (약물 남용)	• 과도한 약물복용이나 알코올 중독 증세 • 평소 먹지 않던 술 혹은 약물 복용	×	• 음주를 했으나 남용 수준은 아님
Purposelessness (목표 없음)	• 삶의 목표를 상실 • 삶을 계속 살아가야 할 이유가 없다고 표현	○	• 여자 친구와 헤어지고 퇴사 후 인생 목표를 잃음
Anxiety (불안)	• 불안, 초조해하며 편안하게 쉬지 못함 • 불면증 또는 온종일 수면	○	• 과민성 대장 증후군 진단과 간 경변 진단 후 자신이 엄청난 병에 걸렸다는 것에 대해 불안해 함 • 직장 생활 도중 불안과 수면 장애
Trapped (갇힘)	• 덫에 빠진 듯 답답한 느낌 • 현 상황에서 도저히 빠져나갈 수 없다고 생각 • 고통스런 삶 속에 죽는 것 외에 다른 대안이 없다고 믿음 • 차라리 죽는 게 낫다고 생각	○	• 자신은 몸이 아픈 것에서 도저히 헤어날 수 없다고 생각 • 답답한 현실에서 더 이상 빠져 나갈 수 없다고 신변 비관
Hopelessness (무망감)	• 자기 자신, 타인, 미래에 대한 부정적 관념 • 미래에 대한 희망이 없음	○	• 여자 친구와 헤어진 후 자신을 '쓰레기'라고 말하면서 자기 비하 • 직장과 건강을 잃고 여자 친구마저 떠나간 자신의 처지에 희망이 없다고 표현
Withdrawal (철회)	• 친구, 가족, 의미 있는 타인으로부터 멀어지는 경향 • 가까운 사람(친구, 가족 등)과 소원해짐	○	• 수술 후유증을 가족들이 대수롭지 않게 생각하자 서운해함 • 특히 수술 진단 이후 어머니의 태도에 서운함을 느껴 어머니와 서먹해지고 마주치려고 하지 않았음
Anger (분노)	• 심하게 화를 내거나 분노를 감당하지 못함 • 문제나 고통의 원인이 되는 사람들에게 복수할 방법을 찾음	△	• 자신을 떠난 여자 친구에 대한 분노, 통제력은 유지 • 직장 동료와 상사에 대한 분노, 속으로만 삼킴
Recklessness (무모함)	• 무모하게 행동하거나 위험하게 행동 • 나중에 어떤 일이 발생할지 생각하지 않고 행동	×	없었음
Mood change (기분 변화)	• 극단적인 기분 변화와 심한 감정 기복	○	• 우울감과 침울함이 현저히 나타남(진단 없음)

○ 강한 징후 △ 약간의 징후 × 징후 없음

은 자신이 이렇게 될 수밖에 없었던 것에 대한 이해가 부족한 편이었다. 어머니와의 원활한 소통과 공감이 아쉬울 수밖에 없다.

누구나 한 번쯤은 위기가 찾아온다. 신체적인 질병과 정신적인 고통을 겪으며 무엇보다도 소중하게 사랑한 사람과 이별한 사람에게 가족마저 자신을 저버린다는 느낌을 주었다면 극단적인 선택의 가능성이 있을 수밖에 없다. 주위 사람의 상태에 대한 민감성의 부족이 눈에 띄는 사례이다. 어려움에 처한 그에게 무엇보다 필요한 것을 줄 수 있는 가족이 있었음에도 마지막 고리가 단절된 것이 가장 아쉽다.

가족들은 소중한 사람의 마음 상태에 더 주의를 기울이고 살펴볼 필요가 있다. 자살의 징후가 무엇인지, 어떤 언어적 표현을 많이 하는지에 대해 경각심을 갖고 지켜 볼 필요가 있다. 만일 그가 심각한 인생의 위기에 봉착한 경우라면, 더구나 자해를 시도했다면 더욱 그럴 것이다.

Case 6. 돼지 울음소리가 들려요
축산인 차지현 씨 자살 사건

2011년 음성군 한 축산농가에서 20대 후반의 남자 차지현 씨가 집에서 목을 맨 채 발견되었다. 새벽에 모친이 그를 발견하고 119에 신고했다. 차 씨는 자신의 방에서 천 끈을 문틈에 고정한 채 목을 맸다. 특별한 외상은 없었고, 홀로 남은 모친에게 미안함을 전달하는 짧은 유서와 그가 가진 예금통장이 남겨져 있었다.

가축의 살처분은 지금도 해를 거르지 않고 진행 중이다. 여러 가지 점에서 끔찍한 일이지만 여기서 지적하고 싶은 것은 이것이 발생시키는 정신적 문제에 대한 관심과 지원이 전혀 없다는 것이다. 실로 두려운 일이 아닐 수 없다.

정신적 후유증은 이미 현실이다. 당시 담당 공무원이 살처분에 참여하면서 심각한 외상 후 스트레스 장애를 겪게 되었고 해당 축산업 종사자가 자식처럼 키운 돼지나 소 등 가축을 살처분하는 데 참여하면서 정신적 스트레스를 받고 성격과 행동에서 심각한 장애를 보이는 일도 일어났다. 이들 중 일부는 다시 직장으로 돌아가지 못하거나, 가정이 해체되거나, 정신병원에 입원하는 등 후유증 때문에 고생하고 있다. 이들과 직간접적으로 관련되어 있는 가족 구성원, 공동체, 사회 모두가 어려움을 호소하고 있다. 이건 다 아는 사실이고 무슨 비밀도 아니다. 보고를 받아야 아는가? 정말 무슨 끔찍한 일이 일어나야만 관심을 가질 생각인가? 안타깝게도 벌써 돌아올 수 없는 희생자들이 생겼다. 적절한 치료와 지원 없이 그들의 고통이 지속되는 상황을 방치했기 때문이다.

이번 사례는 자살로 명확히 판정이 났기 때문에 심리부검은 자살 원인을 찾는 데 목적을 두었다. 특히 외상 후 스트레스 장애를 경험하는 자살 사망자에 대해 예방적인 측면에서 심리부검을 하게 되었다. 이 사례의 경우 참고 자료가 많았다. 수사 기록에서부터 사망자의 메모장에 이르기까지 가능한 많은 것들을 참고하였다. 정보 제공자는 유가족인 모친과 대학교 동창 친구 등 두 사람으로, 취지를 이해하고 기꺼이 면담에 임해 주셨다.

어머니
사망자의 어머니와 만나는 것은 쉽지 않았다. 1년이 지나서야 면담할 수 있었다. 남편, 아들, 시아버지까지 가족을 다 떠나보내고 홀로 남은 어머니는 뜻밖에도 오랜 친구를 만난 것처럼 마음속에 간직한 이야기를 쏟아 냈다.

"지현이는 나와 하나뿐인 누나와 함께 돼지를 키우며 살았다. 옛날 할아버지 때부터 하던 일을 지현이가 전문대를 졸업하고 나서 물려받았다. 지현이 아버지는 15년 전 교통사고로 죽었다. 성격이 소심하고 조심성이 많은 사람이었다. 돼지 키우는 일이 싫다고 장거리 화물 운송 일을 택한 것인데, 그만 도로에서 인생을 마감하게 된 것이다. 지현이는 네 살 때 죽은 아버지에 대한 기억이 전혀 없었다. 너무 어렸을 때이기도 하지만, 아버지가 집에 있던 때가 거의 없었으니 기억이 없을 것이다. 나는 지현이가 8살이 되던 해부터 생계를 위해 식당에 일을 나가기 시작했다. 지현의 친할머니, 그러니까 내 시어머니께서 애들을 보살폈다. 시어머니도 지현이가 중학교 때 지병으로 돌아가셨다. 할아버지가 돼지를 키우며 가족들의 생계를 이어갔다. 지현이의 누나는 대학 졸업 후 취직했고 곧 결혼하면서 집을 떠났다.

지현이의 장래 희망은 군인이 되어 가족에 도움이 되는 것이었다. 전문대 군사학과에 들어갔는데, 장기 위치가 좌우로 바뀌어져 있는 희귀한 병, 내장역위증(內臟逆位症) 진단을 받았다. 직업 군인이 되는 건 불가능한 일이 되었다. 고등학교 때부터 군대 경력에 도움이 될 자격증도 성실히 준비해 온 아인데 너무나 충격이 컸다. 그때 처음으로 아이가 '엄마 내가 너무 한심하고 힘들어'라고 했다. 아르바이트를 해서 모은 돈으로 나한테 금반지 선물도 하고 용돈도 주는 착한 아들이었는데 그런 일이 생긴 것이다.

지현이는 1년에 두세 차례 가벼운 우울증을 보였지만 따로 정신과 진단을 받은 적은 없었다. 내가 한번 치료하는 게 어떠냐고 했지만 극구 거부하였다. 먼 친척 중에 빚 문제 때문에 자살한 사람이 한 명 있었는데 그 일은 걔나 나나 대수롭지 않게 여겼다."

준기

친구와의 면담이 필요한 이유는 직장이나 학교생활에서 가족들이 알지 못했던 은밀한 이야기를 가지고 있는 경우가 많기 때문이다. 사망자가 나이가 어릴수록, 친구들과 많은 시간을 보내는 연령대일수록 객관적인 정보를 얻기 위해 친구와 주변인의 면담이 중요하다.

"지현이와 나는 전문대 군사학과에 들어가서 아주 친해졌다. 함께 30만원짜리 고시원 방을 같이 쓰며 친형제처럼 지냈다. 지현이는 학교생활을 하면서 알게 된 희귀병으로 충격을 받았다. 한동안 방황도 하고 힘들어했다. 동기 중에 지현이처럼 학과 수업과 공부에 몰두한 친구가 없었는데, 꿈이 날아간 것이다. 그런 그가 느꼈을 좌절감은 지금껏 살아오면서 가장 큰 것이 아니었나 생각한다.

대학 졸업 후 그는 집으로 바로 내려가지 않고 아르바이트를 하면서 돈을 벌었다. 한 6개월 그렇게 지냈을 것이다. 추석을 앞두고 묘지 잡초 제거 일을 나간 날이었다. 제초기 칼날이 빠지면서 지현이가 발목을 크게 다쳐 병원에 입원했다. 이 부상이 얼마나 심했냐 하면 후유증으로 일을 할 수 없어 이젠 고향에 내려갈 도리밖에 없을 정도였다. 할아버지는 고혈압이 악화되어서 일을 거의 못하셨다. 돼지 키우는 것 말고는 수입이 없었다. 지현이 어머니가 시내 음식점에서 일하고 생활비를 버셨다.

지현이는 축사 일을 도와 드리며, 가끔 시간이 되면 119 알바, 대리 운전, 편의점 아르바이트, 장례식장 시체 처리 등으로 적은 돈을 벌어 왔다. 안 해 본 일이 없었다. 동네 사람들은 지현이의 속도 모른 채 뚜렷한 직장 없이 빈둥거리는 것을 보고 '대학 나온 놈이 할 게 없어서 여기서 놀고 있냐'며 나무랐다. 발목 인대를 다쳐 오래 서 있지 못하고 힘든 일을 할 수 없는 지현이는 직장을 찾는 것이 꽤나 힘들었다. 그런 소리가 자꾸 들리는 게 자존심이 상했다. 동네 사람들 중에는 지현이 어머니에게 찾아가 자식을 왜 그렇게 놀고먹게 두냐고 참견하는 사람들도 있었다."

흔히 시골에서 노인들이 마을 회관에 모여서 누구 집 자식은 뭐 한다는데 식의 훈수와 참견을 하기가 일쑤인데 이로 인해 귀농한 젊은이들이 상처받는 일이 많다고 한다.

다시 어머니

보통 유가족의 면담은 1회에서 끝나지만 요청이 있는 경우는 추가 면담을 하기도 한다. 지현 씨의 어머니가 요청한 2차 면담은 많은 정보가 있었다기보다도, 단지 잠깐 함께 있어 주었으면 하는 바람에 부응한 측면이 크다. 그분이 다소나마 위안을 얻으셨기를 바란다.

"그렇게 시간을 보내고 있던 지현이가 이제 정말 두 번째 인생을 살겠다고 결심을 했다. 할아버지의 축사를 이어받아 자신이 돼지를 키워 보겠다고 나선 것이다. 생활이 너무 힘들었는데 열심히 해서 돌파구를 마련하자고 했다. 농협에서 융자를 받아 돼지를 샀고 허물어져 가는 축사도 새로 정비하고, 돼지에게 줄 사료도 장만했다. 나도 거들었지만 지현이는 새벽잠을 줄이며 축사 일에 몰두했다."

차지현 씨의 연대기적 변화

심리부검을 통해 사망자가 자살과 관련성이 있는 일련의 사건을 순차적으로 살펴볼 수 있었다. 돼지 살처분 이후의 성격의 변화, 그리고 할아버지의 자살, 마지막으로 축사 정리로 이어지는 사건 전개는 그에게 견딜 수 없을 만큼의 무기력감과 절망감을 주었을 것이다.

1) 조류 독감으로 돼지를 살처분하다: "내가 괴물이 되는 것 같다"

그렇게 본격적으로 축사 일에 나선 지 얼마 지나지 않아, 음성 인근 강가에 있던 축사에서 조류 독감이 발생했다. 인근에서 키우던 가축 수천 마리가 도축되고 생매장되기 시작했다. 그리고 곧 급속히 전국으로 번진 조류 독감이 그의 축사 앞까지 왔다. 할 수 있는 일은 없었다. 근원지에서 담당 공무원들이 밤낮으로 외부 출입을 차단하고 있었지만 속수무책이었다. 그렇게 그가 키우던 돼지 3백 마리가 도살되거나 생매장되었다. 1월 1일 신정에 그와 할아버지는 직접 살처분 생매장 일을 도왔다.

자식처럼 키운 돼지를 살처분한다는 것, 살아 있는 동물을 죽이는 일은 그에겐 너무나 큰 충격이었다. 새끼를 밴 어미 돼지, 갓 태어난 새끼를 가리지 않고 모조리 산 채로 파묻어 죽여야 했다. 담당 공무원을 따라 구덩이에 돼지를 몰아넣고 들어가지 않는 돼지는 몽둥이로 내리치며 몰아넣었다. 살려 달라고 구덩이에서 꽥꽥 소리치며 올라오는 돼지를 다시 몰아넣는 일은 끔찍한 것이었다. 그 뒤 그에게 건네진 지원금은 5백만 원 남짓이었다.

2) 그의 성격과 행동이 달라지다: "차라리 없는 게 나아 이놈아"

그는 남겨진 텅 빈 축사를 바라보며 혼자 흐느껴 울었다. 문제는 이때부터다. 그날 이후 그는 악몽을 꾸며 놀라서 잠을 제대로 잘 수 없었다. 당장이라도 자신이 키운 돼지들이 나타날 것 같았다. 귀에는 돼지들이 울부짖는 소리가 맴돌았다. 그 환청이 더 자주 더 뚜렷이 들리면서 밤엔 잠을 잘 수가 없었다. 그의 성격도 현격히 달라졌다. 사람을 대하는 태도와 가족을 대하는 태도가 과거와는 달랐다. 밥을 먹다가도 '밥을 먹어서 뭐 하냐'며 상을 엎어 버리거나 어머니가 사다 준 옷이 답답하다면서 그 자리에서 찢어 버리는 등 전혀 감정의 통제가 되지 않는 모습을 보였다. 어머니가 다시 한 번 정신과 치료를 권했지만 그는 거절하며 일절 밖으로 나가지 않았다. 하루 종일 방안에서 멍하니 천장만 쳐다보는 것이 일과였다.

누군가가 자꾸만 자기 험담을 하고 있다고 말했다. 그런 환청이 들리면 혼이 나간 사람처럼 부엌에 있는 칼을 가지고 나와서 그냥 두지 않겠다고 소리를 질렀다. 점차 마을 사람들은 그와 마주치는 것조차 두려워하게 되었다. 할아버지조차 "차라리 너 없는 게 나아. 나가 이놈아"라며 나무랐다. 그가 밥상과 청소기를 던지고 창문을 부수고 깨진 유리에 상처가 나서 119를 부른 적이 한두 번이 아니었다. 귀신에 씌었다고 무당을 불러 굿을 하기도 했다.

3) 할아버지가 죽다: "너는 아직 젊으니 무엇이든 할 수 있다"

어느 날 할아버지가 해질 무렵 그의 방을 찾아왔다. 앞으로 하고 싶은 일을 물어본 할아버지는 "너는 아직 젊고 무엇이든 할 수 있으니 용기를 잃지 말라"고 했다. "나는 늙고 병 들어서 이제 남은 것이 하나도 없지만 너는 젊음이 있으니 지금이라도 조금만 노력하면 일어설 수 있다." 그러고 밖으로 나간 할아버지는 그날 저녁 집에 들어오지 않았다. 실종 신고를 낸 가족들은 마을을 헤매던 중 축사 맞은 편 선산 무덤에서 쓰러져 있는 할아버지를 발견했다. 새벽이 다 된 시각이었다. 사인은 고혈압과 지병으로 인한 뇌경색이었다.

4) 마지막 축사를 정리하다

할아버지가 죽은 후 지현 씨는 축사를 허물기로 했다. 지은 지 얼마 안 된 축사였지만 미련이 없었다. 어머니는 집과 땅을 팔고 시내로 가서 작은 식당을 열자고 제안했다. 아들도 어머니와 의견이 같았다.

5) 어머니 곁을 홀로 떠나다

집 정리 절차가 마무리되고 대전 시내의 대학교 앞 작은 분식점을 임대했다. 이사 전날 지현 씨는 하루 종일 어머니와 말없이 짐정리를 하고 떠날 준비를 마쳤다. 고향에서 보내는 마지막 밤이었다. 그는 돼지가 새끼를 낳을 때 닦아 주는 흰 천을 길게 잘라 이어 붙였다. 그리고 옷장 틈에 그 천 조각을 고정하고 목을 맸다. 시각은 자정이었다. 유일한 유품은 "어머니 홀로 남게 해서 죄송합니다"라는 짧은 유서와 통장 비밀번호가 적혀 있는 낡은 쪽지였다.

자살 유형은 무엇인가?

이 사례의 자살 유형은 급성 스트레스 유형으로 볼 수 있다. 하위 유형으로는 급성 직업 좌절 및 실패 스트레스 유형으로 분류할 수 있다. 대학 졸업 전까지는 크게 어려움 없이 지내 온 것으로 보인다. 뚜렷한 목적의식을 품고 대학 생활을 큰 무리 없이 잘해 왔다. 자살 전까지 생애에 걸쳐 자살에 직간접적으로 영향을 줄 수 있는 두드러진 생애 어려움은 없었고 경제적 문제, 건강 문제 등이 있었지만 기능적으로 심각한 장애는 없었던 것으로 보인다. 특별히 대인관계 문제는 없었고 적응력을 갖고 주변 친구들과 원만하게 지냈던 것으로 보였다.

하지만 대학 졸업 이후 평생 꿈꿔 온 목표의 좌절, 아르바이트 중 얻은 장애 등의 위험 요인이 보였고 자살 직전의 6개월 전후 시기에는 그동안 키워 왔던 가축을 살처분한 이후 외상 후 스트레스를 보였다. 이 과정에서 조부가 지병으로 갑자기 죽는 힘든 사건을 경험하며 감정과 성격에 심각한 장애를 느꼈다. 특정 스트레스로 인해 급성으로 자살한 경우라고 볼 수 있다.

위험 요인으로 본 자살 원인은 무엇인가?

만성 위험 요인으로 꿈 좌절, 즉 그가 오랫동안 꿈꿔 왔던 직업 군인이 되지 못하고 좌절감을 느낀 부분이 컸다. 그리고 희귀병과 외아들이라는 이유로 군대조차 면제를 받았다. 그는 자존심에 큰 상처를 받았다. 발목 인대를 다친 후 힘쓰는 일을 하지 못하게 되었다. 아르바이트나 파트타임 일을 하면서도 신체적인 한계를 느끼고 무기력감을 경험했을 것으로 보인다. 하지만 고인이 전반적으로 생활을 개선하기 위해서 부단히 노력했음을 반증하는 부분도 있다.

급성 위험 요인으로, 조류 독감으로 인해 살아 있는 돼지를 살처분하면서 겪은 외상 후 스트레스가 컸던 것으로 보인다. 이 일 이후 우울증이 생긴 듯 보이며, 주변 사람들과의 관계에서 뚜렷한 기능 손상을 보였다. 심각한 감정 기복 증세로 가족 구성원 간 갈등도 악화되었다. 축사를 정리하던 중 발생한 조부의 죽음이 그가 자살을 결심하는 데 중요한 촉발 요인으로 작용한 것으로 보인다. 조부에 대한 죄책감을 보였고, 더욱이 살아 계신 어머니에게 자신이 짐이 된다고 생각하면서 자신이 쓸모없다고 느끼게 되었다. 오히려 이 사건

자살 경로

나이	1	10	15
부모 경험 (분리, 방임, 학대 등)	△ 출생		
대인 관계		△ 부친 사망(교통사고)	▲ 친구 관계 원만 (학교생활 문제 없음)
사회적 환경 생애 사건			
교육 환경			△ 학업성적 좋은 편
경제적 사건 (실직, 무직, 빚 등)		△ 부친 사망 후 어려움	
신체적 문제			
다른 관련 정보 (죽음 언급 등)			
정신과적 문제			
서비스 접촉 (정신과 상담, 진료 등)			
자살 의도 노출			
자해 · 자살 시도			
알코올 · 약물 사용			

✖ 사망 시점

△ 발생 시점 영향

▲ 한동안 영향

▲ 자살 사망 시점까지 영향

17	21	✖ 26	

△ 누나 결혼 ▲ 모친과 대화 단절

▲ 전문대 재학 중
(교우와 친밀한 관계) ▲ 주민, 친구 등 주변인과 단절

▲ 가축 매몰 후 어려움 가중

▲ 전문대 입학 ▲ 직업군인 꿈 포기

▲ 매몰 후 가중

▲ 희귀병 진단(내장역위증)
▲ 인대 손상

▲ 자살 검색

▲ 통제감 상실, 극단적 감정 기복
▲ 망상 후 정신과적 증세 심해짐

▲ 진단, 약물 및 상담 치료
없음

▲ 죽고 싶다 말함

▲ 조부 사망

이후 마음이 안정되면서 평화로워 보였다. 아마 이때 죽음에 대한 생각을 정리했을 것으로 추정한다.

보호 요인으로, 첫째 어머니와의 대화가 있다. 어머니가 중간에서 조절을 하며, 아들과 다정한 시간을 보내는 등 아들을 지지했던 것으로 보인다. 둘째 진로에 대한 뚜렷한 의지이다. 오랜 세월 가정 형편이 좋지 않고, 항상 제자리에 머무는 듯한 느낌을 받으며 성장해 왔던 고인은 스스로 개척하기 위해서 진로를 적극적으로 탐색하고 환경을 바꾸어 가는 등 (직장 및 아르바이트 상황) 적극적인 노력을 계속했던 것으로 보였다.

연대기적 자살 관련 징후

이 사례에서 자살 사망자가 보인 자살 징후를 시기별로 살펴보자. 먼저 철회적 행동(사회적 접촉을 회피하는 행동) 혹은 평소 행동과는 다른 특이성이 있었느냐 하는 것이다. 자살 전 **12개월에서 6개월 사이**에는 특이한 자살 징후가 보이지 않았다. **6개월부터 1개월 사이**, 동네 사람들과 대화하지 않고 칩거하며 지냈다. 하지만 **자살 직전**에는 특이하게도 어머니의 말에 순응하며 침착한 태도를 보였다.

두 번째, 감정, 스트레스 반응 및 정서 변화이다. 자살 전 **12개월에서 6개월 사이**에는 특이한 징후가 없었다. 자살 전 **6개월에서 1개월 사이**에는 가축 살처분 후 우울 증상이 심해졌고 쉽게 잠을 이룰 수 없는 수면 장애 등 외상 후 스트레스 장애와 관련된 정신과적 문제가 두드러졌다. **자살 직전**에는 모친의 진술에 의하면 평소와 달리 감정이 차분해 보였고 모든 것을 체념한 듯한 평화로운 모습을 보였다.

마지막으로 자살 의도 혹은 이유에 대한 표현이다. 자살 전 **12개**

차지현 씨의 자살 징후

	자살 당일	3개월	12개월
20대 이하	행동: 철회적 행동 측면 혹은 평소와는 다른 특이 행동		
	• 어머니의 말에 순응적으로 반응	• 가축 매몰 후 칩거	
	감정: 스트레스 반응 · 감정(기분)변화		
	• 평소와는 다르게 감정이 차분해 보임(모친 진술)	• 돼지 매몰 이후 우울 증상이 심해지며 간헐적 폭력 행동 보임 • 감정 기복이 심해지고 수면 장애 보임	
	언어: 자살 의도 · 이유 표현		
	• 모친에게 짐이 되어 '미안하다'라고 표현 • 핸드폰으로 자살 관련 단어 검색	• 모친에게 "나 죽을 거 같아", "먼저 갈게"라는 말을 함 • 모친에 대한 원망 섞인 말을 함	
	기타 자살 관련 단서		

조건: 개인과 관련된 언어적인 표현, 스트레스 반응, 감정 기분 증상 혹은 표현, 행동적 측면(평소와 다른 행동, 철회적 행동 등), 자살과 관련된 단서
제외: 생애 사건, 생애 어려움, 문제, 촉발된 사건 등

월에서 6개월 사이에는 특이한 징후가 없었다. 자살 전 **6개월에서 1개월 사이**에는 모친에게 "나 죽을 것 같아, 먼저 갈게"라는 말을 하였고 모친에게 화를 내며 원망 섞인 말로 "모든 게 어머니 탓이다"라는 말을 하였다. **자살 직전**에는 이사하기 전날 밤 모친에게 "잘 살아 보려 했는데 이렇게 되어서 미안하다"라는 표현을 했다.

'IS PATH WARM'을 통해 본 자살 위험 요인

	요인	여부	구체적 기술
Ideation (자살 사고)	• 직접적으로 자살 사고를 표현하거나 글로 기술 • 자살 사고를 갖고 자살 도구(끈, 약물 등) 구입 의사를 비치거나 구할 수 있는 방법을 찾음	○	• 어머니에게 자살에 관한 표현을 하며, 자살에 대한 검색을 핸드폰으로 생전에 했던 것으로 보임
Substance abuse (약물 남용)	• 과도한 약물복용이나 알코올 중독 증세 • 평소 먹지 않던 술 혹은 약물 복용	×	• 술을 마시지 않았으며, 특별히 복용하는 약이 없음
Purposelessness (목표 없음)	• 삶의 목표를 상실 • 삶을 계속 살아가야 할 이유가 없다고 표현	○	• 돼지 매물이 큰 상실이었던 것으로 보임
Anxiety (불안)	• 불안, 초조해하며 편안하게 쉬지 못함 • 불면증 또는 온종일 수면	△	• 사망 전 새벽에 자주 깨서 물을 마시는 등, 쉽게 잠을 이루지 못했던 것으로 보임
Trapped (갇힘)	• 덫에 빠진 듯 답답한 느낌 • 현 상황에서 도저히 빠져나갈 수 없다고 생각 • 고통스런 삶 속에 죽는 것 외에 다른 대안이 없다고 믿음 • 차라리 죽는 게 낫다고 생각	○	• 평소 작은 마을 환경에 적응하는 것을 힘들어함(주변 이웃들의 시선)
Hopelessness (무망감)	• 자기 자신, 타인, 미래에 대한 부정적 관념 • 미래에 대한 희망이 없음	○	• 부모를 원망하고 본인의 신변을 비관하는 듯한 말과 행동을 아픈 이후부터 계속했음
Withdrawal (철회)	• 친구, 가족, 의미 있는 타인으로부터 멀어지는 경향 • 가까운 사람(친구, 가족 등)과 소원해짐	○	• 할아버지, 어머니, 동네 사람들과 거의 대화를 하지 않고 집에만 칩거
Anger (분노)	• 심하게 화를 내거나 분노를 감당하지 못함 • 문제나 고통의 원인이 되는 사람들에게 복수할 방법을 찾음	○	• 할아버지와 다툼 중 물건을 던지거나 창문을 부수는 등 통제력을 상실한 행동을 보임
Recklessness (무모함)	• 무모하게 행동하거나 위험하게 행동 • 나중에 어떤 일이 발생할지 생각하지 않고 행동	△	• 맨주먹으로 창문을 깨거나 자신에게 위해를 가하는 행동을 보임
Mood change (기분 변화)	• 극단적인 기분 변화와 심한 감정 기복	○	• 도축 후부터 사망 시까지 거의 무기력

○ 강한 징후 △ 약간의 징후 × 징후 없음

자살 예방 및 방지 시사점

조류 독감, 광우병 등으로 인한 가축 도살을 경험한 사람에게 외상 후 스트레스 장애(PTSD) 치료 지원이 절실하게 필요하다. 자신이 키운 동물을 산 채로 죽이는 행동은 주인에게, 혹은 그런 일을 하는 사람에겐 상상할 수 없는 심리적인 충격을 준다. 사건 후 경제적인 지원도 중요하지만 심리적인 지원이 필수적으로 뒤따라야 한다. 심한 죄책감뿐만 아니라 불안, 우울감이 뒤따르기 때문이다.

최근에는 자식 같은 가축을 도살하고 이후 스스로 목숨을 포기하는 사건이 연이어 발생하고 있다. 아직도 이 문제는 겨울만 되면 우리나라에서 되풀이되는 현실이고 많은 사람들이 그 충격에서 헤어나지 못하고 있다. 이 사건을 단지 개인적인 문제로 치부하기에는 고통을 받는 대상의 범위가 넓고 뿌리가 깊다. 정부가 이들이 처한 환경에 책임감을 갖고 구조적인 부분에서 장기적인 대안을 마련해야 한다.

이 사례뿐 아니라 유사한 사례들에서도 이런 충격적인 경험 뒤 무기력감, 절망감, 우울감, 상실감 등의 심리적 고통으로 삶이 무너져 결국에는 스스로 죽음을 선택한 경우가 적지 않다. 실제 농업, 어업, 축산업에 종사하는 사람들의 자살률이 다른 직군보다 훨씬 높다. 이들에 대한 지원이 차별적으로 뒤따라야 하는데 현재 그러지 못하고 있다. 자살 예방 자원과 인력에서 소외되어 있는 그들에게 정기적으로 찾아가 상태를 확인하고 문제에 적절한 조언을 줄 수 있는 지원 방안을 마련할 필요가 있다. 예산 지원이 필수적인 것은 물론이다.

3 자살의 유형과
    문제들

신속한 예측, 개입 여부 판단, 개입 방법의 선택이 프레임워크에 달려 있다. 이를 통해 한 생명을 살릴 수도, 실패할 수도 있다.

1. 급성 스트레스 자살 유형
인격 모욕과 아파트 경비원의 분신

2014년 10월 서울 압구정동 모 아파트에서 60대 경비원 김 모 씨가 분신 자살했다. 김 씨는 퇴직 후 아파트에서 경비원 일을 하며 늘 해고에 대한 불안을 안고 지내 왔다. 입주민으로부터 수시로 모욕적인 막말이나 폭언을 들으며 심한 스트레스를 받아 오던 상태였다. 자살 직전에는 입주민이 5층에서 떡을 던지면서 "시루떡 받아먹어 봐"라고 조롱하는 일도 있었다.

더 이상 참을 수 없었던 그는 아파트 주차장에서 자신의 몸에 시너를 뿌리고 차 안에서 불을 붙여 자살을 기도했다. 온몸에 3도 화상을 입은 그는 병원에 실려 간 후 치료 중에 사망했다. 그가 남긴 메모에는 "여보, 날 찾지 마요. 먼저 세상 떠나요. 여보 이 세상 당신만을 사랑해. 진짜루, 아들들 미안"이라고 적혀 있었다.

필자는 심리부검 결과를 이용해 자살자의 한국적 유형을 찾아보고자 했다.* 먼저 자료 조사와 면담을 통해 12가지 중요한 원인을 찾아냈다. 평균 50% 이상의 발생 비율을 보이고 연령별, 성별 간 10% 이내의 차이를 보이는 공통적인 것만 기준으로 했다. 그 결과 1) 대인

자살의 유형과 문제들　　　　　　　　　　　　　　　　　　　　201

관계의 문제 2) 경제적 사건 3) 정신과적 문제 4) 자해 및 자살 시도 5) 어려운 사회적 환경 및 생애 사건 경험 6) 가족·지인 등 주변인 자살 행동에 노출된 경험 7) 정신과, 상담소 등 심리치료 기관의 서비스 접촉 유무 8) 자살 의도 혹은 이유를 주변인에 적극적으로 표현한 경험 9) 개인 성격 및 스트레스 반응 등 다른 관련 정보 10) 분리, 방임, 학대, 협박 등의 부모 관련 경험 11) 알코올 중독 등 약물 남용 12) 가족이나 주변 지인이 정신 질환에 노출된 경험 등의 원인이 추출되었다.

유형 분석을 실시한 이후 전문가들의 논의를 거쳐 최종적으로 자살을 네 가지 유형으로 구분하기로 했다. 즉 1) 급성 스트레스 유형 2) 만성 스트레스 유형 3) 적극적 자해·자살 시도 유형 4) 정신과적 문제 유형이다.

급성 스트레스 유형은 자살 직전까지 생애 전반에 걸쳐 자살에 직간접적으로 영향을 줄 수 있는 두드러진 생애 사건이 없었고 심각한 단절 혹은 경제적 문제, 신체 질병이 없었음에도 불구하고 자살 직전의 12개월 전후의 특정 스트레스로 인해 급성으로 자살 사망하는 경우이다.

만성 스트레스 유형은 자살 직전까지 전 생애에 걸쳐 자살 행동에 영향을 줄 수 있는 생애 사건과 어려움이 만성적으로 존재해 왔고, 이것이 지속해서 자살 관념, 자살 계획에 영향을 준 것으로 판단되는 경우이다. 자살에 대한 어느 정도의 예측 인자들이 있는 가운데 특정 촉발 사건에 의해 자살 사망에 이른 경우이다.

적극적 자해·자살 시도 유형은 심리적 고통 즉, 절망감, 무망감, 남에게 부담을 준다는 느낌, 단절된 대인관계, 소속감의 좌절 등을 느끼며 자해·자살 시도, 자살 의도 노출, 자살 이유 표현이 복수 이상으로 나타나고 적극적인 자살 의도 표현 과정 중에서 자살 사망이 발생한 경우이다.

정신과적 문제 유형은 심각한 정신과적 장애 중 최소 하나 이상의 정신과적 문제가 존재하여 자살에 직접적인 영향을 준 경우이다.*

아파트 경비원 분신자살 사건은 필자의 분류 기준에 따르면 급성 스트레스 유형 중 급성 대인 스트레스 하위 유형으로 볼 수 있다. 이 자살 사망자는 평소 활달한 성격이었고 그동안 가족들, 주변 친구들과 별 어려움 없이 원만하게 지내 왔다. 하지만 최근 해당 근무지로 배치를 받은 뒤 가족에게 "그만두고 싶다"고 하는 등 우울함을 호소했다고 한다. 주변 동료들은 그가 이 아파트에서 일하면서부터 몇몇 입주민으로부터 반복적으로 심한 인격 모독과 조롱을 받았다고 한다. 점차 스트레스가 누적되었고 이로 인해 무기력감을 느끼며 정서적으로 불안정성과 분노를 느끼며 힘들어했다고 했다. 마치 개에게 던져 주듯 음식을 던지며 받아먹으라는 어느 입주민의 조롱은 최종적으로 방아쇠 역할을 한 듯하다.

2. 만성 스트레스 자살 유형
"마지막 집세와 공과금입니다"

2014년 2월 송파구에 사는 세 모녀가 번개탄을 피워 자살했다. 이들은 어머니가 실직한 뒤 생활고에 시달려 왔다. "마지막 집세와 공과금입니다. 정말 죄송합니다"라는 유언과 함께 갖고 있던 전 재산인 현금 70만원을 집세와 공과금으로 남겼다. 이들은 공과금을 밀린 일이 없었던 것으로 나타났다.

세 모녀는 12년 전 방광암으로 사망한 아버지가 남긴 빚 때문에 신용불량자가 되었다. 두 딸은 취직을 못했다. 생계를 책임진 어머니는 한 달 전 식당일을 마치고 집으로 오던 길에 오른팔을 다쳐 일을 하지 못하게 되었다. 당뇨와 고혈압을 앓는 큰딸은 그동안 병원에서 제대로 치료받지 못하고 있었다. 작은 딸은 간간이 아르바이트를 했지만 안정적인 직장을 구하지 못했다. 어머니는 이미 몇 개월 전부터 백내장이 진행되어 시야가 흐렸다. 사망 당시에는 사물을 뚜렷이 식별하지 못할 정도였다.

이 사례는 경제적 어려움과 질병이 함께 맞물려 나타나면서 나타난 만성적 복합 스트레스 유형으로 볼 수 있다. 자살 사망자는 남편이 남겨 놓은 빚과 질병으로 오랜 세월 만성적인 경제적 어려움에 시달렸다. 최근에는 앞을 볼 수 없을 정도의 시력 상실이 있었고 설상가상으로 팔을 다쳐 더 이상 식당 일을 하지 못하게 되었다. 가족을 부양할 수 없는 상황에 처해지면서 주변으로부터 도움을 구했지만 분명 한계가 있었다.

병을 앓고 있던 큰딸과 일정한 직장이 없던 작은 딸을 보면 미래에 대한 희망이 없었다. 절망감으로 저녁에는 잠을 잘 수 없었다. 힘든 상황을 이야기하고 도움을 받을 수 있는 가족이나 친구도 없었다. 외로움을 느꼈지만 사회로부터 소외된 상태를 벗어날 전망도 없었다. 이런 곳에서 더 이상 살아갈 이유와 목적의식이 없어졌다. 결국 절망 속에서 피부양자들과 함께 자살한 경우이다.

3. 적극적 자해 시도 자살 유형
남편의 폭력에 맞선 아내의 자해

2010년 대구의 어느 보호 시설에서 자살한 김재은 씨는 여섯 살 때 교통사고로 부모를 잃었다. 남은 가족은 동생뿐이었다. 김 씨와 동생은 친척 집에 보내져 사촌들과 함께 자랐다. 여상을 졸업하고 가발 공장과 신발 공장에서 일하기 시작했다. 그곳에서 지금의 남편을 만나 동거를 시작했고 결혼 후에 아들을 낳았다. 생활은 힘들었지만 가족이 그리웠던 그녀는 매우 행복했다고 한다.

하지만 남편이 직장에서 사고를 당해 퇴직하게 되면서 자신과 아들을 향해 폭력을 휘두르고 모멸감을 주는 언행을 일삼기 시작했다. 남편이 폭력을 휘두를 때마다 그녀는 그를 멈추게 하기 위해 그가 보는 앞에서 여러 차례 자해 시도를 했다. 처음에는 효과가 있어서 남편이 멈칫하며 사과를 하는 일도 있었지만 그것도 잠시였을 뿐 폭력은 날로 심해졌다. 자해 횟수와 치명성도 높아져 갔다. 어느 날 만취하여 들어온 남편이 집기류를 던지고 욕을 하자 그녀는 남편 앞에서 평소 가지고 있던 농약을 마셨다. 김 씨는 119에 실려가 위세척을 받았지만 성대가 손상되어 말을 거의 할 수 없는 상태가 되었다.

이러다가는 초등학생 아들의 생명까지 위험하다는 생각을 하게 되면서 김 씨는 결국 아들과 함께 집을 나와 여성 보호시설과 쉼터에서 지내기 시작했다. 하지만 남편이 자신을 찾아낼 수도 있다는 공포 때문에 그동안 다녔던 공장을 그만두고 근처 식당에서 일하기 시작했다. 이때 그녀는 심리적 안정을 찾았던 것으로 보인다. 하지만 아들이 근처의 기술 고등학교 기숙사에 들어가면서 그녀는 혼자가 되었다.

다시 다니던 공장도 그만두고 알고 지내던 친구들과의 연락도 끊어지게 되었다. 점차 우울감과 불안증이 심해졌다. 남편이 나타나 자신을 구타하는 악몽을 꾸며 깨기도 하는 등 잠을 잘 자지 못했다. 이제는 그 우울감을 잊고 싶어서 다시 자해를 했다. 불안이 더 심해지면서 사람들이 붐비는 곳에는 갈 수 없게 되었다. 피해망상 증상을 보이며 정신병적인 문제가 나타나기 시작했다. 보호시설 담당자는 정신과 치료를 권유했지만 그녀는 거절했다. 아들에게 '죽고 싶다', '불안해 죽겠다' 등 뒷날 적극적인 자살 의도로 해석될 수 있는 말들을 했다.

2010년 김 씨는 보호시설 화장실에서 목을 매 자살했다.

이 사례의 유형은 반복적으로 자해 시도를 하고 주변인들에게 자살 위협을 하다가 결국에는 자살 사망에 이르는 경우이다. 오랜 기간 가정 폭력에 시달려 온 이 가정주부는 처음에는 남편의 폭력에 대처하기 위해 자해를 했다.

이를 전문 용어로 대인간-부적 강화(interpersonal-negative reinforcement)라고 하는데[*] 자신이 원하지 않는 타인이나 사회의 행동이나 상황을 통제하고자 하는 데 목적이 있다. 여기서는 남편의 폭력 행동을 통제하고 싶은 것이 목적이 된다. 일종의 실용적이고 방어적인 성격을 가진 자해였다. 아마 그녀는 그 순간 상황을 통제할 수 있다는 약간의 권력감을 얻기도 했을지 모르겠다.

집을 나와 남편의 폭력으로부터 벗어나자 자해 행위도 없어지는 듯했다. 하지만 김 씨는 이후 하나뿐인 아들과 떨어져 있게 되고, 다니던 공장도 그만두면서 심각한 정신적인 문제를 경험했다. 불안이나 우울감을 잊어 보기 위해서 자해를 하는 것은 드문 일이 아니다. 이런 자해를 개인내-부적 강화(intrapersonal-negative reinforcement)라고 하는데 자신의 부정적인 사고나 감정을 해소시키거나 감소시키기 위해 하는 방식이다. 그리고 자해가 불안증을 극복하는 방향과 정반대로 작용할 것은 말할 나위도 없다. 그 고통의 마지막은 죽음이었다.

4. 정신분열 자살 유형
알코올 중독과 통제력 상실

전북 전주에 사는 50대의 이상현 씨는 3년 전 정신 질환 진단을 받고 외래 진료를 받으면서 장기간 약물을 복용해 왔다. 이미 오래 전부터 병을 앓고 있던 이 씨는 막노동으로 생계를 유지해 왔지만 정식으로 정신과 진단을 받은 후에는 일도 하지 못하고 정신장애 등급에 따른 정부 보조금만으로 생활하였다. 하지만 사망 전 지원 정책 변화로 인해 정신장애 등급이 떨어지면서 지원금이 감소하였고, 경제적인 어려움도 심화되었다. 평소에는 폐지나 병을 수집하면서 겨우 연명하는 정도였는데 최근에는 이 일도 하는 사람이 많아지면서 더 힘들어졌다.

정신분열 증상으로 CIA가 자신을 감청하고 있다거나, 죽었던 친구의 음성이 들리거나 '사람들이 너를 죽일 수 있다, 여자를 멀리하라, 술을 끊어라'라는 등의 지시 환청이 들렸고, 기분 변화가 동반된 조울증까지 진단받았다. 알코올 남용도 심해졌고, 음주를 말리던 친동생과도 갈등을 빚게 되었다. 가족들에게 폭력을 행사하며 지인들에게는 심한 욕설도 서슴없이 내뱉었다. 결국 주변 친척이나 형제들과도 관계가 거의 단절된 상태였다. 그는 늘상 집에 혼자 지냈고 연락을 주고받는 이도 없었다. 대인관계는 오래

전에 다니던 절에서 알게 된 스님 이외에는 없었다. 사망 전 정신과 치료는 거의 받지 못한 상태였고 가끔 찾아오는 사람에게조차 물건을 던지는 등의 행동을 보였으므로 주변 사람들로부터 완전히 고립되었다.

이 씨는 집에 있던 농약을 마시고 자살했다.

이 자살 사망자는 장기간 정신과적 문제를 겪었고 알코올 중독 증세가 있었다. 정신분열의 환청은 일상적인 생활을 하는 데 심각한 영향을 미쳤다. 이전에 없었던 폭력적인 성향이 나타났고 이로 인해 대인관계에 심각한 손상이 생겼다. 특히 그의 폭력적인 성향과 정신 분열 증세로 인해 직장 생활을 더 이상 할 수 없게 되었고 하나뿐인 동생조차도 그를 외면한 상태였다. 피해망상 증상은 주변 사람을 믿지 못하게 할 뿐 아니라 타인에게 신체적인 위협을 준다. 경계적인 태도로 사람을 의심하며 자신을 위해할 것 같은 두려움은 폭력적인 성향을 더 강화시켰다. 결국 그는 혼자 남겨졌다.

알코올 중독은 이런 상황을 더 악화시켰다. 통제력을 상실시키고 감정을 더 불안정하게 만들었다. 일상적인 생활조차 불가능하게 되었다. 물론 경제적인 어려움이 뒤따를 수밖에 없다.

사망 직전에는 스스로 약물 치료를 중단함으로써 사회적 지원을 받을 수 있는 채널이 닫혔다. 정신 질환 증세가 악화된 과정에서 환청 지시로 인해 자살에 이른 것으로 보인다. '정신과적 문제 유형 장기 - 공존 이완형'의 전형적인 사례이다.

뒤르켐과 자살 유형

프랑스의 사회학자 에밀 뒤르켐은 그의 책『자살론』(1897)에서 "자살 경향은 사회적 원인 때문이라고 할 수밖에 없으며, 그 자체가 집단적 현상"이라며 자살 원인을 사회적 속성으로 나타낼 수 있다고 주장했다. "자살 원인이 다를 경우에만, 자살 유형이 달라질 수 있다. 자살 원인들 사이에 구체적으로 확연한 차이가 있는 경우에는 결과에 있어서도 비슷한 차이가 생긴다. 결과적으로 우리는 자살의 사회적 유형을 자살자들이 남긴 기록에 따라 구분할 것이 아니라, 자살하게 된 원인에 따라 분류할 수 있다." 즉 자살의 원인에 따라 자살 유형을 구분하자는 것이다. 이 부분은 필자가 유형을 구분할 때 이론적 토대로 활용하였다. 이런 측면에서 자살의 원인을 명확하게 밝히는 것은 선결적 과제다.

뒤르켐은 자살을 이기적 자살, 이타적 자살, 아노미적 자살 등 3가지 형태로 유형화했다. 이기적 자살은 개개인이 사회 유대감과 결속력이 약화되면서 과도하게 극단적인 개인주의를 보일 경우 나타난다. 구체적으로 그는 프랑스 내 자살 관련 기록을 검토하고 통계분석을 사용하여 가톨릭 신자보다 개신교 신자가, 기혼자보다 미혼자가 자살률이 높고, 전시보다는 오히려 경제 위기처럼 사회적으로 불안정한 시기에 자살률이 높아진다는 것을 찾아냈다. 또는 그는 전반적으로 종교가 자살을 예방하는 작용을 한다고 보았다. 종교의 기능은 "신실하고 전통적이며 의무적인 여러 신념의 의식"이 모인 공동체로 구성원 간 유대감을 높여 친밀한 관계를 맺게 하여 사회 결속력을 강화시킴으로써 자살을 막는 방향으로 영향을 준다는 것이다.

이타적 자살은 '사회적 책임감이 지나쳐 집단화를 과도하게 보이는 개개인이 대의를 위해 죽음을 선택'하는 것이다. 이타적 자살의 사례로는 우리나라에서는 임진왜란 시절 기생 논개가 적장 게야무라 로쿠스케를 안고 촉석루 남강에 뛰어내린 경우를 예로 들 수 있다. 뒤르켐은 일본의 아미타종 신도들이 자신을 신에게 바치기 위해 자살을 하는 행위를 예로 들었다. 이타적 자살은

에밀 뒤르켐(1858~1917).

목적은 있지만 삶 외부에 그 목표가 존재하기 때문에 죽음을 택하는 것이다.

아노미적 자살은 급격하게 변천하는 구조적인 사회 속에서 적절하게 적응하지 못하게 될 때 나타나는 것으로 현대에 이르러 자연스럽게 관심이 쏠리고 있는 자살 유형이다. 예를 들면, 한국이 1990년대 후반 IMF 사태 이후 두텁던 중산층이 몰락하고 경제적인 혼란과 어려움이 갑자기 찾아오면서 사람들이 스스로 목숨을 끊은 경우라고 볼 수 있다. 뒤르켐은 경제가 정상적으로 회복해서 다시 성장하고 개인 소득 정도가 올라가더라도 근본적으로 사회 질서가 여전히 무너지거나 구조적 혼란을 맞을 가능성이 있기 때문에 자살률이 높게 나타난다고 이야기한다. "인간이 정당하게 추구할 수 있는 안녕과 안락과 사치"에는 한계점이 없기 때문에 늘 자살의 위험성이 도사리고 있다.

경제적 아노미만이 자살을 부르는 것은 아니다. 관계적 아노미, 가정적 아노미, 정신적 아노미, 직업적 아노미 다양한 측면에서 적응하지 못할 때 늘 상 아노미에 처해 자살에 이를 수 있다. 새로운 상황에 놓이기 때문에 자살에 대한 저항력이 약해지는 것이다.

뒤르켐은 프랑스 내 발생했던 1백여 년간의 자살 자료를 면밀하게 분석하여 자살의 실체를 연구하려 하였다. 그는 당시 실증주의 연구의 잣대를 내세워 자살과 관련해서 사회 현상에 대해 객관적인 관심이나 실험을 거쳐 일반적 원리를 도출했고, 그것으로 합리적인 추론을 내리며 검증해 지식과 사실을 얻어 내려 했다. 한국 자살 사망자를 대상으로 심리부검을 실시하고 얻어진 자료를 과학적으로 분석하여 유의미한 자살 원인을 밝혀내는 것과 이를 근거로 체계적인 자살 유형을 살펴보고자 하는 바도 뒤르켐이 추구한 바와 본질적으로 다르지 않다. 여기서 더 나아가서 유형에 따른 자살 예방과 정책이 현실적으로 만들어질 수 있게 된다.

5. 고위험 사례 1
최진실 자살 사건

　배우 최진실(39세)은 2008년 10월 자택 안방에 딸린 화장실의 샤워 부스에 압박 붕대로 목을 맨 채 발견되었다. 그녀는 사망 당일 광고 촬영을 끝내고 인근 식당에서 동료들과 같이 밥을 먹고 소주를 마신 후 귀가했다.

　그녀는 약 5년 전 결혼 생활을 하면서 남편의 외도와 폭력으로 인해 힘들어했고 이혼 이후에는 우울증을 앓아 신경안정제를 꾸준히 복용해 왔다. 자살 전에는 지인 안○○에게 사채업자를 내세워 25억 원을 빌려 줬다는 악성 루머로 인해 괴로워했던 점 등을 고려하면 만성 스트레스 유형으로 볼 수 있다.

　자살 전에는 지인과 가족들에게 외로움을 호소하고 고충을 털어놨다는 진술도 있었다. 최근 신경안정제를 복용해 오다 6개월 전부터는 양을 늘렸고 두 자녀에 대한 양육 스트레스와 정상급 연예인들이 겪는 위상 추락에 대한 고민도 상당히 컸던 것으로 보였다. 사망 직전 휴대전화로 평소 절친했던 지인에게 '이 세상에서 제일 사랑하는 김 양아, 혹 언니에게 무슨 일이 있으면 아이들을 부탁한다'와 '미안해'라는 유서 성격의 마지막 문자 메시지를 보낸 것으로 나타났고 그 전에는 지인들에게 '외롭다, 죽고 싶다'

라는 말을 자주 해 왔다. 귀가 후 안방 침대에 앉아 모친과 '세상 사람들이 섭섭하다. 사채니 뭐니 난 이런 것과 상관없는데'라는 대화를 나누었고 그녀의 일기장에는 안○○ 사망과 관련하여 굉장히 괴로워했다는 내용이 있었다.

최진실은 결론적으로 이혼 후 보였던 우울증이 악화되었던 것으로 보이며 안○○ 사망과 관련된 악성 루머 등에 대해 스트레스가 심했다. 사채 관련 괴담에 따른 극심한 정신적 고통, 이혼 후 우울증 악화, 연예계 스트레스, 연예계 생활의 외로움, 수면 장애 등 정신적 고통도 높게 나타났던 것으로 보인다.

알다시피 최진실 자살 사건에는 먼저 일어난 안○○ 자살과 뒤에 일어난 동생 최○○과 전 남편 조○○의 자살까지 네 건의 자살이 함께 얽혀 있다. 이 안타깝고 거의 연쇄적으로 보이는 사건들은 '주변인의 자살 위험을 알 수 있는 객관적 지표는 없는 것일까'라는 절박한 아쉬움과 의문을 불러일으킨다.

토머스 조이너는 어떤 사람이 자살 위험도가 가장 높은지, 중간인지, 아니면 미약한지를 신속하게 평가할 수 있는 자살 위험성 평가 프레임워크를 만들었다.* 그의 프레임워크는 크게 3가지로 나누어진다. 첫째는 자살 계획과 준비, 둘째는 자살 욕망(관념)이다. 첫째와 둘째는 자살 증상의 두 가지 기본 요소이다. 셋째는 추가적인 위험 요소로서, 짐이 된다는 느낌, 낮은 소속감, 심각한 약물 남용, 또는 중대한 부정적 인생사 등이다.

이에 따르면, 자살 위험이 가장 높은 경우는 한 번 이상의 자살 기도가 있었고 자살 계획과 준비, 그리고 자살 욕망이 존재한 상황에서 추가적 위험 요소(짐이 된다는 느낌, 낮은 소속감, 현재의 심각한 약물 남용, 또는 중대한 부정적 인생사 등)가 하나 이상 존재하는 것이다.

두 번째는 자살 기도 경험이 있으며, 계획과 준비를 갖춘 것으로 나타나지 않지만 자살 욕망을 지닌 사람의 경우이다. 자살 위험이 조금 있다.

세 번째는 한 번 이상의 자살 기도 전력이 있고 추가적 위험 요소(예를 들어 약물 남용)가 하나라도 있는 경우로, 최소한 중간 수준의 자살 위험성이 있다.

네 번째로 자살 기도가 없었지만 계획과 준비를 갖추었고 추가적 위험 요소가 하나라도 있는 경우이다. 최소한 중간 수준의 자살 위험성이 있다.

마지막으로 자살 기도 전력이 없고 계획과 준비도 갖추지 않았지만 자살 욕망을 표출하고 두 개 이상의 추가적 위험 요소가 있는 경우이다. 최소한 중간 수준의 자살 위험성이 있다.

어떤 사람이 '자살 유형인지 아닌지'가 핵심이 아니다. 지금 그가 '어느 정도로 위험한지'가 핵심이다. 이를 적시에 합리적으로 평가해야 주변 사람들이 적절한 조치를 취할 수 있다. 신속한 예측, 개입 여부 판단, 개입 방법의 선택이 이 프레임워크에 달려 있다. 이를 통해 한 생명을 살릴 수도, 실패할 수도 있다.

이를 참고하면서 필자는 2009년부터 실시한 심리부검 결과를 바탕으로 한국에 맞는 「고위험군 분류 프레임워크」를 만들어 보고자 하였다.* 앞의 자살 유형 분류에서도 언급했지만 모든 연령대에서 높은 비율을 보이는 자살 위험 요인들은 12가지로 나눌 수 있다.

조이너의 자살 이론

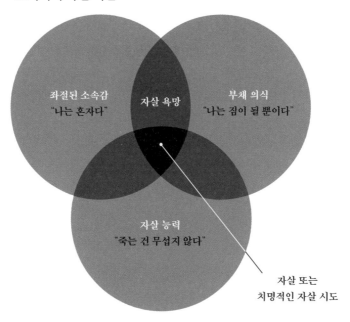

좌절된 소속감
"나는 혼자다"

자살 욕망

부채 의식
"나는 짐이 될 뿐이다"

자살 능력
"죽는 건 무섭지 않다"

자살 또는
치명적인 자살 시도

이 지표를 '자살 위험 프레임워크'라고 하며, 학계에는 이에 대한 연구도 축적되어 있다. 자살 위험 프레임워크를 생명 안전장치와 경보 시스템에 비유할 수 있다. 어떤 사람의 생명이 위험한 상황에 놓이게 될 때 즉시 경보 체계가 작동해야 생명을 살릴 수 있는 것처럼 이 프레임워크는 우리 주변의 누군가에게 자살 위험성이 높아졌다면 그 심각성을 알아차릴 수 있도록 도와주는 기능을 한다.

필자의 프레임워크에서는 전체 자살 위험 요인을 크게 필수 위험 요인과 추가적 위험 요인, 연령대별 가중 위험 요인, 이렇게 3가지로 구분하였다. 자살과 관련된 직접적인 징후와 관련성이 있는 요인 3가지는 필수 위험 요인으로, 그 외의 요인은 여타 추가적 위험 요인으로 분류하였다. 필수 위험 요인은 복수 이상의 자해 시도나 1회 이상의 자살 시도, 복수 이상의 반복적인 자살 의도 (관념, 준비, 계획) 표현, 1회 이상의 정신과적 진단(예를 들어 기분 장애 등)이다.

위험 요인의 세목은 이 책 296페이지에 정리해 놓았다. 꼭 살펴보시기 바란다. 필자가 생각하는 자살 유형에 따른 '고위험군'의 조건은 다음과 같다.

고위험군 유형	필수 위험 요인	추가적 위험 요인
급성 스트레스 유형 고위험군	1개 이상	3개 이상
만성 스트레스 유형 고위험군	1개 이상	4개 이상
적극적 자해 · 자살시도 유형 고위험군	2개 이상	4개 이상
정신과적 유형 고위험군	2개 이상	5개 이상

고위험군 해당자가 연령대별 가중 위험 요인에 해당될 경우 '고+위험군'이 된다.

언론에 공개된 정보만으로는 한계가 있을 수밖에 없지만 최진실의 자살 위험 요인을 찾아보도록 하자. 필자는 만성 스트레스 복합 유형은 필수 위험 요인 1개 이상, 추가적 위험 요인 개수가 4개 이상 발생한 경우 고위험군으로 분류한다고 했다. 만일, 자살 전이라고 가정한다면 필수 위험 요인은 '죽고 싶다. 혹은 더 이상 살고 싶지 않다' 등의 자살 관념을 표현한 것이고 자살 직전에 '아이들을 부탁한다'라는 문자를 보내 자살 의도를 직간접적으로 전달한 것을 들 수 있다. 추가적 위험 요인으로는 악성 댓글 등으로 인해 어느 정도 이상의 관계 단절 발생(주변 사람들과 거리를 두거나 만남을 꺼려함), 최근 생애 어려움(악성 댓글 사건, 악성 루머), 최근 심각한 스트레스 반응(불면증 등), 문제적 가정 경험(부모 이혼, 경제적 어려움), 갈등적 부부 경험(이혼, 별거, 부부 폭력), 최근 건강상태 변화(우울증 악화), 1회 이상 주변 가족 혹은 지인 중 자살자가 생긴 경험에 노출(지인 안○○ 자살) 등 4~5가지이다.

종합하면 최진실은 '고위험군'으로 분류될 수 있다.

6. 고위험 사례 2

장국영 자살 사건

2003년 4월 1일 영화배우 겸 가수 장국영은 홍콩의 한 호텔 24층에서 뛰어내려 자살했다. 향년 46세. 공교롭게도 만우절이었기 때문에 많은 팬들이 그의 죽음을 받아들이지 못했다. 사춘기 시절에 부모의 불화로 영국으로 유학을 떠났는데 내성적이고 민감한 성격이어서 친구들과 관계가 원만하지 못했다. 부모는 결국 이혼했다. 장국영은 이들과 떨어져 살았고 충분한 사랑을 받지 못했다고 한다. 그는 오랜 기간 우울증을 앓아 왔다. 자살 직전에는 위산 역류로 성대에 화상을 입어 발성이 제대로 되지 않았다. 의사는 금연과 금주를 권고했다. 신작 앨범 녹음 중 목소리가 완전히 회복되지 않자 우울증이 더 심해졌다.

지인들에 의하면 당시 영화 4편을 촬영하기로 계약이 되었지만 이를 위해 치료와 건강관리에 노력하기보다는 정신불안과 수면 부족으로 끊임없이 담배를 피워 댔다고 한다. "손에 들고 있던 물 컵이 심하게 흔들렸을 정도이다. 안절부절못하고 넋이 나가 있는 상태였다."

지인들은 장국영이 우울증에 걸린 이유를 영화 연출이 좌절된 것에서 찾았다. 오로지 영화 연출에 관심이 쏠려 있던 그에게 그의 팬인 중국의 어느 사업가가 투자 의향을 밝혀 왔다. 이 기쁨은 준비된 시나리오가 무대인 칭다오 외경과 거리가 있음이 드러나면서 실망감으로 바뀌기 시작했다. 알고 보니 마음씨 좋은 그 사업가가 동원할 수 있는 자본은 필요한 예산에 못 미치는 것이었다. 장국영은 더욱 충격을 받았다.

그의 누나는 '뇌 속 화학물질의 균형이 깨진 것이 원인이 되어 우울증이 더 심해진 것'으로 보인다고 말했다. 그녀는 그가 몇 번이고 전화를 걸어와서 '작별 인사를 해' 자신을 놀라게 했다고 털어놨다. 그는 동성 애인과의 잦은 말다툼으로 스트레스를 받았다. "정신적으로 너무 괴롭다"라는 메모를 남겼다.

장국영의 자살 유형을 분류하면, 우울증과 조울증 진단 경력이 있고 이에 대한 심리 치료가 함께 있었다는 측면에서 정신과적 문제 유형으로 구분할 수 있다. 이런 유형이 고위험군으로 분류되기 위해서는 2개 이상의 필수 위험 요인과 5개 이상의 추가적 위험 요인이 나타나야만 한다. 만일 대상자가 40대 가중 위험 요인을 함께 포함할 경우 '고$^+$ 위험군'으로 분류할 수 있다.

고 장국영이 가졌던 필수 위험 요인은 최소 복수 이상의 반복적인 자살 의도(누나와 지인에게 표현한 자살 관념) 표현, 우울증과 조울증 등 1회 이상의 정신과적 진단 경험이 있어 두 가지 모두 해당된다.

추가적 위험 요인은 동성 애인과 어느 정도 이상의 관계 단절, 사망 전 12개월 이내 4회 이상의 생애 어려움(음반, 영화, 관계, 건강), 최근 발생한 일에 대한 심각한 스트레스 반응, 불안한 가정 경험(부모 이혼, 방임), 어느 정도 이상 삶에 영향을 미치는 음주와 흡연, 건강상태 변화(뇌 속 화학물질 균형 상실, 위산 역류와 성대 손상) 등 4~5가지 정도이다. 40대의 가중 위험 요인을 살펴보자. 동거 남과의 갈등, 사망 당시 정신 상태 악화 등 40대 자살과 관련성이 있는 위험 요인이 동반되었다.

종합하면 장국영은 '고⁺ 위험군'에 속한다고 볼 수 있다.

7. 고위험 사례 3

정다빈 자살 사건

2007년 2월, 전날 술에 취해 남자 친구와 집에 늦게 귀가한 배우 정다빈(26세)은 아침에 화장실에서 목을 매 자살했다. 그녀는 자신의 미니 홈페이지에 자살을 예고하는 듯한 글 「마침」을 올려 "복잡해서 죽을 것 같다, 자신의 정체성을 잃어 갔다"며 복잡한 심경을 밝힌 바 있었다.

남자 친구에 따르면 그녀는 최근 일이 없어 스트레스를 많이 받았다고 한다. 소속사와의 법적 분쟁, 이전 매니저의 구속, 이로 인해 연기 활동이 중단된 것에 대해서도 심리적으로 압박감을 느꼈다. 건강도 좋지 않았다. 1년 전에는 신장이 나빠져 입원 치료를 받기도 했다. 좀 더 거슬러 올라가면 성형 논란으로 인한 악성 댓글 때문에 고통을 받은 경우도 있었다.

국과수의 감정 소견을 보면 왼쪽 손목에 형성된 지 6개월 미만인 실 모양의 상처가 있었다. 이는 그녀가 5개월 전쯤 자살을 시도했다는 남자 친구의 진술을 확인해 주는 것이다. 그 외에 타살과 관련된 의심점은 확인할 수 없었다. 죽기 하루 전날 홈페이지에 올린 글 「마침」은 "복잡해 죽을 것 같았고 화가 나 미칠 것 같았지만 하나님께서 나를 안아주셨다"는 내용이다. 그간의 복잡한 심정과 그 심정을 정리하려는 의지를 엿볼 수 있다. "순간 전기에 감전된 듯이 평안해졌다. 주님이 내게 오셨다.” 정작 죽음 직전엔 오히려 모든 걸 내려놓은 후 마음의 안식을 느낀 듯하다.

「은혜」라는 제목의 글에서는 “뭉쳐 있던 아픔이 녹아 내린다”라고 하며 “혹시 못난 내가 아직도 보고 싶으신 건지. 주님이 생각지도 못한 순간에 저를 안아 주십니다”라고 말해 이제 저 세상으로 간다는 뜻을 암시하고 있다. 정확한 자살 동기는 알려지지 않았다. 활동이 뜸해지면서 사망 전까지 심리적인 어려움을 겪은 것으로 보인다.

정다빈 자살의 경우 관련 정보의 정확성도 절대량도 부족하다. 불리한 조건이지만 공개된 정보를 근거로 유형을 구분하면 급성 스트레스 유형으로 분류할 수 있다고 본다. 주변 지인과 가족, 학교 친구들의 진술을 참고하면, 자살 전 12개월에 걸쳐 연이은 사건이 발생하기 전에는 다정다감하고 긍정적이어서 주변 사람들과 원만하게 지내 온 듯하다. 자살과 연결지을 수 있는 특별한 심리적 스트레스는 없었던 것으로 보인다. 이 유형이 고위험군으로 분류되기 위해서는 최소 필수 위험 요인이 1개에서 2개 사이, 추가적 위험 요인이 3개 이상 발생해야만 한다.

그녀의 필수 위험 요인으로, 5개월 전에 있었던 자살 시도와 2회 이상의 반복적인 자살 생각과 의도의 표현, 사전 준비와 구체적인 계획 등을 들 수 있다. 추가적 위험 요인은 어느 정도 이상의 관계 단절 발생 여부, 최근 4개 이상의 생애 어려움(최근 법적 소송 등 일련의 사건들), 우울감을 보이며 심각해지는 스트레스 반응, 스트레스로 인한 알코올 의존 증가, 신장 수술 등 최근 혹은 과거 건강상태 변화 등 3~4가지 정도로 가늠해 볼 수 있다.

종합하면 정다빈은 '고위험군'에 가깝다고 본다.

지금까지 연예인의 사례들이 어떻게 고위험군에 분류되는지 언론에 공개된 자료에 의존하여 간단하게 설명하였다. 대중의 인기와 관심에 민감하게 반응할 수밖에 없는 연예인들의 경우 잠재적인 자살 위험성을 언제나 갖고 있다. 인기의 오르내림뿐 아니라 악성 댓글, 성형 의혹, 연애와 관련된 루머 등 일거수일투족이 관심의 대상이 되기 때문에 항상 긴장과 스트레스의 연속이다. 우울증 같은 기분 장애가 생기는 것도 이상할 게 없다. 불면증에 시달리는가 하면 무기력감에 젖어 대인관계를 단절하고 칩거하거나, 대중 앞에 나설 수 없을 만큼 심한 공황 장애를 경험하기도 한다. 이런 심리적인 고통을 직업상 드러낼 수 없다는 것이 문제이다. 속으로만 삼키며 홀로 키운 마음의 상처와 고통은 결국 자살 경로로 이어지게 된다.

연예인과 자살

연예인들이 자살하기 전에는 몇 가지 공통적인 징후가 보인다.

먼저, 이들이 흔히 호소하는 신체적인 징후는 수면 장애와 불면증이다. 야간 촬영이 길어지고 쉬지 못한 채 다음 야간 촬영이 이어지기도 해 수면 주기가 불안정해진다. 이로 인해 수면제를 찾는 경우가 많다. 하지만 수면제는 잠든 상태처럼 만들어 줄 뿐 잠들게는 하지 않는다. 뇌는 깨어 있고 지속적으로 스트레스를 받게 한다. 잠을 이루지 못하면 결국 음주를 하게 되고 자살 충동을 더 크게 느끼게 만든다. 수면제의 부작용은 생각보다 큰 것이다. 예를 들면 최진실, 정다빈은 자살 전날 술을 마셨고 그의 동생 최ㅇㅇ은 6개월가량 신경안정제를 꾸준히 복용했다. 탤런트 박용하는 거의 10년이 넘게 수면제를 복용할 정도였으며 자살 당일에는 술을 마셨다. 전문가들은 불면증, 수면 장애, 악몽과 자살 위험성 간에 상당한 관련성이 있다고 보고하고 있다.

둘째, 사생활 침해와 관련된 외로움 혹은 사회적 고립감이다. 언제나 사회의 관심과 이목을 끌며 살아가는 위치에 있는 이들은 부정적인 주목을 받을 경우 대중이 보이는 싸늘한 시선과 공격성에 취약하다. 이때 상처를 받고 경계 의식과 불안감, 우울증에 시달리며 사회로부터 고립되는 경우가 많다. 최진실과 정다빈은 악성 댓글과 루머에 시달렸고 우종완도 자살하기 직전 뺑소니 사고에 대한 악성 댓글에 시달리며 스트레스를 받았다. 이들은 종국에는 친한 친구들과도 관계를 끊고 집 밖에 나가지 않을 정도로 사회적으로 철저히 고립된 삶을 살았다. 안ㅇㅇ 씨의 자살과 사채설이 얽혀 힘들었던 최진실은 악성 루머를 해명하려 했지만 당시에는 그녀를 믿어 주는 사람이 많지 않았다. 결국 물리적이든 정신적이든 고립될 수밖에 없었다.

마지막으로 비관적인 언급이 부쩍 증가하는 것이다. '죽고 싶다', '외롭고 지친다', '너무 힘들다', '믿을 수 있는 사람이 없다', '더 이상 살고 싶지 않다'라는 말을 자주 하게 된다. 물론 연예인이 은밀한 개인사를 누군가에게 털어놓는 것 자체가 큰 도전일 수밖에 없다. 가까운 가족이나 매니저조차 이런

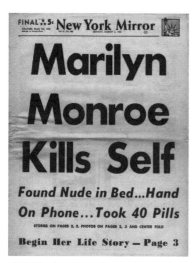

메릴린 먼로의 자살을 보도한 신문 기사. 그러나 이 죽음이 진짜 자살인지는 논란의 대상이다.

말을 자살 위험 징후 혹은 경고로 민감하게 받아들이기가 쉽지 않을 것이다. 미니 홈페이지, 문자 메시지, 지나가면서 던지는 말, 우울증이 심해지면서 일기장에 쓰는 신변 비관 조의 내용은 결국 자살이 임박함을 알리는 적색경보이다. 하지만 일이 벌어지고 나서야 그가 혹은 그녀가 자살 의도를 표현한 말이라고 뒤늦게 인용될 뿐이다.

8. "그렇게 자살할 수도 있죠"

허 일병 의문사 사건

1984년 4월 육군 모 사단 GOP 철책 근무지 폐유류고 뒤에서 허원근 일병이 가슴에 2발, 머리에 1발의 총상을 입고 변사체로 발견되었다. 군 헌병대는 이 사건이 자살이라고 발표했다. 허 일병이 자살을 시도하면서 소지하고 있던 총으로 자신의 가슴에 두 발을 쏜 뒤 절명하지 않자 마지막으로 오른쪽 눈썹에 밀착해 사격하여 자살했다는 것이다. 사인은 '두개골 파열'이었다. 자살 동기는 '소속 중대장의 이상 성격에 의한 혹사를 비관한 것'으로 추정되었다.

이 의문투성이의 사건에서 도저히 눈감을 수 없는 것은 군이 사건 발생 뒤 현장을 보존해서 실체적 사실을 밝혀내기보다는 군 내부 담당 수사관과 이를 조사한 실무진조차 현장을 은폐하거나 조작한 결과 현장이 심하게 훼손되어 더 이상 사망의 종류를 밝힐 수 없게 되었다는 점이다. 현대 과학 수사에서 있을 수 없는 일들이다.

허 일병 사건의 판결문을 보면 "중대장이 평소 괴팍한 성격으로 부대원들을 괴롭혔으며, 사망자는 전령을 맡으면서 그의 질책을 많이 받아 동료에게 다른 사람의 소총으로 자살하면 어떻게 되는지 물어보기도 하였던 점(망인에게 자살 동기가 있고 사망 전 자살의 징후를 보였다)"이라는 부분을 확인할 수 있다.

즉 자살 동기는 오로지 "중대장의 괴롭힘" 하나뿐임을 고백하고 있는 것이다. 군 수사 기관은 단순히 중대장이 괴롭히고 질책을 많이 하는 바람에 군 생활이 힘들어 이를 비관해 자살한 것이라고 판단하였다. 그러나 군 내부 생활에 대한 신변 비관이 우리가 정의한 자살이라는 관념 혹은 의지에 이르게 할 만큼의 충분한 스트레스(자살 위험)로 작용하는지는 논리적으로 따져 보기 전에는 함부로 말할 수 없다. 중대장이 전령인 사망자를 괴롭혔다는 이유로 자살에 이를 동기가 형성되어서 죽음의 순간에 처절한 고통을 느끼면서 자살할 수 있었다는 설명은 전혀 상식적이지 않다. 자살 경로와 근원적 원인 분석을 통해 자살 방식과 동기가 합리적으로 이어지는지는 하나씩 짚어 보아야 한다.

자살의 근거로 제시된 것 중에 핵심은 "3군데 모두 근접사(인데) 사망자가 스스로 총상을 가할 가능성이 높고, 소총으로 흉부와 두부에 3회 걸쳐 총을 쏘는 것이 불가능하지 않다"라고 본 것이다. 즉 (매우 희박한) 가능성이 (유력한) 근거처럼 제시되었다. "자살 사망자가 스스로 3번 총을 쏴 자살할 수 있느냐"라는 의문에 대해 이 사건의 법의관은 "자살의 심리상 죽기로 마음을 먹으면 죽기까지 결행한다는 판단을 내릴 수 있으며 그런 사례를 보았다"라고 진술했다. 필자의 경험상으로도 흔치 않지만 가끔 있는 사례로는 맞는 말이다.

하지만 이 같은 독특한 자살 행동이 발생할 가능성이 존재한다는 것은 이 사건이 자살이라는 어떠한 증명도 되지 않는다. 사망자의 자살 동기와 의지가 확인되지 않았다면 말이다. 이 책의 앞부분에서 계속 지적한 바이지만, 자살인지 타살인지는 사망자의 의지를 확인한 뒤에야 말할 수 있다. 어느 한쪽이 물리적으로 불가능한 상황이 아니라면 말이다.

이를 테면, 죽고자 하는 명확한 의지가 있고 그럴 만한 분명한 동기가 형성된 사람의 경우, 자살하기 위해서 M16 혹은 그보다 더한 도구를 이용해서라도 3발, 그 이상을 쏠 수도 있지만 그것을 확인할 수 없는 사람이라면 이 지나친 자살 시도와 수법은 의심스러울 수밖에 없다. 다시 말해, 설령 법의관들이 주장하는 것처럼 총탄을 3발을 쏴 자살한 사례들이 일부 존재한다고 해도, 자살 사망자가 그럴 만한 동기가 충분하지 않은 상태에서 과도한 자살 행동을 보였다면 의문을 가질 수밖에 없다. 지금까지 확인된 허 일병의 동기는 중대장의 괴롭힘 하나뿐이었다.

결론적으로 사망자인 허 일병의 의도가 철저히 확인되어야 했다. 즉 심리부검, 적어도 그에 준하는 노력이 이루어졌어야 했다. 그래서 사망자가 경험한 사건, 자살 위험 요인, 동기, 의도, 촉발 사건 등을 고려한 전체적인 맥락에서 법의학적 소견이 나왔어야 한다. 그래야 허 일병 사건의 정확한 사망의 종류가 규명되었을 것이다. 안타까울 따름이다.

2015년 대법원의 최종 판결은 "타살도 자살도 모두 증명되지 않았다"며 사건이 벌어진 지 오래 되어 현재의 자료로는 사인을 규명할 수 없다는 것이었다. 다만 군 수사기관의 부실한 초기 조사에 책임을 물어 유족들에게 위자료 3억 원을 지급하라고 하였다.

군 의문사와 법심리부검

군 의문사와 관련된 부분에서 법심리부검 방식을 활용하여 사망의 종류와 동기를 밝혀 낼 수 있을 것으로 기대된다. 국내에서는 2009년까지 운영된 대통령 소속 군의문사진상규명위원회*에서 심리부검 소위원 활동이 있었고 심리부검은 스스로의 활용 가능성을 어느 정도 입증한 것으로 보인다. 다만 정기적으로 심리부검 자격을 갖춘 심리학자 혹은 정신의학 전문가가 심리부검을 실시할 수 있는 상시 위원회가 구성되어 체계적으로 조사가 이루어질 필요가 있다.

군 내부의 폐쇄적인 환경 때문에 심지어는 유가족들이 자살 상황을 전혀 모르는 경우가 많았고 군 수사 기관에서 제대로 된 정보를 유가족에게 전달하지 않았기 때문에 늘 죽음의 방식과 동기에 대해 의구심을 품기 마련이었다. 특히 법의학적 근거만으로는 동기 혹은 자살 의도를 제대로 설명하기에 부족했다.

법심리부검 위원회를 구성한다면, 미국처럼 민간과 군 내부 전문가들이 합동하여 구성할 필요가 있고 조사의 투명성을 위해서 군 조직에 특성화된 법심리부검 프로토콜을 구성할 필요가 있다. 객관적 혹은 과학적인 조사 절차가 없으면 군·관·경 내부 조사관의 고정관념과 편향에 따라 결론이 도출될 수밖에 없기 때문에 교차 점검을 위해 다양한 분야에서 법심리부검 전문가를 구성하여 다차원적인 수준에서 조망할 필요가 있다.

미군의 경우 1996년 법무장관이 군대, 경찰 등 모든 무장 병력에 대해 표준화된 심리부검 실시를 지시한 이후 2002년 국방부가 교과 과정, 보고서 양식, 동료 판정 등의 내용을 포함한 심리부검 실행 모델을 개발하여 실시하고 있다. 현재 미군에서 심리부검은 담당 수사관이 일정 교육을 이수받고 실시하며 AR 600-63(군대 건강 증진 프로그램 규정)에서 명시된 기준과 과정에 따라 진행하고 있다. 이런 심리부검의 활용은 의문사 규명이라는 본래의 기능을 뛰어 넘어 계속 증가하고 있다. 사망에 대한 후향적 분석은 보고의 정확성을 증가시키고 군대와 경찰에서 자살에 대한 역학 연구를 촉진할 뿐만 아니라, 자살 사건 발생 전 자살자와 특별한 관계에 있던 사람들과 자살 사망자의 상태에 대해 논의함으로써 향후 자살 예방 활동을 위한 단초를 제공하고 있다.

미 국방부 심리부검 모델(2002)은 자살 사망 군인에 대해 의무적으로 적용 시행되고 있다.* 첫째 자살의 원인을 조사하여 자살을 예방하고, 둘째 사망의 종류를 명확하게 밝히기 위해서이다. 핵심이 되는 것은 자기 파괴성(lethality)과 자살 의도(intention)이다. 자기 파괴성은 죽음을 스스로 행동으로 옮긴 증거가 있는지를 부검, 심리 평가, 독성학적 소견, 검시 결과, 병원이나 유서를 활용해서 판단한다. 자살 의지에 대한 부분은, 첫째 명백한 표현이나 비언어적 표현을 통해 판단한다. 둘째 암시적이거나 간접적인 의지의 표현을 찾는다. 즉 죽음에 대한 준비 과정이 있었는지, 작별을 고하거나 죽고 싶다는 소망을 주변 사람들에게 피력했는지, 곧 죽음과 관련된 단서를 남겼는지 살펴본다. 낙심에 대한 표현, 죽는 방법을 획득하거나 배우려는 노력, 자신의 목숨에 치명적인 손상을 줄 수 있는 행동의 연습 등이 있었는지도 조사 대상이다. 자살시 구조를 피하는 방법을 찾거나 사망률이 높은 자살 방법을 찾으려는 시도, 이전의 자살 시도나 위협, 최근의 긴장된 상황 혹은 심각한 상실의 경험, 심각한 우울증과 정신 질환 등도 살펴본다.

9. 심리부검 위원회의 설치
클린턴의 친구 빈센트 포스터 사건

1993년 7월 워싱턴 DC 외곽의 숲 속에서 백악관 법률 부담당관이자 빌 클린턴 대통령의 죽마고우인 빈센트 포스터가 시체로 발견되었다. 당시 화이트워터 사건이 연일 크게 보도되던 중이었으므로 그의 죽음은 이 논란에 새로운 뇌관을 제공하는 것이었다. 포스터는 힐러리 클린턴과 함께 아칸소 주의 로즈 법률 회사에서 근무했으며, 백악관 법률 부담당관을 하면서 화이트워터 사건을 처리하고 있었던 인물이다.

포스터는 클린턴 대통령의 어릴 적 친구로 힐러리와는 70년대 로즈 법률 회사에서 함께 일하면서 친해졌다. 빌 클린턴은 자신과는 달리 속이 깊고 조용한 성격의 포스터를 좋아했다고 한다.

포스터 사건을 조사하기 위해 심리부검 위원회가 구성되었다. 구성원은 총 6명으로 검시의, 법과학 전문가, 자살 행동 전문 심리학자, FBI 장기 미결 타살 사건 조사관, 그리고 FBI 범죄 분석 요원(프로파일러) 2명이었다. 위원회는 수사 자료, 법과학 자료, 의학 자료를 검토하고, 65회 이상의 FBI 면담, 사건 현장 조사를 실시했다.

힐러리 클린턴(1947~)과 **빈센트 포스터**(1945~1993).

위원회는 포스터가 클린턴 대통령 당선 후부터 자살하기까지의 과정을 다음과 같이 요약했다.

1992년 12월 포스터는 스트레스와 불면증을 호소했고, 정신안정제 벤조다이아제핀(Restoril)을 처방받아 복용했다.

1993년 1월 20일 대통령 취임식 날 워싱턴 DC에 도착하여 대통령 부 보좌관 업무를 보기 시작했다. 그의 업무는 힐러리의 개인사를 돌보는 것이었다.

5월 법대 강연에서 최근 직책을 맡은 것에 대한 후회감을 토로했다. 트래블게이트 사건(백악관의 출장 담당 직원들이 대거 부당하게 해고된 뒤 힐러리의 측근들이 빈 자리를 메웠다는 의혹)이 터지면서 힘들다고 하소연하며 지인과 부인에게 사퇴 의사를 내비쳤다.

6월 가족이 워싱턴으로 이사했고 의기소침해 있는 그를 자주 목격했다. 부인에게 '중압감을 덜 느끼는 일을 찾고 있다'고 이야기하며, 화이트워터 사건(클린턴이 주지사 시절 친구와 함께 세운 화이트

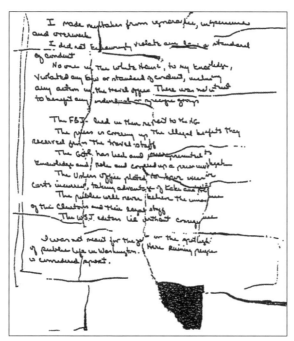

포스터 사후 27개 조각으로 찢겨진 채 발견된 '유서'. 백악관을 옹호하고 공화당, FBI, 언론을 비난하는 내용을 담고 있다. 이 유서는 전문가들에 의해 가짜로 판정되었다.

워터 부동산 개발 회사의 지역 토지 개발을 둘러싼 사기 사건 의혹) 등으로 클린턴의 명예가 손상되는 것을 걱정했다.

7월 사퇴 의사를 다시 동료들에게 털어 놓았다. 부인이 2회에 걸쳐 남편에게 '집에서 지니고 있던 총을 치워 달라'고 이야기했다. 그가 노트를 찢어 메모를 남기는 것이 목격되었다. 의회 조사 가능성 때문에 변호사를 구했다. 스트레스를 호소하며 사퇴 의사를 주변 사람들에게 더 자주 비쳤다. 발생한 일련의 사건으로 불행하다고 표현했다. 경제적인 걱정도 있었다.

7월 16일부터 18일 동부 연안 지방 출장에서 철회적 행동, 신경질, 급격한 감정 변화를 드러냈고 울고 있는 모습이 목격되었다.

19일 내과 의사를 불러 우울증을 인정했고 처방을 받아 트라조돈(Trazodone)을 복용했다.

자살 당일인 20일 아침 '기분이 나아졌다'고 하면서 부인에게 당일 일정을 조정해 달라고 하며 '휴식을 가져야 할 것 같다'고 이야기했다. 점심을 주문하고 신문을 읽었다.

오후 1시경 사무실을 떠났다.

오후 4시 15분경 자신의 차를 이용해서 포트 마시 공원으로 이동한 뒤 총으로 자살했다.

포스터는 직장에서 자신과 다른 사람에 대해 지나치게 비관적 사고를 가진 듯 보였다. 주변 사람들의 비평과 칭찬을 받아들이지 못하였고, 부하 직원과 상사에 대해 과도하게 경계하며 규칙과 절차에 대한 상당한 집착을 나타냈다. 백악관에 온 뒤 평상시의 태도, 패턴, 차림새에 눈에 띄는 변화를 보였고 과도한 정서적 고통, 실망, 슬픔, 죄책감을 극복하지 못했다. 자살 직전에는 우울감, 걱정, 분노에 사로잡혔고 피로와 소진이 두드러져 보였다.

수면 장애, 관계 단절 및 고립이 심했고 화를 풀지 못하며 스스로 고립되는 행동이 두드러졌다. 다른 사람을 지속적으로 비방하였고 직장에서 해결되지 않는 갈등을 반복해서 경험했다.

심리부검을 통해 나타난 자살 위험 요인 (법심리학자 래니 버먼)

"부친이 자살한 자살 가족력, 급성 정신과적 장애, 치명적인 무기에 대한 용이한 접근성, 경직된 완벽 추구형 사고방식 소유, 도움을 요청하는 것을 거부하는 태도, 최근 부인과의 별거, 고통과 스트레스에 대한 낮은 저항력, 강박적인 사고. 최근 일로 인해 감정적으로 지나치게 예민해져서 혼란스러워 하거나 부끄러워했다."

법과학 조사관 의견(법과학자 블랙번과 리)

"접촉 상처(contact wound)가 있었고 외상과 다툼의 흔적이 없었다. 사체가 옮겨진 흔적은 없었고 주변에 오븐 장갑과 바지 주머니에서 미세 물질이 발견되었다. 타살의 흔적은 찾아볼 수 없었다. 사용된 총은 1991년 부친이 암 진단을 받고 자살 의도를 내비친 후 총으로 자살할지 모른다는 걱정 때문에 포스터가 아버지의 집에서 가지고 나온 것이다."

약 11개월에 걸친 조사 끝에 1994년 6월 30일 심리부검 위원회는 빈센트 포스터가 포트 마시 공원에서 1993년 7월 20일 자살했다는 결론을 내렸다.

10. 유족의 아픔을 치유하는 심리부검
초등학생의 자살과 남겨진 어머니

2002년 강릉에 살던 이소희 양(13세)이 중학교 입학을 앞두고 집에서 스스로 목숨을 끊었다. 그 후 오랫동안 40대 홀어머니는 충격에서 헤어나지 못하고 중간 중간 기억을 떠올리지 못하는 부분 기억상실 증세를 보였다. 딸이 죽은 지 5년이 지난 상태인데도 증상이 계속되어 딸이 죽기 전 다녔던 학교 이름, 심지어 딸의 나이와 이름도 기억 못할 정도였다. 아직도 딸이 죽었던 그때 그 시간에 머물러 있는 듯 보였다. 벌어진 일을 애써 부정하고 자신을 탓하면서.

필자는 그녀와 함께 아이가 크면서 가지고 놀았던 인형, 장난감 그리고 앨범 사진을 보면서 아이가 자랐던 곳과 학교, 친구들을 짚어 가며 한동안 이야기를 나누었다. 어머니는 조금씩 안정을 되찾으며 딸의 나이와 이름을 제대로 기억해 냈다. 이혼한 남편과는 연락이 되지 않았고 일 나가지 않는 날이면 혼자 집에만 멍하니 있었다. 그녀와 두세 차례 더 만나면서 아이와 즐겁고 좋았던 기억, 힘들었던 순간과 슬펐던 기억들을 함께 더듬어 가며 조금씩 이야기를 나누었다. 그제야 그녀는 그동안 마음속에 담아 둔 깊은 이야기를 풀어 놓을 수 있게 되었고 조금씩 그 상황을 받아들이기 시작했다. 점차 가슴에 묻었던 딸아이를 놓아 줄 준비가 될 수 있을 만큼 마음의 안정과 평안을 되찾았다.

이제 더 이상 오지 않아도 된다는 그녀의 말에 필자는 심리부검의 과정을 종결할 수 있었다.

심리부검은 부분적으로는 유족들의 아픔을 치유하는 과정이기도 하다. 사망자의 자살 원인이 무엇인지 그냥 묻어 두고 이루어지는 심리 치료는 큰 효과를 보기 어렵다. 유족들은 내심 자신의 관심과 주의가 부족해서 그들을 놓쳤다고 생각한다. 그리고 자살의 책임을 병리적인 수준에서 자신들에게서 찾으려 애를 쓰며 집착한다. 그런 집착적인 생각으로 자신을 학대하고 괴롭힌다. 자신에 대해 화를 내고, 자신을 버려두고 떠난 자에 대해 화를 낸다. 우울과 낮은 자존감, 죄책감으로 이들이 자살을 생각하기 시작한다. 그리고 일부는 실제 자살로 나아가기도 한다.

이 고리를 끊는 것은 매우 시급한 일이다. 가족의 자살은 감추어야 할 것이 아니며 그들의 잘못도 아니라는 것을 깨닫는 첫 걸음이 필요하다. 이는 자살 사망자의 인생에 대한 찬찬한 반추와 조망 그리고 자살의 원인에 대한 통찰을 얻을 때 가능한 것이다. 본인 스스로의 힘만으로 이루어지기는 어려운 과정일 수도 있다. 주변의 전문적인 도움의 손길이 필요하며 곁에 함께 있어 줄 수 있는 따뜻한 마음이 필요하다. 필자는 이것이 심리부검의 존재 이유라고 생각한다.

필자가 자살에 대해 제일 잘 안다는 식으로 말하고 싶은 생각은 조금도 없다. 유족을 면담할 때 필자가 스스로 다짐하는 역할은 '말동무'이다. 그 순간 그들에게 가장 필요한 것이 바로 그것이라고 확신하기 때문이다.

「우아한 거짓말」*이라는 영화에는 이런 대사가 나온다. '엄한 사람에게는 속 이야기를 하기 쉽다. 왜냐하면 엄한 사람은 비밀을 마음에 담아 놓을 필요가 없으니까.'

필자는 쉽게 말해서 그 엄한 사람 중 한 사람이다.

4 유서의 해부

이제 완전히 끝났어요.
검은 전화기는 그 뿌리부터 끊어져
목소리가 기어들어 올 여지가 남아 있지 않아요.
— 실비아 플래스, 「아빠」(1962)

1. 유서의 계량 분석
이은주의 유서

엄마 사랑해. 내가 꼭 지켜 줄 거야. 일이 너무나 하고 싶었어. 안 하는
게 아니라 못하게 돼 버렸는데 인정하지 못하는 주위 사람들에게… 내
가 아니고서야 어떻게 이 힘듦을 알겠어.
엄마 생각하면 살아야 하지만 살아도 사는 게 아니야. 내가 꼭 지켜 줄
거야. 늘 옆에서 꼭 지켜 줄 거야.

누구도 원망하고 싶지 않았어. 혼자 버티고 이기려 했는데… 안 돼…
감정도 없고… 내가 아니니까… 1년 전으로 돌아가고 싶었어. 맨날 기
도했는데 무모한 바램이었지. 1년 전이면 원래 나처럼 살 수 있는데 말
이야.

(아빠 얼굴을 그저께 봐서 다행이야. 돈이 다가 아니지만 돈 때문에 참
힘든 세상이야. 나도 돈이 싫어. 하나뿐인 오빠. 나보다 훨씬 잘났는데
사랑을 못 받아서 미안해. 나 때문에 오빠 서운한 적 많았을 거야. 가고
싶은 곳도 많고 하고 싶은 것도 많았는데. 먹고 싶은 것도 많았는데. 가

족끼리 한집에서 살면서.

10년 뒤쯤이면 다 할 수 있을 것 같았는데 — 하고 싶은 것, 가고 싶은 곳 다 해보고 행복하게 살 수 있을 것 같았는데. 가장 많이 가장 많이 사랑하는 엄마. 행복하게 해주고 싶었는데 — 내가 꼭 지켜 줄게. 꼭 지켜 줄게 — 마지막 통화, 언니… 고마웠고 미안했고 힘들었어. — 꼭 오늘이어야만 한다고 했던 사람. 고마웠어 — 아무것도 해줄 수 없는 날 사랑해 줬던 사람들 — 만나고 싶고 함께 웃고 싶었는데… 일부러 피한 게 아니야. 소중한 걸 알지만 이젠 허락지 않아서 미안해.)

엄마 미안해 사랑해

2005년 우울증에 시달려 온 영화배우 이은주(24세)는 집에서 위와 같은 유서를 남기고 자살했다. 가족 간의 갈등, 경제적인 어려움, 연기와 관련된 고민 등으로 인해 만성적으로 우울증, 불면증과 식욕부진 등을 호소하며 힘들어했다고 한다. 사망 전에는 영화를 찍으며 노출 연기로 스트레스를 많이 받았으며 영화가 흥행하지 못한 것에 대한 심리적 중압감도 느꼈던 것으로 보인다.

그녀의 유서에는 단연코 '엄마'라는 단어가 가장 많이 등장한다. 그녀는 엄마라는 존재를 의지하기보다는 보호해 주어야 할 대상으로 생각하고 있는 듯하다. "싶었어, 돼 버렸는데, 싶지 않았어, 했는데, 바램이었지" 등의 어구를 보면 최근 발생했던 사건(이 자살과 결정적인 관련성이 있는 듯 보이는)으로 인해 마음속 깊은 후회를 표현하고, 이 사건으로 인해 미래에 대한 희망을 잃었음을 밝히고 있다.

"혼자, 버티다, 이기려, 안 돼, 내가, 기도, 바람" 등은 노력했지만 헤어나지 못하는 좌절감, 돌이킬 수 없는 지난날의 회한, 체념과 포기를 드러낸다. "내가"라는 1인칭 대명사를 많이 사용한 것은 내부의 우울감과 고통에 몰입되어 있음을 의미한다.

당장의 금전적인 어려움을 호소하기보다는 지금껏 돈에 어쩔 수 없이 휘둘리며 사는 자신에 대한 무기력함 내지는 실망감을 표현하였고 남겨진 가족인 엄마와 오빠에 대해서, 그리고 함께해 췄던 언니에 대해서 미안함, 감사함을 전하고 있다.

지금부터 유서에 대해 필자가 말하는 것은 순전히 경험한 것을 기준으로 한다. 필자가 업무적으로 접한 자살 유서는 2천 건 남짓이다. 물론 모든 유서 내용을 기억하거나 남겨 둔 것은 아니다. 하지만 그 기록들을 바탕으로 연구하고 분석한 내용을 다루고자 한다. 죽기 전에 자살을 암시하는 방법 중 하나가 유서를 미리 작성하거나 일기장에 죽음과 관련된 말을 남기는 경우인데 32%가 이런 방식을 선택한다.

K-LIWC(Korean-Linguistic Inquiry Word Counting)는 언어를 분석할 수 있는 프로그램이다.* 이 프로그램은 글에 들어가 있는 긍정, 부정, 인지 등 감정 및 사회적 과정, 형이상학적 내용을 포함하는 단어들을 헤아려 주고 문법적인 요소 예컨대 인칭대명사, 접속사, 관형사 등 기능적 단어의 수를 직접 세 주기 때문에 구체적으로 유서를 분석한 자료를 제공해 준다(k-liwc.ajou.ac.kr).

이외에도 워드스미스(WordSmith)라는 단어 카운팅 프로그램*

을 활용하여 우리나라 사람들이 유서에서 가장 많이 사용한 단어들을 추려 보았다. 대략 750개가량의 유서에서 가장 자주 사용된 내용어는 단연코 "엄마"였다. 그 다음으로 많이 사용하는 단어순으로 열거하자면, "죄송합니다, 미안하다, 아들, 열심히, 살아, 좋은, 여보, 싶다, 행복하게, 간다, 사람, 용서, 세상을, 혼자, 화장해서, 사람이, 할머니, 오래, 힘들게, 아빠를, 눈물이, 마세요, 바랍니다, 세상이, 죄를, 죽으면, 형, 힘들다, 고맙다, 공부, 길이, 동생, 부모님, 살아야 생각하면, 집, 돈도, 사랑하고, 슬퍼하지, 인간, 자식, 고맙다, 돈도, 먹고, 부모님께, 사랑하고, 살면서, 생각을, 슬퍼하지, 인간, 자식, 죽고"였다.

'엄마'라는 단어는 대략 50%의 유서에서 공통적으로 발견된다. 오랜 기간 만나지 못했거나 이미 죽은 지 오래되었더라도, 심지어 자신을 버린 엄마라도 죽음의 순간엔 그 존재를 떠올릴 수밖에 없음을 알 수 있다. "엄마"에 이어 자주 등장하는 사람들은 역시 가족 구성원인 부모님, 아빠, 동생, 형 등이다. 유서는 호명한 상대에 대해 미안함, 죄책감이나 원망(怨望)을 표현하기도 하지만 대부분은 남은 가족에 대한 미안함과 감사를 표현하는 내용들로 마무리된다.

다음으로 등장하는 것은 "죄송합니다, 미안합니다, 행복하게, 용서, 바랍니다, 고맙다, 사랑하고, 슬퍼하지" 등과 같은 감정을 표현한 내용이 많았다. 남은 자들을 향한 감정적 표현들은 복잡하지 않았다. "○○야 고맙다. 그리고 사랑한다" 혹은 "여보 미안하고 용서해 줘" 등처럼 짧으면서 자살 직전까지의 수많은 감정의 깊은 골을 함축해서 담아 낸 듯한 표현들이 보인다. 유서와 관련되지 않은 사람이 보면 별 내용이 없는 듯 보이지만 관련된 가족이나 친구가 읽으면 많은 이야기가 들어가 있는 것일 수 있다. 그렇기 때문에 말을 구구절절 하지 않는 듯하다. 유서의 수신인은 경찰이나 외부인이 아니기 때문이다.

"화장해서, 장례, 제사, 돈도, 선산, 집, 싶다, 바란다, 부탁한다, 해주라" 등의 바람을 나타내는 단어들, 즉 남은 자들에 대한 당부나 자신을 어떻게 처리해 주기를 바란다는 내용도 빈번히 등장한다. 자신을 화장해 달라거나, 재를 바다에 뿌려 달라거나 하는 요청 외에, 통장에서 돈을 찾을 수 있는 방법 등을 구체적으로 묘사하기도 한다.

주목할 점은 "오래, 남겨져, 아무도, 혼자, 힘들다" 등의 단어가 전체 유서 중 30%에서 등장했다는 것이다. "혼자"라는 단어는 모든 연령의 자살자에게 고르게 나타났는데, 이는 주변에 가족이 있고 없고와는 상관없었다. 주관적으로 자신이 혼자라는 감정을 느끼는 것이 핵심인 것으로 보인다.

가족과 함께 살았으나 자신을 혼자라고 표현한 여중생의 경우가 한 예이다. 그 중학생은 동거하는 부모로부터는 정서적인 공감을 전혀 얻지 못하고 있었다. 부모는 이혼 직전이었고, 맞벌이 부부였던 이들은 딸에게 거의 관심을 기울이지 못했다. 그녀는 부모에게서 받지 못하는 관심과 애정을 남자 친구에게서 집착적으로 찾으려 했다. 하지만 그 친구가 자신을 속이고 자신과 친하게 지냈던 친구와 사귀기로 한 날 저녁, 그녀는 자신의 아파트에서 뛰어내렸다. 이처럼 유서에 등장한 "외로움"과 "혼자"라는 단어는 객관적, 물리적인 접촉의 유무보다는 주관적, 정신적인 단절을 의미한다고 보는 것이 타당한 듯하다.

2. 대다수가 쓰지 않는다
너무나 적은 유서들

자살 유서를 통해서 자살자의 마음에 접근하려 할 때 가장 큰 문제는 자살자의 대다수가 유서를 남기지 않는다는 것이다. 남긴다 하더라도 자살의 이유와 원인을 우리에게 이해시키려는 목적을 갖고 있지 않으며 상세하게 쓸 동기도 없다. 그래서 유서를 통해 자살의 원인을 찾으려 한다면 분명 한계가 있을 수밖에 없다. 필자도 그런 의도는 가지고 있지 않다.

일단 현장에 가면 유서나 자살을 암시하는 단서를 찾으려고 애쓰게 된다. 하지만 현실은 자살을 시도한 사람들이 유서나 일기장을 잘 남겨 놓지 않는다는 것이다. 필자의 경험상, 한국에서 유서는 열 명 중에 한두 명 정도가 남기는 수준이다. 미국과 비교해 보면 매우 적은 수치이다. 사람들이 충동적으로 자살하기 때문에 유서를 남기지 못한다고 이야기하기는 쉽지만, 이 역시 현실과는 거리가 있는 설명이다.

자살을 계획하고 실행을 앞둔 사람들은 인지 억제 현상(cognitive constriction)을 경험한다고 한다. 쉽게 말하면, 자살 전에 유서를 작성할 만한 에너지와 사고 여유가 없다는 말이다. 자살을 결심할 때까지 경험한 정신적 소진과 갈등은 글을 작성할 만한 심리적 여유와 집중력을 모두 고갈시킨다. 하지만 자살을 결심한 이후 갖는 심리적 정리기에 몇몇 사람들은 자신의 삶을 돌아보며 글을 남긴다. 하지만 이런 글들도 대부분 감정과 거리가 먼 사무적이고 건조한 말투로 이뤄져 있다. 즉 시적이고 문학적인 글이 아니라 당장 눈앞에 떠오르는 구체적인 생각, 목표, 감각, 행동에만 집중하는 내용이다. 높은 수준의 사고를 할 수 있는 사고의 회로가 끊어져 있는 것이다. 앞으로 벌어질 일들에 대한 대처나 감정적인 문제에 주의를 기울일 만한 심리적 여유가 없다.

자살한 사람이 남긴 유서의 텍스트와 일반인들이 쓴 텍스트를 비교한 연구에 의하면 현격한 차이로 일반인들의 텍스트 쪽이 문장과 단어 수가 많다. 그리고 내용어와 기능어를 비교하면 추상적인 관념어보다는 열쇠나 청구서, 혹은 통장 비밀번호, 돈 액수, 주소, 위치, 장소의 이름 등 낮은 수준의 일상적 단어를 열거하는 경우가 많다.

그리고 유서를 작성할 때 흔히들 격식 있는 편지지나 뭔가 중요한 문서 기록에 어울릴 세련된 도구를 사용하리라 생각하지만 전혀 그렇지 않다. 대다수가 집에 있는 편지지, 눈에 띄는 흰 종이, 찢어진 달력 조각, 포스트잇, 신문지, 연습장, 벽지, 벽면 등에 남긴다. 물론 모두가 그렇지는 않다. 하지만 보통 생각하는 것처럼 '나는 자살할 거니까 유서를 남겨야지. 그러려면 편지지를 사서 이렇게 쓰고……' 등의 사전 준비는 없다는 말이다. 죽음을 목전에 두고 즉흥적으로 혹은 순간적으로 작성하는 것이 유서임을 알 수 있다.

예를 들면 다음과 같다.

'이 인생은 여러 가지 면에서 내가 감당하기에는 너무나 값비싼 것이다. 돈, 직업, 연애. 그 모든 것에 안녕.'

편지지 겉봉투에

다 거짓말이야 미안해요.

노란색 포스트잇에

죽어도 좋아. 하지만 죽어도 너를 가만두지 않겠어.

찢어 놓은 달력 조각에

사는 게 힘들다. 이제 내려놓고 싶다.

A4 용지에

당신에게 5천 달러를 남겨 둘게. 그만큼 빚을 졌다고 생각해. 계약서와 목록은 책상에 두었어.

유서는 가족에게 남기는 경우가 많다. 수신자는 배우자, 자녀, 부모, 형제가 주를 이루고 그 밖에 애인이나 친구, 친척 중 가까웠던 사람을 대상으로 하고 있다. 유서의 내용은 자책과 실망감, 남겨진 사람들에 대한 미안함, 무기력한 심정, 타인에 대한 원망과 저주, 전반적으로 인생에 대한 정리, 즉 장례 절차나 재산 유산 상속 방법 등에 대한 이야기이다.

3. 같이 등장하는 말
다섯 가지 영역

　필자는 전체 유서에서 3% 이상 사용하는 단어를 바탕으로 의미 추출법(Meaning Extraction Method, MEM)이라는 방식을 이용하여* 어떤 단어들이 함께 묶이는지 살펴보았다. 이 의미 추출법은 텍사스 대학교 심리학과의 페너베이커가 사람들의 언어 · 심리 패턴을 분석하기 위해 고안해 낸 방법이다. 이를 위해서 모든 유서 중 3% 이상의 유서에서 사용된 내용어를 추려 내었고(기능어 즉 대명사, 전치사, 접미사 등은 제외) 이 단어와 관련된 사전(dictionary)을 만들어 LIWC*라는 프로그램에 산입 후 적용시켰다. 각 유서 텍스트가 3% 이상 빈도의 특정 단어를 포함할 경우 1, 포함하고 있지 않다면 0으로 표시된다. 이를 바탕으로 요인 분석을 실시했는데, 이 요인 분석은 통계적으로 어떤 단어들이 함께 묶이는지 살펴보는 것이다.

　단어군은 크게 다섯 가지로 영역으로 나눌 수 있었다.*

　첫째는 "생각, 후회, 말, 마음, 술, 인간, 좋음, 먹음, 살다, 동생, 인생, 일, 믿다, 잊다, 부모, 사람" 등의 단어로 묶여진 '존재론적 회상 영역'이다. 과거를 돌이켜보며 회상하는 부분으로, 자신이 경험한 생애 사건 혹은 어려움 등에 대한 반추라고 하겠다. 가족과 그들에 대한 믿음, 배신감, 원망 혹은 자신이 한 일에 대한 후회, 좋았던 어린 시절의 추억, 지나간 인생에 대한 회한 등과 관련된 단어들이다. 삶의 어려움과 사건을 많이 경험하고 만성화된 스트레스를 오랜 기간 경험한 사람일수록 반추의 내용이 길고 많았다. 다음은 파노라마 같은 회상의 한 예이다.

이제 마지막 순간이다. 내가 이루어 놓은 게 없다. 오늘밤엔 깊은 후회와 사념이 나를 짓누를 뿐이다. 젊은 시절 내 인생은 그런대로 나쁘지 않았다. 술도 사람도 좋아했지만 살다 보니 누구 한 사람 정말 믿을 수 없더라. 부모님이 죽고 나는 동생과 원수가 되었고 내 가족에게서도 버림을 받았다. 그리고 난 이제 병이 나서 움직일 수도 없다. 내가 뿌린 것들을 결국 내가 가져가는구나.

둘째는 "딸, 바보, 할머니, 슬프다, 고통, 힘들다, 눈물, 아들, 사랑, 세상" 등으로 이루어진 '위험 증상 영역'이다. 남겨진 사람들(아들, 딸, 할머니 등의 가족)에게 자신의 고통과 슬픔에 대해 하소연하는 부분이다.

할머니 그동안 너무 힘들었어요. 저 혼자 사는 게 고통스럽고 눈물뿐이었어요. 견뎌 보려고 했는데 더 이상 저도 어쩔 수가 없어요. 하루하루가 저에겐 슬픔입니다. 전 세상에서 제일 바보 같은 사람입니다. 매일 죽는 것을 생각하는 게 고통스러워요. 안녕히!

셋째는 "용서하다, 못난, 건강, 자식, 끝까지, 죄, 고생, 나쁜, 불쌍한, 잘못된, 떠나다, 화장, 엄마, 평생, 조용한, 감사하다, 진짜" 등으로 이루어진 '죄책감 영역'이다. 남겨진 가족들에게 대한 죄책감과 미안함, 감사를 표현하는 부분인데, 자신의 행위로 상처받을 엄마 등 부모에게 용서를 구하며 이후의 조치를 요구하는 내용을 담고 있다.

엄마, 이 못난 자식을 용서해 주세요. 저로 인해 고통을 받을 어머니께 죄송할 뿐이에요. 제가 죽으면 조용히 화장해 주시고 49제는 하지 말아 주세요. 진심으로 감사합니다.

○○야, 이렇게 내가 앞서 가서 미안하다. 내가 간직해 온 것들 아무도 주지 말고 모두 없애 버려라. 할머니께 죄송하다는 이야기 전해 주고.

넷째는 "공부하다, 영원히, 열심히, 아이들, 잘 있어요, 아버지, 미안하다, 여보, 누나, 행복, 가정(집), 떠나다, 형, 착하다" 등으로 이루어진 '마지막 유언 영역'이다. 가족이나 친구에게 열심히 살거나 공부하라는 당부, 잘 있으라는 마지막 인사, 부인에게 행복하라 혹은 자식에게 착한 아이가 되어 달라는 부탁이다.

난 이젠 떠나지만, 여보 나를 잊고 부디 행복하길 바랄게. 진희야 그리고 찬희야 공부 열심히 하고 형이랑 착하게 지내야 한다. 그럼 잘 있어요.

여보, 정말 잘 살아요. 아이들을 잘 부탁해요.

제임스 페니베이커(1950~). 미국의 사회심리학자. 언어를 계량적으로 분석하여 심리적 징후를 읽어내는 방법론의 선구자이다.

　마지막으로 "죽음, 싫다, 집, 혼자, 심정, 돈, 유서, 이해, 몸, 아프다" 등으로 이루어진 자살 관념 영역이다. 이 영역에서는 자신의 죽음과 직접적으로 연관된 사유(事由)를 밝히거나 생전에 이미 자신이 죽음을 간접적으로 시사한 바 있었음을 지적하기도 한다. 하지만 장황하게 설명하지는 않고 상당히 축약하거나 "싫다, 아프다, 혼자" 등의 간단한 단어로 대체하기도 한다. 구체적인 설명과 추가적인 정보 제공이 없으므로, 함축적이면서도 강렬한 단어의 나열 앞에서 제3자는 이해의 벽에 부딪히게 마련이다. 오직 유서와 관련된 사람들만이 이해할 수 있다.

　나는 쭉 혼자였고 지금도 혼자입니다. 더 이상 아픈 몸을 안고 살아 갈 수 없습니다. 이 심정을 이해해 주세요. 그동안 죽음을 여러 차례 생각했고 시도했었습니다. 도와주신 ○○○께 감사합니다.

4. 연결의 정지
유서와 일반 텍스트의 차이

    자살자가 남긴 글과 일반인의 글을 비교하면, 관계를 나타내는 더 많은 기능어들이 등장하는 것은 일반인 쪽이다. 더 많은 수의 문장, 문단, 이들을 이어주는 단어를 담고 있다. 반면에 자살 유서는 글이 짧은 반면 한 문장에 더 많은 수의 단어를 사용한다. 문장의 맺고 끊음이 불분명하고 물론 논리성이나 기승전결의 구성은 거의 찾아볼 수 없다. 구체적으로, 유서에서는 1인칭 단수 대명사(나)가 더 자주 나타난 반면, 일반인들의 텍스트에서는 2인칭 복수(당신들), 3인칭 단수 대명사(그/그녀)가 더 자주 나타났다. 이것은 자살한 사람들의 언어가 다분히 자기 중심화된 사고 패턴을 따르고 있음을 나타낸다. 이들에게 중요한 것은 자신과 관련된 정보를 자신과 알고 지내는 개인들에게 전달하는 것이다. 이 점은 자살 징후를 포착하는 중요한 단서가 될 수 있을 것이다. 자살자들의 유서에선 "그리고", "~이다" 등 인용어, 접속사의 사용이 적었고, 문장을 더 복잡하게 만드는 어말 어미(~고, ~면, ~는 등)와 선어말 어미(~시, ~겠 등)도 상대적으로 적게 나타나 복잡한 인지 과정을 보이지 않았다.

내용어 중 정서·심리적 과정 영역에서 사용된 단어들은 필자가 기대했던 것과 비슷하게 나타났다. 즉 자살자들은 자살적 성향을 반영할 수 있는 불안 혹은 우울, 슬픔처럼 우울증과 관련된 단어들을 일반인들의 텍스트보다 더 많이 사용한다. 자살자들은 자신과 타인을 향해 더 억제, 제한, 한계와 관련된 단어들을 빈번하게 사용한다. 내용은 간단 혹은 단순한 편이며, 톤은 사무적인 건조체이다. 그리고 인지적, 고차원적 사고 능력과 관련된 원인, 추론, 논리와 관련된 단어들의 빈도수가 상당히 적다는 특징이 있다. 반면, 일반인 텍스트는 상대적으로 논리적 사고, 기대, 추측, 추론과 관련된 단어를 더 선호하며 고차원적 추론을 나타내는 내용어를 상대적으로 더 많이 사용했다.

결론적으로 유서에서는 더 감정적 단어가 사용되며 사고력을 요하는 인지적 단어는 사용 빈도가 낮다. 이 부분은 인지적 억제 상태를 나타내는 것일 수 있다.* 가족과 가정사와 관련된 단어들은 유서에서 훨씬 더 자주 나타났고 가정 내 사소한 문제들에 대한 심각한 걱정을 보였다. 반면에 일반인의 텍스트에서는 사람, 가족, 사회, 다양한 활동, 학교, 성취, 가정, 운동, TV 프로그램, 영화와 같은 사회적 과정이나 성취, 인간 및 가족 그리고 여가 활동 등의 단어들이 더 많이 나타났다. 이런 단어들은 사회적 관계를 통제하고자 하는 욕망과 독립적인 생활 방식과 관련된 것들이다.

신체적 상태와 기능을 설명하는 단어인 경우 자살자의 유서에서 수면, 꿈에 대한 내용이 더 자주 언급되지만 일반인 텍스트는 먹기, 마시기, 식습관과 관련된 단어들이 더 많이 사용되었다. 마찬가지로 자살자의 유서나 마지막으로 남긴 글에는 형이상학적 개념이나 죽음과 관련된 단어들도 보이는데 이는 자살 관념 혹은 의도를 분명 반영하는 것으로 볼 수 있고 주변 사람들에게 지속적으로 자살을 암시하는 과정의 일환으로 볼 수도 있다.

5. 나와 우리
자살한 시인의 언어

모든 것은 죽어 없어지리라. 모든 것이 무로 돌아가리라. 생명을 주관
하는 자는 암흑의 혹성 저 너머로 마지막 태양의 마지막 빛까지도 불사
르리라. 오직 나의 고통만이 더욱 가혹하다 나는 서 있다, 불 속에 휘감
긴 채로, 상상도 못할 사랑의 끝 수 없는 커다란 불길 위에.
— 블라디미르 마야콥스키, 「인간」(1917)
(1930년 4월 14일, 여배우 노라 폴론스카야가 방을 나간 직후 37세의
   마야콥스키는 서랍에서 권총을 꺼내 자살했다.)

페너베이커와 동료들은 자살로 사망한 시인들과 그렇지 않은
시인들의 시들을 비교 분석하였다.* 자살로 사망한 시인들의 시들을
보면 그렇지 않은 시인들보다 1인칭 단수 대명사 '나'(나의, 나를)의
사용 빈도가 높았다. '우리'라는 1인칭 복수 대명사는 평소에는 빈도
수가 낮다가 자살 직전에만 높게 나타났다. 반면에 자살하지 않은
시인은 1인칭 복수 대명사를 꾸준히 더 많이 사용한다. 말하다, 공유
하다 등과 같은 의사소통과 관련된 단어들은 서로 차이가 없었다.

블라디미르 마야콥스키(1893~1930).

그리고 미움, 무가치 등과 같은 부정적 정서가를 갖고 있는 감정 단어들에서도 아무 차이가 없었다.

놀라운 점은 행복 혹은 사랑과 같은 긍정적 정서가를 갖고 있는 단어들이 오히려 자살한 시인들의 시에서 더 자주 쓰인다는 점이다. 죽음 혹은 무덤 등과 같은 단어들은 자살 시점에 이를수록 유의미하게 더 많이 사용하는 것으로 나타났다. 특이한 점은 젖가슴, 유방, 욕망, 섹스 등과 같은 성적 단어들도 자살한 시인들의 시에서 더 많이 나타났다. 세태와 현실에 대한 불만과 싫증, 혐오감 등 부정적 감정이 많아지면서 선정적인 단어와 구문이 많이 등장했다.

자살 시인들이 1인칭 단수 대명사를 더 많이 사용하고 1인칭 복수 대명사의 사용 빈도가 낮은 것은 후자가 사회나 대인관계에서의 통합을 의미하기 때문이다. 이는 자살한 시인의 시에서는 현격히 낮은 부분이다. 공유, 말하기, 듣기 등 대화와 관련된 단어들을 살펴보면 자살한 시인들은 죽음에 가까울수록 사회관계에 흥미가 감소함을 알 수 있다. 한편 자살한 시인들이 죽음과 관련된 단어들을 더 많이 사용하기는 하지만, 특이하게도 자살한 쪽이든 안 한 쪽이든 두 시인 집단 간에 부정적이고 긍정적인 감정을 나타내는 단어의 사용량은 크게 다르지 않았다.

6. 외로움, 짐, 무기력
세 가지 주제

필자가 그동안 유서를 접해 오면서 반복적으로 발견한 주제는 크게 보아 세 가지이다. 1) 나는 외로움에 사무친 사람이다. 2) 나는 누군가에겐 짐이다. 3) 나는 아무것도 할 수 없는 무기력한 자이다.

나는 차가운 바다에 혼자 남은 갈매기 한 마리다.

이제 더 이상 살아갈 힘이 없다. 어디서 잘못됐는지… 숨 쉰다는 게 힘들고 지친다. 가진 게 없다. 내 인생이 이렇게까지 되리라고는 상상도 못 했다. 내 목을 죄어 가는 삶. 혼자 남겨진 듯 살아왔다. 늘 나와 함께했던 외로움을 떨쳐 버린다. 죽음을 따라 더 이상 미련 없이 떠난다.

거의 모든 유서에는 "혼자, 외로움, 고독, 남겨진, 홀로 선, 아무도 없는, 동떨어진, 미운 세상, 떠난, 상처, 오랜 시간"류의 단어들이 존재했다. 어떤 식으로든 어떤 곳에서든 마지막을 생각하는 사람들은 늘 사회, 개인, 자기 자신에게서조차 뿌리에서 잘려 버린 듯한 외로움을 표현하였다.

어떤 이유에서든 가족으로부터 외면당하고, 마지막 나의 사랑이라 믿었던 애인의 배신 또는 배우자의 외도로 고립을 택한 사람들. 오랜 기간 혼자 살아온 할머니 혹은 할아버지, 노환으로 어느 누구도 거들떠보지 않은 노모, 부모가 이혼과 싸움으로 관심을 끊어버린 자식들, 오랜 정신 질환으로 모든 이들과 관계가 끊겨진 어느 거식증 여자, 정신분열 증세로 남편과 이혼한 여자, 요양원에서 늘 혼자였던 치매를 앓던 할머니, 단칸방에 라면으로 끼니를 때우며 홀로 사신 할아버지······ 우리 주변에 늘 볼 수 있는 이야기며 앞으로 나의 이야기가 될 수도 있다.

나는 그 누군가에겐 항상 짐일 뿐이었다.

이대로 오래 살아서 자식한테 큰 짐이나 돼 죽는 날까지 고생할까 생각하니 무섭고 숨이 막힌다. 살기가 너무 고통스러워 많은 생각 중에 이제 모든 것을 정리하려고 결심하고 방도 내놓았다. 이런 내 마음을 백번 이해해 주길 바란다. 그동안 너희들이 잘 보살펴 준 것을 정말 고맙게 생각한다.

엄마는 생을 마감하려고 한 지 오래다. 내가 하고 싶을 것을 난 한 거야. 울지 말아라. 남겨진 너희 부부에게 더 이상 병으로 고통을 주고 싶지 않다. 너희들도 할 만큼 했으니 자책 말고 살아라.

경제적으로든 정신적으로든 자신이 사랑하는 사람에 대해 고통을 주게 된다면 당사자는 죄책감과 부채 의식을 가지게 된다. 더이상 자신의 존재가 그 누군가에게 하나의 짐으로만 여겨진다고 생각할 땐, "내가 만일 없어진다면"이라는 가정이 떠오르는 것은 자연스럽다. 그 가정은 변화하지 않는 상황에서 늘 뇌리에 반복해서 울리게 되고, 아무리 부인하고 벗어나려 해도 집착처럼 "내가 없어진다면"에 대한 합당한 답을 찾아내기 전까지는 벗어날 수 없게 된다. 점차 가능성이 낮던 그 가정은 선명해지고 그럴 수밖에 없겠다는 이유를 찾은 뒤, 그 사람은 죽음으로써 그 짐이 된다는 의식을 내려놓는다.

그렇게 자신은 평안을 얻을지 모르지만 남은 가족이 그를 죽음으로 몰아넣은 것에 대한 더 큰 부채 의식을 갖게 된다는 생각은 해 보았을까? 그리고 남은 이들도 죽은 사람을 따라서 이 부채 의식을 죽음으로 갚을 수밖에 없다고 어느 틈엔가 생각하게 된다는 것은 알고 있을까?

나는 아무것도 할 수 없는 무기력한 존재이다.

죄송합니다. 시어머니, 친정 부모님, 죄송합니다. 우리 아이들을 잘 부탁드립니다. 전 잘할 자신이 없습니다. 용서하세요.

난 아이도 가질 수 없고 신경성 약을 많이 먹어 머리도 멍청해졌단 말이야, 또 오빠한테 내가 해 줘야만 하는 부담감 때문에 오빠를 만날 수가 없어. 오빠 나 병자야. 약을 먹고 살아야 하기 때문에 아이를 낳을수도 없고. 이미 아이도 키울 수 없는 내 자신이 한스러워.

힘들다, 더 이상 할 수 없을 것 같다. 그만 놓고 싶다. 해도 해도 되지 않더라. 나 자신이 한스러워. 할 만큼 했다. 피해를 주고 싶지 않다. 나로 인해 힘들었던. 난 틀렸다. 세상을 증오한다. 포기하고 싶다. 전 잘 할 자신이 없습니다.

'내가 할 수 있는 게 없다'라는 감정은 존재의 의미와 연결된다. 무기력감을 느끼게 되면 삶의 의미를 찾을 수 없게 되고 이는 곧 존재의 상실을 의미한다. 이 무기력감은 한 번에 찾아오지 않는다. 삶의 취약한 영역에 살며시 걸쳐 있다가 어느 순간 우리의 영혼 한켠에 뿌리를 내리고 영혼의 깊숙한 곳을 파고들며 차지한다. 그 무기력함에 빠져 들면 혼자 빠져 나올 수 없다. 마치 늪처럼, 몸부림치면 칠수록 더 깊숙이 빠져 들어가는 것처럼 말이다. 누군가의 도움과 손길이 필요하다. 가장 가까운 곳에 있는 사람들이 그를 유심히 지켜보고 보살펴야 한다. 그리고 늦기 전에 손을 내밀어야만 한다.

우리 주변의 환경은 늘 우리 자신이 무기력한 존재임을 하루 하루 느끼게 해 주는 게 사실이다. 이들을 지켜보고 다시 희망을 찾고 일어설 수 있도록 기다리고 지켜봐 주고 손을 잡고 같이 걸어가야만 한다.

포크너의 소설 분석

언어 분석 프로그램(LIWC)을 사용해서 문학 작품 속의 자살 묘사를 분석한 사람은 플로리다 주립대의 토머스 조이너이다.* 조이너는 LIWC를 사용하여 윌리엄 포크너의 소설『음향과 분노(*The Sound and the Fury*)』(1929)에 등장하는 두 인물의 언어 패턴의 차이를 분석하였다. 조이너는 자살이 임박한 인간의 심리가 정밀히 묘사된 이 소설에서 자살이 가까워질수록 퀜틴(자살 사망자)이 "어울림, 모임, 학교, 친구, 먹다, 놀다, 지내다, 함께" 같은 사회적 단어를 사용하는 빈도가 줄어드는 것을 발견했다. 그에 반해 제이슨(생존자)의 사회적 단어 사용 빈도는 시간이 흘러도 변하지 않았다.

조이너의 다른 연구로는 자살로 사망한 사람들과 자살을 기도했으나 살아남은 사람들의 유서를 역시 LIWC를 사용하여 평가한 것이 있다. 자살자와 자살 시도 후 생존자가 뚜렷이 구별되는 지표들이 있는데, 자살자의 경우 단호함(분노와 자신감이 결합된 형태로서의) 지표가 상대적으로 높게 나타났다. 반면, 자살 시도에서 생존한 사람이 보인 분노와 자신감의 결합은 양가감

윌리엄 포크너(1897~1962).

정의 형태로서 이들은 자살 용기와 주저를 동시에 느끼는 것으로 보였다.

우울한 사람과 그렇지 않은 사람이 남겨 놓은 텍스트를 분석한 페너베이커의 연구도 흥미롭다.* 우울한 사람은 1인칭 단수 대명사(나)와 부정적인 감정 단어들을 많이 사용한 반면, 1인칭 복수 대명사(우리)와 긍정적인 감정은 상대적으로 낮은 빈도수를 보였다고 한다.

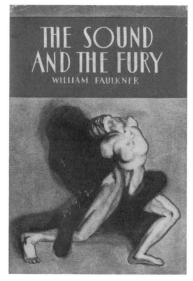

『음향과 분노』 초판의 표지.

맺음말

통영에 사는 유가족 한 분이 필자에 대한 소식을 듣고 심리부검을 하고 싶다는 전화를 직접 하셨다. 40대 후반의 자식을 잃은 할머니셨다. 일흔의 할머니는 백발에 아주 정정한 분이셨다. 바닷가 근처 조그마한 시골 다방에 딸과 함께 나오셨다. 아들이 죽은 지 1년이 다 된 시점이었다. 아들은 제대 후 서울에서 직장 생활을 하다가 결혼하고 다시 통영으로 내려왔다. 할머니는 어렸을 때부터 공부도 잘하고 말도 잘 들었던 자식의 죽음이 아직도 믿어지지 않는다고 하시며 울먹이셨다. 한참 대화를 하던 중 모친이 심리부검을 하러 다방에 갔다는 말을 뒤늦게 들은 큰아들이 달려왔다. 그는 필자에게 한바탕 구수한 욕설을 퍼붓고는 집에서 소금을 밥공기 한가득 담아 와서는 뿌려 대며 소리를 질렀다. "당장 나가지 않으면 경찰을 부르겠다."

맞은편에 앉아 계시던 할머니와 딸은 '어떻게 선생님에게 이럴 수 있느냐'며 큰아들에게 야단을 치며 필자에게 연신 사과를 하였다. 참으로 앉아 있기 괴로운 상황이었다. 잠시 고민하다가, 할머니께 다시 연락드리겠다고 정중히 인사드리고 고속버스를 타고 돌아

왔다. 온 몸이 땀에 젖어 있었다. 잠깐 사이에 10년은 늙어 버린 듯한 느낌이었다.

딸이 연락을 해 온 것은 약간의 시간이 흐른 뒤였다. 큰오빠와 이야기가 잘되었으니 자신의 집으로 오라고 했다. '잘되었다'는 게 무슨 뜻인지, 지난번과 같은 봉변을 겪지 않을 게 확실한지 솔직히 불안한 마음뿐이었지만 뭐, 아무리 잘못되어 봤자 죽기밖에 더 하겠냐고 생각을 다잡고 다시 고속버스에 올랐다. 6시간 걸려 도착하니, 온 가족 그러니까 모친, 여동생, 형, 형수까지 네 분이 기다리고 계셨다. 이분들을 각각 2시간씩 돌아가며 면담하는 데 꼬박 하루가 걸렸다. 그분들이 보여 주시는 고인의 사진 앨범, 군대 시절 어머니에게 보낸 편지, 연애편지, 일기장, 그리고 그가 찰흙으로 만든 조개를 보았다. 저녁과 다음 날 아침을 먹고 사무실로 돌아올 수 있었다.

그분들에게는 필자가, 필자에겐 그들이 서로 필요한 사람들이었다. 마루에 앉아 시원한 바다 바람을 쐬면서 죽은 아들의 지난 이야기를 들었다. 그분들은 울고 웃고 그동안 마음속에 담은 그리고 묻어 두었던 모든 한을 필자에게 다 쏟아 부으시는 듯했다. 그분들은 조용히 듣다가 필자에게 궁금하신 점이 있으면 물어보셨다. 그러면 필자는 현장에서 경험하고 알고 있는 내용이 있으면 대답해 드렸다.

얼마 동안 저렇게, 각자 혼자서 고통스러워하셨을까? 옆에서 함께 이야기를 나누다 보니, 그분들이 떠난 사람에 대한 이야기를 이렇게 부담 없이 할 수 있던 시간이 얼마나 있었을까 궁금해졌다.

유족의 이야기를 들을 때 필자가 정한 방침은, 사망자가 태어나서 죽기까지 인생의 모든 이야기를 되도록 세세하게 듣는다는 것이다. 그런 뒤에야 자살의 원인이 유가족에게 있지 않다는 것, 적어도

전적으로 그들만의 책임이 아니라는 말을 하는 것이 가능해진다. 그런 통찰은 자살 사망자의 인생을 전체적으로 제3자의 눈에서 조망해 낼 때 받아들일 수 있는 것이다. 그러면 그분들은 죄책감을 내려놓고 점차 마음의 안식을 찾을 수 있다. 떠난 이를 이제 놓아 줄 수 있는 것이다. 바로 그곳이 치료가 시작되고 마음의 변화가 시작되는 지점이다.

어머니의 마지막 말씀은 이러했다. "나처럼 아파할 부모들이 얼마나 많겠습니까? 그 부모들의 가슴에는 지워지는 않는 고통이 있습니다. 지금도 죽어 가는 자식들이 있지 않습니까? 내가 한 사람이라도 살리는 일에 도움이 되고 싶습니다. 선생님도 우리 때문에 소금을 드셨지만 그래도 실망하지 말고 우리 자식 살리는 일에 힘을 쏟아 주십시오."

필자는 소금뿐 아니라 나를 향해 붓는 물도 마시고, 입으로 쏟아 내는 욕도 먹고, 고맙다고 주시는 밥도 감사하게 먹었다. 그리고 지금도 먹고 있다.

자료: 심리부검 프로젝트

❶ 심리부검 프로토콜

이 프로토콜은 경찰청에서 활용하였고 이후 심리부검 프로젝트를 진행하면서 일부 과정을 다시 수정하여 변환하였다. 따라서 필자가 제시하는 프로토콜은 우리나라에서 심리부검을 실시하면서 적용했던 방식을 중심으로 나열하였다. 하지만 이것이 한국을 대표하는 것은 아님을 일러둔다.

심리부검의 목적에 따라 크게 3가지의 모델 프로토콜을 제시할 예정이다. 첫 번째가 자살의 원인을 밝히기 위한 프로토콜, 두 번째는 사망의 종류(mode)를 밝히기 위한 프로토콜, 마지막으로 특정 형태의 자살 분석을 위한 전문가 중심 심리부검 모델 프로토콜 도구이다.

자살 원인을 밝히기 위한 심리부검 모델

아래 제시되는 심리부검은 일반적으로 자살의 원인을 규명하여 자살 예방에 기여하기 위하여 경찰청, 자살예방 정신보건센터 등과 연계하는 모델이다. 이를 위해 경찰청과 보건복지부와의 협력 체결을 통해 자살 사건이 발생할 경우 신속한 협력 지원을 할 수 있는 체계가 필요하다. 협력 기관은 변사 사건의 수사 서류 및 사례 발굴 후 관련 정보를 제공해야 할 것이고 감식 내용이나 검시 및 부검 결과 보고서를 제공해야 할 것이다. 이런 경찰 측 자료가 있어야 심리적 부검의 객관성을 확보할 수 있다.

○ 정보 제공자 확인
  • 사례 발굴: 개인 신청 혹은 경찰서·자살예방센터 협조
○ 주요(1차) 정보 제공자 접촉
  • 1차 정보 제공자(유가족) 확인
  • 편지, 이메일 등으로 접촉 시도
  • 필요시 2차 정보 제공자 접촉 시도
○ 정보 제공자 전화
  • 이메일 혹은 편지 발송 후 5일에서 10일 사이 2차 전화 혹은 문자 메시지
○ 조사원 업무 부여
  • 가족과 마지막 동의 확인
  • 연구자(책임 조사원)가 조사원 선정
  • 조사원 접촉 후 안내 교육(직무훈련)
  • 조사원 임무 부여
  • 연구팀이 사망자 관련 자료를 조사원에게 전송
  • 조사원 인터뷰 준비: 인터뷰 날짜 및 시간 지정, 방문 계획 등
  • 방문 예약 잡기
  • 출장 위치 확인

자료: 심리부검 프로젝트

- 출장 일정 잡기
○ 면담 실시
○ 사례 검토
○ 사례 코딩 및 재조정
○ 자료 분석
○ 최종 보고서
○ 서류 파기

참고 자료: American Association of Suicidology, *Psychological Autopsy Manual*.

심리부검을 하는 데는 전반적인 조사 진행 과정에 대한 프로토콜을 가지고 있어야만 한다. 즉 심리부검을 실시하기 위해 선행되어야 하는 것들이 무엇인지, 그리고 그 과정에서 지켜야 할 것들이 무엇인지 명확히 할 필요가 있다. 이런 지침은 정보 제공자의 사생활 보호는 물론 조사원들 사이의 혼란을 최소화할 수 있고 업무의 구분과 집중 측면에서 상당한 효율성을 가져올 수 있기 때문이다.

먼저, 유관 기관들간 협력을 체결하고 업무 부여와 진행 사항을 명확히 한다. 사례 발굴과 제보 제공, 면담 실시와 사례 관리까지 각 기관이 협력해야 될 내용을 구체화하고 이를 위해 간담회와 워크숍을 진행하는 등 사전 기초 과정이 절대적으로 필요하다.

정보 제공자 확인은 경찰서 협력을 통해 정보 제공자를 발굴할 수 있고 보건복지부 산하 자살예방센터에서 사례 관리를 하는 유가족 등을 통해서도 가능하다. 언론이나 인터넷 카페 등을 통해 심리부검을 접한 개인이 직접 심리부검을 신청하기도 하는데 대부분 가족 사망에 대한 본인의 궁금증을 해소하거나, 자살 예방에 도움을 주기 위해서 신청하는 경우가 많다.

정보 제공자는 크게 둘로 나눌 수 있다. 하나는 주 정보 제공자, 두 번째는 2차 혹은 보조 정보 제공자이다. 주(primary) 정보 제공자는 고인에 대해 가장 잘 아는 사람들로 사망 전 최소 6개월 이상 함께 동거한 자식, 배우자 혹은 부모, 친족 등을 말하며 자살 이후 3년 이내(통상 3개월~3년)이면 정보 제공자와 통상 면담이 가능하다. 2차(secondary) 정보 제공자는 평소 알고 지내 온 학교 친구, 직장 동료 혹은 친구, 연인 등이다.

정보 제공자와 접촉 후 동의를 받은 경우에 한해 이메일, 편지 등을 이용하여 심리부검 안내 홍보지를 보내 주어 심리부검에 대한 불안감을 해소하고 면담 동기를 제공할 필요가 있다. 직접 전화로 정보 제공자와 접촉하여 심리부검의 취지와 목적, 개인 정보 비밀 원칙 등을 구두로 설명하고 가능한 인터뷰 일정과 장소를 잡도록 한다.

정보 제공자에게 면담에 필요한 자료와 정보를 최대한 제공하여 면담 전에 사례 검토를 충분히 할 수 있게끔 한다. 면담과 관련된 일정을 모두 조율하고 조율된 일정은 배당된 조사원이 정보 제공자와 인터뷰 전 최종적으로 확인, 조율하도록 한다. 책임자는 조사원의 면담 일정 조율과 준비 과정이 제대로 이루어지고 있는지 확인할 필요가 있고 그렇지 않을 경우 즉시 다른 조사원으로 교체하거나 혹은 배당된 조사원의 일정 조율을 도와주도록 한다.

조사원이 면담 장소로 이동한 후 정보 제공자에게 연구 취지와 목적을 설명하고 개인 정보 동의서를 읽고 나서 서명을 받는다. 면담 후에는 유가족의 감정에 대해서 물어보고 감사하다는 말과 함께

자료: 심리부검 프로젝트

상담 가능 기관을 소개하여 사후 관리가 바로 이루어질 수 있도록 한다. 면담 이후 속기 조사원과 함께 속기 내용과 면담 내용을 바탕으로 프로토콜을 가능한 한 빨리 완성하도록 한다.

○ 면담 프로토콜 유의 사항
  • 면담 질문을 있는 그대로 읽지 말 것. 대화체로 풀어 나갈 것.
    - 주요(primary) 접촉으로 이뤄진 면담은 가장 심도 있고 오랫동안 지속.
    - 주의 사항: 처음에는 서술형으로 시작. 친밀한 관계(rapport)를 형성할 수 있는 기회로 사용. 대상자가 편안함을 느낄수록 더 많은 정보를 얻어낼 수 있음. 일단 신뢰 관계가 형성되면 좀 더 어려운 질문도 할 수 있음.
    - 초기: 부모들에게는(주요 유가족인 경우), 처음에는 전체적으로 살펴보고 나서 고인에 대한 사회 · 인구학적 질문을 한다. 이런 질문들이 끝난 다음에는 고인의 버릇, 행동 그 다음 일반적인 사항에 대해 질문.
  • 친구들과의 면담은 짧고 덜 심각한 편. 고인에 대해 전반적으로 말해 줄 것을 질문하고 그 다음 자살에 대한 질문을 이어서 할 것. 마지막으로 좀 더 명확하게 해야 할 것에 대해 질문하고 이후 빠진 프로토콜을 채워 나갈 것.
  • 2차 대상자와 면담할 경우, 보통은 "친구에 대해 말해 보실래요?"라고 질문. 이야기가 시작된 후, 잠깐 동안 대답을 하지 않은 부분, 사회 인구학적 정보 등을 재질문하여 확인 후 프로토콜을 완성. 사회 인구학적 정보의 경우 답이 바뀔 가능성이 낮

고, 보통 이 부분에 대해서는 주요 대상자(유가족)가 정확한 정보를 갖고 있음. 고인의 삶을 조망하는 데 도움을 받을 수 있다면 체크리스트에 없는 내용일지라도 조사.

- 기본 사항: 조사원은 프로토콜에 대해 숙지하고 중요한 것을 놓치지 않도록 할 것. 하지만 면담 시 오랫동안 프로토콜을 볼 필요는 없음

- 인터뷰가 제대로 됐는지 어떻게 알 수 있나? (아래 4가지 질문에 대답할 수 있어야 함)

  * 왜 자살했는가?

  * 왜 지금인가?

  * 왜 그런 방법을 사용했는가?

  * 얻어진 정보: 가능한 자살 예방 포인트는 무엇인가?

참고 자료: American Association of Suicidology, *Psychological Autopsy Manual.*

면담 후 1주일마다 사례 검토(연구원 및 조사원 간 케이스 리뷰)를 거쳐 잘못 파악되거나 표기된 정보, 일치하지 않는 정보를 걸러 내어 확인하고, 인터뷰 과정과 절차에 대한 문제점 혹은 체크리스트에 대한 피드백을 주도록 한다. 무엇보다 연구팀과 책임 조사원은 조사원이 녹화해 온 인터뷰 절차를 시청하고 이에 대한 피드백을 적절히 제공함으로써 조사원이 인터뷰 기술을 높이고 구조화된 절차를 따르고 있는지 감독할 필요가 있다. 자료에 대한 전반적인 관리는 면담 과정에 관여하지 않은 별개의 연구원이 하도록 하고 자료 관리에 대한 규정 사항을 만들어 준수하도록 한다. 자료에 대한 부

자료: 심리부검 프로젝트

분은 업데이트 정보가 있는 대로 수정, 보완하여야 한다.

사례 코드 및 정보 조정 단계로, 연구팀 연구원은 자료 코딩을 위해 코딩 매트릭스를 만들고 책임 연구자가 코드북에 대한 전반적인 내용을 교육하도록 한다. 코딩 작업 시 확인되지 않은 정보, 잘못된 정보가 들어가 있는 문항, 중복 체크 문항 등에 대해서는 해당 조사원을 통해 확인하거나 추가적인 정보를 정보 제공자에게 요청할 필요가 있다.

자료 분석에는 사회 인구학적인 빈도 분석, 자살 경고 신호 탐색 등 광범위한 내용을 담도록 하고, 위험 요인, 보호 요인을 체계적으로 살펴보도록 한다. 또한 자살 이유, 자살 시간, 자살 수단, 자살 예방을 위한 정책적인 대안을 연계하여 시사점을 충분히 살펴보아야 할 것이다.

최종 보고서가 필요하다면, 전반적인 자살 사망자의 사회 인구학적 정보, 이 내용들을 통해 특별히 자살 현상을 설명할 수 있다고 보이는 점, 자살 예방 제언과 시사점을 구체적으로 담도록 한다. 최종적으로 모든 연구가 완료되었으면 해당 심리부검 관련 서류 일체를 파기하도록 한다.

사망 종류(Death Mode)를 밝히기 위한 심리부검 모델

이것은 경찰청 내 전문가를 이용하여 심리부검을 실시할 수 있는 모델 프로토콜이다. 조사자는 변사 사건을 직접 처리하는 검시관이나 자살 혹은 타살 현장을 재구성해 내는 범죄 심리 분석관 등의 전문 인력을 이용한다. 이들이 현장에서 유가족을 직접 만나 심리부검을 소개하고 이후 일정한 애도 기간이 경과한 후 다시 접촉하여

자료: 심리부검 프로젝트

동의를 받은 후 심리부검을 실시한다.

　대부분의 경찰청에는 범죄 분석관과 검시관이 있다. 검시관은 시체 검시를, 범죄 분석관은 유가족을 자연스럽게 만나 자살 사망자에 대한 이야기를 최초로 들을 수 있다. 또한 이들은 형사 사법망 (KICS) 접근이 용이해 사망자와 관련된 수사 기록 자료를 손쉽게 열람할 수 있어 풍부한 자료를 바탕으로 심리부검을 실시할 수 있다. 또 다른 장점은 현장에서는 비교적 유가족의 동의를 받기 쉽고, 유가족과 최초 접촉하는 과정에서 적절히 친밀한 관계를 형성하였기 때문에 이후 애도 기간을 거친 후 다시 접촉하여도 정보 제공자의 저항 없이 심리부검의 취지와 목적을 전달할 수 있다. 따라서 이후 면담 일정을 잡기가 비교적 용이하다.

　유가족과의 면담은 심리학 전공자인 범죄 분석관이 심리부검에 대한 적절한 교육과정을 이수받고 이루어질 수 있고, 이후 경찰청 청문 감사관실에 소속되어 있는 피해자 전문 요원이 사후 상담과 관리를 함으로써 능동적인 사례 관리가 이루어질 수 있다. 물론 이 과정에서 보건복지부나 자살예방센터와 연계하여 사례 관리나 상담 혹은 관련 자료들을 협력적으로 획득할 수 있을 것으로 본다. 실제로 미국에서도 심리부검이 다양한 형태로 변형되어 검시관이나 검시의뿐 아니라 FBI 프로파일러에 의해서 실시된 바 있다.•

　○ 심리부검 프로토콜
　　• 연구팀에서(혹은 책임 조사원) 조사원에게 면담 배정하기
　　　- 조사원은 심리부검 내용 교육 및 시연 실습 완료자
　　• 면담 날짜 및 시간 잡기(잠정)

　　　　　　　　　　　　　　　　　자료: 심리부검 프로젝트

- 방문 일정 잡기(잠정)

- 가족과 마지막 면담 일정 확인(잠정)

- 연구팀 책임 연구자가 조사원 지침 및 주의 사항을 주지시킴

- 사망자 관련 자료를 조사원에게 공유 및 면담 전 사례 검토

- 조사원 정보 제공자 인터뷰 준비: 면담 시간, 장소 등 최종 결정

  - 면담 관련 사례 파일 심층 리뷰

- 면담 전 예약 최종 확인

  - 여행 일정 등, 면담 일시 및 장소 등

- 1차 면담 이후 필요시 2차 면담 대상자 접촉 및 확인

- 다시 일정 잡기

- 전문가 논의 후 결과 보고서 작성

  - 결과 보고서 샘플 참고(300페이지)

이 모델은 표면적인 통계 자료를 획득하려는 것이 목적이 아니라, 특정 지역 내 특정 연령대에서 특정 방식으로 발생한 자살 사건을 다룰 때 혹은 자살 사건의 판단이 모호한 경우, 즉 의문사(equivocal death)인 경우 전문 연구위원들이 개입하여 심리부검을 실시할 수 있는 모델이다.* 이 조사 모델을 통해서 특정 방식과 연령대에서 나타날 수 있는 변사 사건에 관한 자살 패턴과 원인을 파악해 냄으로써 이와 유사한 변사 사건에 대한 사전 개입과 구체적인 정책적 대책을 세우는 데 보다 유용하게 적용할 수 있다.

또한, 전문가는 심리부검 결과를 바탕으로 자살과 타살에 대해 법정에서 증언, 사법기관에 자문 등을 할 수 있고, 자살을 예방하는 공공 전문기관에 자살 예방 대책에 적극적인 자문을 할 수 있다. 심

리부검 의뢰자는 개인 혹은 정부기관일 수 있고 필요시 전문 연구자가 특정 사례들을 발굴하여 심리부검 연구를 진행할 수 있으며, 심리부검을 진행할 경우 정보 제공자와의 충분한 면담, 사건 관련 서류 일체에 대한 충분한 사례 검토 과정을 걸쳐 객관적인 결과가 도출되어야 한다.

예를 들어 어떤 사람이 야산 절벽에서 추락사하였을 경우 시체 외형 손상이 심하고 형체를 알아볼 수 없기 때문에 시체 검시 소견으로 추락사하였다는 사실을 밝혀낼 수 있지만, 그가 자살하였는지, 실족사에 의한 사고사인지, 다른 사람이 밀어서 떨어진 타살인지의 여부는 알 수가 없다. 따라서 자살 여부가 의심되는 경우에는 부검상의 자살 소견뿐 아니라 심리부검도 병행해서 사망의 종류를 정확히 판단함으로써 한국의 검시 혹은 부검 제도가 안고 있는 문제점을 보완할 수 있다. 또한 이러한 정보는 후에 자살의 예방에 중요한 자료가 된다.

예컨대 철로가 놓여 있는 외곽 마을에서 청소년이 저녁에 연이어서 기차에 투신하여 자살하는 경우가 발생했을 경우 이 자살 사건들을 군집으로 묶어 심리부검을 실시할 수 있다. 비슷한 연령대가 공통된 방식으로 자살한 경우 일반적인 자살의 현상과는 다른 차별적 특성이 발견될 수 있으며 이를 활용하여 추가적인 자살이 이루어지지 않도록 현실적인 대책을 수립할 수 있다. 또한 비슷한 환경과 조건을 보이는 지역을 핫스팟(Hot-Spot)으로 지정한 후 사전에 개입하여 자살의 가능성을 미연에 방지할 수 있다.

심리부검의 대부분은 미국의 민사 또는 형사 소송에서 이루어지고 있다. 자살과 관련된 민사 사건에서 심리학자들은 상대 측의

자료: 심리부검 프로젝트

법적 과실을 입증하는 것을 돕기 위해 자살의 가능한 원인들을 재구성하도록 요구받고 있다. 예를 들어, 특정 조직의 업무 절차, 보건 서비스의 결여, 과도한 업무량이 자살을 초래할 정도의 스트레스를 야기한 것으로 입증된다면 민사적 책임을 지게 된다. 또한 심리부검은 자살 사망자의 가족들이 자살자를 치료하던 정신과 의사 및 병원을 상대로 자살자에 대한 부적절한 치료를 이유로 민사 소송을 제기할 때 활용되기도 한다.* 또한 생명보험 표준 약관에서는 '피보험자가 자살로 사망한 경우에 보험금을 지급하지 않는다'고 명시하고 있기 때문에, 피보험자가 사망한 경우에 그것이 자살인지 타살인지 사고사인지 구별하는 것은 중요한 민사적 쟁점이 될 수 있다.

형사 소송에서는, 구타를 당하던 중 남편을 살해한 아내의 심리 상태를 판단하기 위해 심리부검이 활용된 사례가 있다. 피고 측 변호인의 요청에 의한 것이다.*

아래 표에 제시하는 심리부검 프로토콜 도구는 아래에 제시되는 대표적인 심리부검 연구에서 공통적으로 중요하다고 제시되는 항목들이다. 이 항목들은 유럽, 미국, 중국에서 가장 보편적인 도구로 활용되고 있다.

미국에서 가장 대표적인 심리부검 조사 도구는 심리부검의 창시자인 **슈나이드먼***에 의해서 고안되었다. 그는 심리부검이 자살 사망자의 삶의 방식을 재구성해야 하고 갑자기 사망에 이른 그 특정 시점에서 무슨 일이 있었는지 주의 깊은 관심을 보여야 한다고 한다. 그러면서 심리부검을 실시할 때 조사자가 점검해야 할 최소한의 기준으로 16가지 항목을 제안했다. 그것은 인적 정보, 죽음에 대한

심리부검 프로토콜 도구°

심리부검 프로토콜 체크리스트	
추천되는 서류 및 참고 자료 • 병원 상담 등을 포함한 의료 기록 • 수사 기록, 법률 기록, 범죄 기록 • 학교 생활 기록 • 경제, 금융 기록 • 자살 유서 혹은 기타 자살 표출 서류 (자살 생각, 관념 등)	**정신과적 경력** • 이전 자살 행동 • 불안, 우울, 정신병 치료 약물 처방 경력 • 정신과 시설 입원 경력 (장소, 시기, 진단명) • 최근 약사/정신과 의사 혹은 치료사를 만난 경력 • 사망 시 심리 치료 여부 (기간, 치료 협조 정도, 진단 등) • '미칠 것 같다' 혹은 인지 기능을 잃을 것 같다는 염려 표현 신체 건강 • 최근 외과 의사 방문(이유 등) • 만성 고통 경험 • 최근 혹은 과거 진단: 만성, 치명, 혹은 불치명 • 최근 신체/기능적 능력 감소 • 최근 치료: 협조, 최근 약물 처방 등 변화
자살 장소 • 장소와 자살 사망자 간 관계 • 구출 가능성 증거 대 구출 가능성 회피 계획 • 자살 계획 혹은 자살 연습 증거	
사회/인구학적 특징 • 다문화 가정 (불법 거주자 등) • 최근 이사 거주 • 사회경제적 위치 • 직업 및 경제적 상태 • 나이/성별/인종 • 결혼 상태 • 교육 상태 • 종교 및 종교성 • 입양 대 생물학적 가족	**약물 남용** • 알코올 혹은 약물 남용 경력 • 최근 알코올 혹은 약물 남용 중단 시도; 최근 남용 패턴 증가 • 사망 시 알코올 혹은 약물 남용 정도; 음주 증거 • 복합 물질 남용 패턴 • 부수적 약물 과다 복용; 만약 그렇다면 언제, 어떤 약물
	가족 경력 • 부자연스럽게 죽은 형제, 자매 혹은 부모 • 핵가족 그리고 대가족 결속력, 지원 정도 • 중요한 신체, 성적, 혹은 정서적 학대 • 물질 남용
최근 증상/행동 • 우울한, 슬픈, 기분 변화가 심해 보이는 • 우울증 증상이 보이는 • 자살 관념과 생각을 표현하는 • 최근 개선되는 것처럼 보이는 • 최근 불안해하거나, 불안/공황에 대해 고통을 호소하는 • 초조해 보이는 • 충동적으로 행동하는 • 공격적인 행동 혹은 통제 불능의 화를 보이는 • '제한된 사고' 혹은 '터널 비전'을 보이는 • 죄책감과 수치심을 보이는 • 당혹스러움, 혼란에 빠진 듯 혹은 정신병을 보이는 • 무기력감, 무가치감에 대한 표현 • 정신과적 상태: 관련 증거 확인 • 기억 손상 • 이해력 결핍 • 판단력 결핍 • 망상 혹은 환상 • 자기 고양감 혹은 자기 마법적 사고 징후	**자살 시도 혹은 경력** • 폭력 행동 • 정서장애 혹은 다른 정신 건강 장애 **애착/사회적 지지** • 친밀한 인간관계 지속 혹은 형성 능력, 절친한 친구 유무 • 관계에서 필요할 때 감정을 표현할 수 있는 능력(우울, 화) • 최근 비지원, 방치, 관계에서 소외된 듯한 느낌 표현 • 대인관계, 직장에서 성공적인 관계 • 취미, 흥미, 종교 등에 대한 애착 • 최근 위에 열거한 애착과 관련된 관계 변화

자료: 심리부검 프로젝트

추천되는 서류 및 참고 자료	감정적 반응
• 지나친 위험 추구 행동	• 타인에 대한 폭력 경력
	• 충동적인 행동
자살 촉발 요인	• 지나친 화 혹은 불제 불능, 공격적인 행동
최근 사망자가 경험한 혹은 사망자가 기대했던 것:	
• 주요 상실 혹은 기타 상실들 (관계, 직업, 경제, 명성, 자기관념, 가족 구성원, 이사, 특정 사람에게 중요한 모든 것 등)	**라이프스타일/특징**
	• 전형적인 문제 해결 패턴
	• 완벽주의적 성향
• 중요한 (혹은 중요하다고 지각했던) 주요 관계 중단	• 자기 파괴적인 행동 (자해, 음주/운전 등)
• 경찰과 관련된 법률적 어려움	• 피해 행동 (예, 따돌림 등)
• 외상으로 지각된 어떤 사건 경험	
• 중요한 생애 변화 (부정 혹은 긍정적인 측면, 예, 결혼, 출생, 승진 등)	**치료 접근**
	• 치료 추구 시도 경력
• 가족 구성원 혹은 사랑하는 사람의 자살 완료 혹은 자살 행동	• 알려진 의료 접근 장벽(예, 보험 부족, 가능한 간병인 부재)
• 중요한 사망 혹은 상실과 관련된 기일, 기념일	
• 지인 혹은 매체를 통해 알게 된 자살 이야기	**다른 필요 영역**
• 최근 자살 준비 증거(예, 보험약관 갱신 등)	• 직업 경력
• 죽은 자와 함께 하고 싶다거나 다시 태어나고 싶다는 소망 표현	• 취미/흥미
	• 도박 경력
	• 종교적 독실함 정도

특별한 서술, 자살 사망자의 과거력, 가족의 정신 질환력, 자살 사망자의 성격 및 삶의 특성, 스트레스나 정서 불안정성에 대한 자살 사망자의 전형적인 반응, 최근 스트레스 유발 요인 또는 예측되는 심적 갈등, 알코올 및 약물 연관성, 대인관계, 일상생활 및 스케줄, 습관의 변화, 삶과 관련된 정보, 자살 치명도, 자살에 대한 유가족의 반응, 자살 의지이다.

미 질병 관리 본부는 실무적인 입장에서 슈나이드먼과는 다소 다른 심리부검 연구 방법을 개발하였다. 이 방법은 사망의 유형을 결정할 때 심리부검 면담원의 객관성을 향상시키는 것을 목표로 하였고, 효과적인 심리부검을 위해서 자살의 판정 및 보고에 대한 실무 위원회를 구성하고 22개의 항목으로 이루어진 '자살 판정을 위한 조작적 기준(OCDS)'을 선정하였다.* 이후 관련 자료와 문헌을 종합적으로 검토하여 '자살 판정에 대한 경험적 기준(ECDS)'이라는 타당성과 신뢰성이 높은 심리부검 기준을 제출하였다.* 이 방법은 총 55개의 항목을 만든 후 자기 파괴성과 의지가 충분히 반영된 16개의 항목만을 선택하여 새롭게 자살 판정의 기준을 만든 것이다. 특히 자기 파괴성과 의지를 계량화할 수 있는 점수 체계를 가지고 있어 자살의 유형을 정량적으로 판단할 수 있는 장점이 있다.

현재 **미군**에서 실시되는 심리부검은 2002년 미 국방부에서 개발한 군대 건강 증진 프로그램 규정에서 명시된 기준과 과정에 따라 진행되는데,* 자살 사망자의 죽음의 종류에 대한 상부 보고와 자살 예방 프로그램 개발 지원에 목적을 두고 있다. 사망에 대한 후향적 분석은 보고의 정확성을 높이고, 자살에 대한 역학 연구, 자살 예방 활동을 위한 단초를 제공한다. 미군에서는 심리적 부검을 통해 죽음에 대한 이유, 사망의 종류를 명확히 하고, 이를 위해 자기 파괴성과 의지를 반영하는 자살 분류 기준을 개발한 것이다.

1987년 **브루스 에버트**는 사망 유형을 찾아내기 위해 다양한 문헌을 탐색한 후 광범위한 문항을 포함할 수 있는 심리부검 도구를 개발했다.* 항목은 포괄적이면서도 노트, 자살 유서 등과 같은 언어적 단서에서부터 변사 현장에서 발견된 구체적인 사망 정보까지 모든 내용을 담는 체계적인 가이드라인을 제시한다. 즉 표준화와 구조화된 체계를 동시에 잡았다고 평가할 수 있다. 에버트의 심리부검 가이드라인은 24가지의 세부 사항으로 이루어져 있고 자살 전 일어난 사건을 재구성하는 것에서부터 자살 사망자의 사망 이력까지 포괄하고 있다.

개인 정보 관련 변인(6): 알코올 문제, 결혼 생활, 가족 사망력,

자료: 심리부검 프로젝트

가족 병력, 직업, 교육.

심리학적 관련 변인(7): 기분, 심리 내적·외적 스트레스, 심리학적 평가, 동기 평가, 열중해 있던 일과 환상 또는 죽음에 대해 가지고 있던 감정에 대한 평가, 사망 전 사망자의 정신 상태를 보여줄 수 있는 검사 결과, 심리학적 평가.

자살 행동 평가 관련 변인(2): 자살 전 행동, 선택한 자살 방법의 친숙성.

검시·부검 관련 변인(3): 복용 약물, 병원 기록, 검시 보고서.

현장 분석 관련 변인(4): 사망 전 일어난 사건, 행동들의 재구성, 현장 분석 결과, 수사 보고서.

관계 평가 관련 변인(1): 가족, 친구, 지인 등 주변 사람들과 관계 평가.

마지막으로, 2000년 베이징 자살예방센터의 **마이클 필립스**가 개발하여 현재 중국, 홍콩, 일본 등에서 사용 중인 심리적 부검 조사 도구가 있다.* 2002년, 2005년, 2008년 중국에서 발생한 도시 외곽과 농촌 특정 지역의 자살 사건을 조사할 때 이 도구가 활용되었고, 아시아에서 주요한 자살 변인이라 알려진 항목들을 담고 있다. 구체적으로 심리적 특성뿐 아니라 결혼 상태, 학력 등 기본적인 사회 인구통계학적 변인 그리고 대인 환경과 생애 사건 등 자살에 미치는 주요한 변인이 포함되어 있다. 특히 자살의 가족력, 자살 경력 혹은 자해 유무, 신체 질환 등은 아시아에서 주요한 자살 요인으로 나타나고 있는 것들이다.

❷ 주요 심리부검 어젠다

여기에 소개하는 것은 심리부검 과정에서 필자가 스스로에게 했던 질문들과 몇몇 심리부검 전문가들을 통해서 얻었던 답들이다. 물론 완전한 답은 아니다. 아래의 특정 주제에 대해서는 문헌마다 일치하는 부분은 없다고 해도 좋다.

결국 심리부검이 제대로 이루어지려면 무엇이 가장 중요한가?

서구 사회에서는 가족 중 자살한 사람이 생기면 가족들이 심리부검의 절차에 잘 응하지만, 일본에선 가족 구성원들이 자살하면 덮으려고만 하는 경향이 있었다. 한국에서도 심리부검이 어렵기는 마찬가지다. 개인적으로 심리부검을 하면서 사례 발굴을 할 수 있었던 방식은 크게 3가지였다.

첫째는 경찰의 협조를 받는 것이다. 통상 3개월에서 3년 전에 발생한 자살 변사 사건을 기준으로, 경찰청 기록 중 자살로 완전히 규명된 사건에 한하여, 경찰서 담당 수사관과 사전 조사 검토 과정을 거친 후 필요한 자료와 유가족 접근이 가능한 사건을 대상으로 선택할 수 있다. 자살 사건 선택 기준은 자살 사건으로 등록된 기록이 있고, 피해자의 최근 주소 기록과 가족 구성원, 친구 혹은 지인의 최근 주소지 정보가 확인 가능하며 동의 후 인터뷰가 가능한 경우이다. 외국인이거나 관련인 주소지 확인이 불가능한 경우는 제외하여야 한다.

둘째는 개인이 신청한 경우이다. 학교, 기관, 상담 센터 등 홈페이지 게시 내용을 보고 신청한 경우, 신청자 접수 후 유가족 심리 상태 및 사망 후 경과 시간 등을 고려하고 유가족 이외의 사람에 대한

자료: 심리부검 프로젝트

면담 여부 등을 종합적으로 판단하여 선정할 필요가 있다.

셋째는 자살예방센터에서 상담하고 있는 유가족들이다. 이들 중 심리부검 대상이 될 수 있는 사람은 사망이 3개월에서 3년 사이이고 자살 전 최소 6개월 이상 동거한 가족 구성원•이어야 한다.

가장 중요한 부분은 유관기관 특히 경찰과의 협력이다. 경찰청은 심리부검 대상자의 발굴과 유가족에 대한 지원 서비스를 제공함으로써 각 지역 사회 자살 사건에 대한 대표성을 확보할 수 있다. 경찰청은 자살 의심 사건 등 모든 건에 대한 수사 자료를 가지고 있기 때문에 변사 사건 자료에 대한 접근이 용이할 뿐 아니라, 관할 경찰서에 사망의 원인을 분석한 검시관, 부검의, 국과수 감정 의뢰 결과 등 자료 입력 시스템이 구축되어 있다. 예를 들어 자살 사망자의 자살 방법, 자살 이유, 자살 시기 및 장소, 자살 당시 약물 및 알코올 복용 여부 등이 전산 프로그램에 이미 체계적으로 입력 관리되는 중이다. 그렇기 때문에 성공적인 심리부검이 이루어지기 위해서는 한 기관만의 단독 진행보다는 사전에 유관기관 간 긴밀한 협력이 선결되어야 한다.

심리부검에서 어떤 자료를 활용하고 분석은 어떻게 해야 하나?

심리부검에서 활용할 수 있는 정보는 자살 노트, 유서, 생존 시 쓴 글, 읽던 서적, 언어 등에서 확보된 다양한 텍스트들 중 자살 전후로 의미, 중요성, 시사점, 예측성, 특이성이 있는 자료이다. 특히 알코올 문제, 가족, 친구, 지인 등 주변 사람들과의 대인 관계 평가, 결혼 생활, 기분, 심리 내적·외적 스트레스, 자살 전 행동, 복용 약물, 병원 기록, 사망 전 사망자의 정신 상태를 보여줄 수 있는 검사 결과,

심리학적 평가, 현장 분석 결과, 검시 및 부검 보고서, 동기 평가, 사망 전 일어난 사건 · 행동들의 재구성, 열중해 있던 일, 환상, 죽음에 대해 가지고 있던 감정 평가, 군 생활, 가족 사망력, 가족력, 직업, 교육, 선택한 자살 방법 친숙성, 경찰 수사 보고서 등에 대한 변량적인 결과를 중심으로 우리나라 자살자들의 공통적인 원인을 찾아낼 수 있다.

자살에 작용하는 위험 요인들을 규명하고 자살을 방지할 수 있는 보호 요인도 찾아낼 필요가 있다. 특히 보호 요인은 이들이 자살하기까지 삶을 이어올 수 있는 큰 동기였기 때문에 그 보호 요인을 찾아 강화시킬 수 있는 방법도 연구해야 할 것이다. 현재 미국에서는 보호 요인과 관련된 연구를 심리부검을 통해서 실시하고 있다. 그리고 위험 요인들이 자살이라는 행동에 어떤 방식으로 영향을 미치는지 규명할 필요가 있다. 특히 자살과 높은 관련성을 보이는 요인들을 중심으로 고위험군을 찾아낼 수 있는 프레임을 만들어야 하고 사전에 이들이 보이는 징후들을 체계적으로 찾아내야 한다. 자살의 유형을 구분하고 그 유형에 따라 적절한 대안을 마련할 필요가 있다.

심리부검 접촉은 어떻게 하고, 누가 면담할 수 있나?

필자가 진행한 연구의 경우 경찰서의 사건 담당자가 최초 접촉자이기 쉬운데, 따라서 이들에 대한 교육이 필수적이었다. 연구원이나 조사원이 경찰서를 직접 방문하여 간담회와 워크숍을 통해 심리부검의 목적을 상세하게 전달할 필요가 있고 경찰서 간 상시 채널을 열어 놓고 언제든지 사건 담당자가 질문을 쉽게 할 수 있도록 한다.

세계 보건 기구(WHO)에 따르면 심리부검 조사자•는 정신과

자료: 심리부검 프로젝트

전문의, (법)심리학자, 사회학자, (법)인류학자, 정신 보건 간호사, 정신 보건 사회복지사 등의 인력이 담당할 수 있다. 조사는 조사자와 직접 대면을 원칙으로 하되 추가 면담이 필요한 경우에는 서면 조사와 전화 상담을 병행한다. 정보 제공자의 자격은 자살 사망자의 배우자, 부모, 형제, 자녀 등 직계 가족 중 1인 이상을 원칙으로 하지만, 필요한 경우 자살 사망자의 동거인, 연인, 직장 동료 등을 접촉 빈도를 고려하여 선택하고, 정신과 입원 및 외래 방문 기록이 있을 경우 관련 자료를 바탕으로 상담사와 정신과 의사를 면담할 필요가 있다.

심리부검 장소는 정보 제공자가 편안해하는 장소에서 진행한다. 정보 제공자의 심신의 안전을 고려, 조사자를 2명으로 구성하고 2명 중 1명은 면담을 진행하지만 1명은 속기에 집중할 필요가 있다. 정보 제공자가 2명일 때, 각각 따로 분리해서 면담을 실시하여 정보 제공자 간 정보가 섞여 오염이 되지 않도록 한다. 필요에 따라 주거지에서 가까운 곳에 위치한 전문 상담기관을 소개하고 의무적으로 자살예방센터 사례 관리팀에서 상담 및 사후 관리를 연계시켜 주는 것도 방법이다.

면담 전에 연구자는 자신의 신분과 소속을 간략히 소개하고 조사 협조에 대해 감사를 표한다. 일반적으로 상담 형태의 면접으로 시작하고, 처음부터 심리부검 체크리스트를 읽거나 딱딱하게 피의자를 취조하는 듯한 질문과 대답의 형식은 삼간다. 자유 기술로 대화를 끌어가면서 적절히 친밀한 관계를 형성해야 한다. 정보 제공자가 편안한 분위기를 느껴서 자연스럽게 관련 정보를 이끌어 내야 하는 것이 중요하다. 정보 제공자의 이야기가 시작되면 중간에 말을

자료: 심리부검 프로젝트

끊거나 개입하려 하지 말고 편안한 분위기에서 자신의 생각과 경험을 이야기할 수 있도록 격려하고 지지한다.

비밀과 익명성은 어떻게 지켜질 수 있나? 개인 정보 동의는 어떻게 이루어져야 하나?

심리부검을 실시할 경우, 최초 접촉 과정에서 사후 관리까지 일체의 과정이 비밀로 유지되어야 한다. 정보 제공자의 가장 큰 관심사는 정보 제공자의 신분 노출과 제공된 자료가 언론이나 제3자에 공개되어 사생활 침해를 받는 것에 대한 우려이다. 따라서 비밀 보장은 정보 제공자에게 있어서 매우 민감한 사안일 수밖에 없다.

면담 전에 비밀과 익명성 보장에 대해 정보 제공자에게 충분히 설명하고 이에 대해 이해를 얻은 상태에서만 심리부검이 이루어져야 하며 심리부검을 실시 중이더라도 정보 제공자가 상담을 원치 않을 때 언제든 면담이 종결될 수 있다는 사실을 알려 주어야 한다. 그리고 정보 제공자에게 개인의 비밀을 보호하기 위한 연구팀의 방법들을 구체적으로 설명해 주어야 한다. 예를 들어 이름, 주민등록번호 등 개인 식별 자료는 삭제되거나, 자료를 분석할 경우 숫자로만 표기된다는 등 분석 과정에서 신분을 식별할 수 있는 모든 자료가 삭제된다는 점을 알려줄 필요가 있다.

마지막으로, 이를 보장하기 위해 개인 정보 제공 동의서를 작성하고 서명을 받아 근거 자료를 남겨 놓아야 한다. 개인 정보 제공 동의서에는 연구의 목적에서부터 비밀 보호와 관련된 모든 요소를 포함하여야 할 것이고, 정보 제공자가 충분히 이해할 수 있도록 설명하도록 한다. 특히 중요한 부분은, 취약 대상자를 연구 대상으로 하

자료: 심리부검 프로젝트

고 있기 때문에 생명윤리위원회(IRB)의 심의를 받고 연구 진행에 대한 허가를 필히 받아야만 한다는 것이다. 이 부분은 아무리 강조해도 지나침이 없다. 섣부른 연구를 통해 개인의 정보가 노출되거나 사생활이 침해받는다면 목적이 아무리 정당해도 그 연구의 의미는 상실된다. 즉시 연구를 중지하고 자료를 폐기해야 한다.

개인 정보 제공 동의서에는 심리부검의 목적과 취지를 정보 제공자가 이해할 수 있도록 풀어서 설명해야 하고, 심리부검 면담의 전반적인 과정, 소요되는 시간, 면담 중 충분한 휴식을 취할 수 있다는 내용을 명확하게 기재해야 한다. 무엇보다도, 심리부검이 야기할 수 있는 위험 요인 즉 면담 종결 후 정보 제공자가 가질 수 있는 불편한 감정과 이를 해결할 수 있는 전문 상담관의 연락처도 함께 고지되어야 한다.

심리부검을 통한 혜택, 즉 사례비나 면담 비용 혹은 상담 비용 지불에 대한 부분과 연구비의 출처도 함께 고지할 필요가 있고 정보 제공자의 참여가 명확히 자발적인지에 대해 개방형으로 그 의사를 물어볼 필요가 있다. 면담자는 정보 제공자에게 '귀하는 본 연구에 자발적으로 참가하였습니다. 언제라도 연구 참여를 중지할 수 있고 면담 중이라도 중단할 수 있으며 이러한 결정에 대해 어떠한 불이익도 따르지 않습니다'라는 내용을 전달한다.

정보 제공자 사후 관리는 어떻게 이루어져 하나?

심리부검이 끝난 후 정보 제공자가 심리적 불편감을 경험하고 있는지 체크할 필요가 있고 불편감이 지속될 경우 가까운 상담기관, 자살예방센터, 정신과를 소개해 줌으로써 적절한 치료를 받을 수 있

도록 해야 한다. 또한 심리부검 조사원은 면담 종결 전에 정보 제공
자가 자신의 감정을 잘 가다듬을 수 있도록 충분한 시간을 가질 수
있도록 하고, 조사원이 강압적으로 정보 제공자의 상태에 상관없이
시간적인 이유로 면담을 종결하지 않도록 한다. 면담 종반에 정보
제공자의 상태를 충분히 지켜보면서 상담 서비스를 받을 수 있는 기
관에 대해 정보 제공자에게 조언할 필요가 있고 지속적인 상담의 필
요성이 느껴질 때 정보 제공자에게 상담을 적극적으로 조언하여야
한다.

가장 중요한 부분은 정보 제공자가 심리부검 면담 이후와 직전
의 감정의 변화를 지켜보는 것이다. 면담이 종결된 이후 정기적으로
연락하여 감정의 상태를 물어보고 도움이 필요한 부분이 무엇이 있
는지 사려 깊게 살펴보아야 한다. 그리고 가장 가까운 자살예방센터
나 심리상담센터를 연결해 주어 어려움 없이 센터를 찾아 상담을 받
아 볼 수 있게끔 후속 상담 대책이 마련되어 있어야 한다. 필자의 경
우, 상담사와 함께 심리부검을 실시하였고 그 상담사가 면담 과정을
지켜보고 정보 제공자가 많이 힘들어할 경우 휴식을 제안하였다. 이
후 정기적인 접촉을 통해 상담이 필요한 유가족에 한해 상담을 받도
록 하였다.

면담원 감독은 어떻게 하나?
베스코와 그의 동료들은 심리부검 조사자에 대한 지속적인 감
독이 심리부검에 대한 높은 윤리적 기준을 보장할 수 있다고 주장하
였다.• 그가 제시한 심리부검 조사자에 대한 감독 방법을 간단하게
열거하면 다음과 같다.

자료: 심리부검 프로젝트

첫째, 감독은 조사자가 원안대로 엄격하게 진행되도록 조사자를 강제해야 한다. 예를 들어, 정보 제공자에 대한 접촉은 반드시 연구 설계의 지침을 준수하여 진행되어야 한다. 둘째, 감독은 정보 제공자가 반드시 적절한 지원 기관에서 서비스를 제공받을 수 있도록 조사자를 강제해야 한다. 셋째, 감독은 조사의 비밀성이 보장되도록 조사자를 강제해야 한다. 예를 들어, 연구 목적을 위해 자살 사망자에 대한 의학적 기록이 공개되어야 할 때, 반드시 연구 설계의 지침에 따라 각 사례의 신상에 대한 정보는 철저하게 보호되어야 한다.*

심리부검이라는 말이 유가족에게 부담을 주진 않는가?

일반인들에게 아직 심리부검이 많이 알려지지 않았기 때문에 지속적인 홍보가 필요할 것으로 보인다. 많은 사람들이 초반에 심리부검이라는 용어에 대한 거부감을 보였는데, 이는 부검이라는 용어에서 오는 부정적인 정서 유발로 인한 것으로 보인다. 우리나라에서는 아직 시신을 부검하는 것조차 쉽게 허용되지 않는 것이 사실이다. 심리부검이라는 것까지 하면 고인을 한 번 더 죽인다는 의미로 보여서 처음에 망설였다는 진술이 많았다.

심리부검이라는 용어를 순화하려는 시도가 있었다. 국방부 과학수사연구소의 전충현은 '심리 건강성 평가'라는 용어로 대체하는 것을 권하기도 했다.* 하지만 일부 조사 대상자는 심리부검이라는 용어에서 전문성을 느껴 적극적으로 참여했다고 평가하기도 하였다. 따라서 심리부검이라는 용어를 완전히 바꾸는 대신 상황에 따라 순화된 용어와 심리부검이라는 용어 두 개를 사용하여 적절하게 정보 제공자에게 맞추어 소개하는 것이 바람직하다.

자료: 심리부검 프로젝트

❸ 고위험군 프레임워크 상세 기준

정의

- 고위험군: 자살에 임박한 상태로 즉각적인 조치가 필요하고 입원 치료 수준의 개입이 필요한 수준
- 중위험군: 향후 자해 혹은 자살 시도 가능성이 농후한 상태로 약물 · 상담 치료 등 통원 치료 이상 수준의 개입이 필요한 수준
- 저위험군: 앞으로 자살할 가능성이 존재하므로 가족과 주변인의 지속적인 관심과 지원이 필요한 수준

필수 위험 요인

- 복수 이상의 자해
- 1회 이상의 자살 시도
- 2회 이상의 반복적인 자살 의도 (관념, 준비, 계획) 표현
- 1회 이상의 정신과적 진단(우울증 포함)

추가적 위험 요인

- 어느 정도 이상의 관계 단절 발생
- 경제적 문제[무직(12개월 초과), 파산(부도), 실직(퇴학), 빚 (5천만 원 이상)] 중 2가지 이상
- 12개월 이내 4회 이상의 생애 어려움(사건)
- 스트레스 반응
- 가정 경험[불행, 가정 폭력, 학대, 방임, 협박] 중 2가지 이상
- 부부 경험[이혼, 사별, 독신, 별거] 중 2가지 이상
- 알코올 혹은 약물 남용 경험

자료: 심리부검 프로젝트

- 최근 혹은 과거 건강상태 변화(입원, 명백한 손상 이상)
- 1회 이상의 가족 또는 지인의 자살 관련 행동 노출
- 1인 이상의 정신질환자가 가족 또는 지인 중 존재
- 가족 중 심각한 신체 질환자(중증 이상)가 존재

연령대별 가중 요인
- 20대: 과거 및 최근 신체 질병 존재
- 40대: 대인관계 없이 혼자 지내거나 신뢰할 사람이 없음, 부정적 사건, 경제적 변화, 무직(12개월 초과), 별거, 정신 상태 변화, 정신적 문제, 알코올 중독
- 50대: 대인관계 없이 혼자 지내거나 신뢰할 사람이 없음, 부정적 사건, 경제적 변화, 무직(12개월 초과), 중증 이상의 질환, 가족 중 심각한 질환자 있음
- 60대 이상: 별거, 음주, 알코올 영향, 만성화된 신체 질병, 중증 이상의 질환, 가족 중 심각한 질환자 있음

고위험군 분류 기준
- 급성 스트레스 유형 고위험군:
  필수 위험 요인 1~2개 + 추가적 위험 요인 3개 이상
- 만성 스트레스 유형 고위험군:
  필수 위험 요인 1개 이상 + 추가적 위험 요인 4개 이상
- 적극적 자해 · 자살 시도 유형 고위험군:
  필수 위험 요인 2개 이상 + 추가적 위험 요인 4개 이상
- 정신과적 유형 고위험군:

필수 위험 요인 2개 이상 + 추가적 위험 요인 5개 이상
- 고위험군 해당자가 연령대별 가중 위험 요인을 함께 포함할 경우 '고⁺ 위험군'이 된다.

유형별 고위험군의 기준이 다른 것은 자살 유형별로 자살 위험 요인의 수가 모두 다른 패턴으로 나타난 것을 반영한 것이다. 적극적 자해·자살 시도 표현 유형과 정신과적 문제 유형일수록 필수 및 추가적인 위험 요인에서 상대적으로 높은 빈도수를 보인 반면, 급성 스트레스 유형인 경우 필수 및 추가적인 위험 요인이 비교적 많이 나타나지 않았음에도 불구하고 자살이 이루어졌다. 다시 말해, 자살 유형에 따라 위험 요인이 다르게 나타나기 때문에 차별적으로 고위험군 분류가 이루어져야 할 필요가 있다. 고위험군 분류 프레임워크에 이것이 반영되어야 개입이나 자살 예방 정책이 신속하고 신빙성 있게 수행될 것으로 보인다.

고위험군 분류 시 필수 및 추가적인 위험 요인 수의 결정은 유형별 필수 및 추가 위험 요인의 평균 빈도수와 임상가들 간 논의를 통해 의사 결정할 수 있다. 즉 고위험군 분류시, 단순히 해당 개수만 놓고 고위험군을 판별하는 것이 아니라 자살 유형에 따라 필수 및 추가적인 위험 요인 적용 기준을 달리하여 위험군 분류 민감성(sensitivity)을 강화할 필요가 있다.

자료: 심리부검 프로젝트

❹ 자살 의도 평가 질문지

2003년 브라질의 베흘랑과 보테가*가 고안한 심리부검 면담 질문지는 분명한 동기와 자살 경로를 찾기 위한 것으로 신뢰도가 높다. 현재 북미에서 면담 프로토콜로 보편적으로 사용되고 있으며 총 4가지 순차적 모듈로 이루어져 있다.

첫 번째 단계는 자살 관련된 촉발 사건 및 스트레스 요인과 관련된 질문, 두 번째 단계는 동기와 관련된 질문, 세 번째 단계는 치명성과 관련된 부분, 마지막으로 의도와 관련된 부분으로 이루어져 있다.

첫 번째 모듈: 자살 촉발 사건 및 스트레스 요인
1. 자살 직전 죽음과 관련해서 겪은 일(사건)
2. 자살할 만큼 스트레스를 유발해서 감정적인 좌절감이나 함몰을 느낄 만한 경험
3. 자살을 결심하는 데 영향을 준 다른 사건
4. 소결

두 번째 모듈: 동기
1. 죽고 싶은 심리적인 원인이나 이유
2. 자살하기로 마음먹기에 충분한 심각한 심리적인, 환경적인 이슈나 일
3. 행동을 설명할 수 있는 생리, 심리, 사회적인 기능 장애를 보이는 증상
4. 존재에 관련된 비대결(회피) 경향성에 기여한 개인이 가진 특징적인 성격
5. 자살 행동 성향으로 여길 수 있는 가족(병)력 혹은 다른 개인 과거력
6. 자살을 더 잘 설명할 수 있는 다른 이유
7. 소결

세 번째 모듈: 치명성
1. 자살 방법의 치명성
2. 그 방법이 아마도 자해한 것임을 암시하는 표시
3. 사용된 방법의 치명성 수준을 평가할 만한 지식과 능력
4. 그 방식이 사용하기에 얼마나 접근성이 있고 얻기가 쉬웠는지
5. 소결

네 번째 모듈: 의도
1. 자살하는 과정에서 직접적이고 의도적인 역할을

했다는 증거
2. 문제 해결 대안으로 자살 시도 의도와 목적을 보여줄 수 있는 대인관계 행동, 언어적 그리고 (혹은) 행동적 징후
3. 건강에 위험한 그리고 자살 의도 혹은 욕구를 나타낼 수 있는 활동에 연관된 생활 스타일
4. 충고를 한다거나, 신변을 정리하고, 물건을 정리하거나, 유서를 작성하거나, 편지나 노트를 작성하거나 혹은 가능한 자살을 암시하는 다른 행동
5. 스스로 목숨을 끊고자 가능한 장소, 시간, 날짜 그리고 자살 방법을 선택한 과정
6. 이타주의적 행동 그리고 (혹은) 자기 파괴적 행동(자살)을 정당화하는 견딜 수 없는 환경
7. 자살 의도의 존재 가능성을 보다 잘 설명했던 다른 증거
8. 소결

전체 요약 및 결론
1. 이 죽음이 자살인지에 대한 면담자의 의견
2. 자살할 당시 사망자의 주관적 상태 평가
3. 자살이 맞다면 사인 분류
4. 자살이 가능한 이유 (자살에 기여한 요인 혹은 촉발 요인)
5. 자살 전 의료 지원 체계에서의 문제점
6. 자살이 관리 또는 적절한 의학적 관리에 의한 것인지 관리의 실패 또는 부적절한 의학적 관리에 의한 것인지 기술
7. 자살자와 특별한 관계에 있는 사람이 자살을 막기 위해 수행한 행동이 있었다면 기술
8. 기타 특별한 기술

❺ 법심리부검 보고서*

아래 법심리부검 보고서는 일반적으로 미국에서 법원이나 공공 기관의 요청에 의해 실시될 때 따르는 형식이다.

먼저 자살의 심리학적 정의를 제시하는 게 눈에 띈다. 분명 자살의 법률적 정의와는 다를 수 있기 때문에 이를 법률가들에게 알려주기 위해서이다.

이어서 크게 참고한 자료가 무엇인지, 사망자와 관련된 사건 현장 특징들을 설명한다.

그런 후 사망자와 관련된 특징, 최근의 주요 증상 행동, 자살로 이어질 수 있었던 촉진 요인, 정신과적 이력, 신체 건강 상태에 대해 설명한다. 치료 접근성이나 그 밖의 제3자의 조사 내용도 함께 종합적으로 제시한다.

이를 근거로 자살 위험 요인이 무엇인지 세부적으로 규명하게 된다. 크게 지속적인 위험 요인, 소인적인 위험 요인, 기여 위험 요인, 급성 위험 요인을 각각 구체적인 근거를 제시하며 서술한다.

마지막으로 이런 위험 요인을 구조화(formulation)하고 이에 따라 자살을 의도했을 가능성이 어느 정도인지 제시한다.

전체적인 구조는 법정에서 제시되는 보고의 형식이며 또 법률이 요구하는 사실과 논리적 근거에 초점을 둔 형태이다.

법심리부검 보고서	• 참고 기록 파일
	• 의료 기록
○○○사례	• 경찰 기록
	• 119/112 등 구조 기록
사건 개요	• 자살 유서:
목적/맥락	유서 1:
사용된 정의(자살): 자살은 ~ 로 정의한다	유서 2:
프로토콜	유서 3:
• 정보 획득 방법: 면담 등	• 사진 자료

300 자료: 심리부검 프로젝트

- 직업 관련 기록 (예: 15년)
- 법적 기록: 범죄 기록 / 군 기록 / 부검 기록 등

녹취(증언) 기록
- 가족: 부모, 형제, 삼촌 등
- 다른 관계자: 직장 상사, 회사 동료 등

사망 위치
- 위치와 사망자의 관계
- 구조성 증거
- 구조 회피를 위한 조치 증거
- 자살 계획 증거

* 이전 자살 시도 위치 (자살 24시간 이내)
- 위치와 사망자의 관계
- 구조성 증거
- 구조 회피를 위한 조치 증거
- 자살 계획 증거

사회 인구학적 특성
- 이민 상태: 다문화 가정, 귀화, 이민 등
- 최근 이사 후 주거
- 사회경제적 상태: 중산층, 실직, 집 소유 등
- 직업 상태
- 경제적 상태
- 결혼 상태
- 교육 상태

최근 증상/행동
- 우울감 노출
- 우울증 증세 표출
- 자살 관념 혹은 사고 표현
- 불안감 노출
- 제한(억제) 사고 혹은 터널 비전 기술
- 무망감, 무기력감, 무가치감 표현
- 정신 상태

자살 촉진 요인
- 중요한 상실: 가족의 죽음 등
- 일상사 및 직장 활동 혼란
- 약물 복용 미준수

정신과적 이력
- 이전 자살 행동
- 처방받은 정신과 약물: 항우울제, 신경안정제, 항불안제 등
- 정신과 입원

- 정신과 진단 및 치료
- 심리 치료

신체적 건강 상태
- 약물 남용
- 가족 이력: 가족 자살 이력, 정신과적 이력, 문제 행동, 우울증, 대인관계 등
- 화기(총 등) 이력
- 애착/사회적 지지
- 정서적 반응: 폭력성 혹은 충동적 행동 등
- 생활 스타일, 특성
- 전형적인 문제 처리 패턴
- 자기 손상 행동: 자기 가해 행동 등
- 자기로 인한 위기를 포함한 빈번한 위기: 우울증으로 인한 결근 등

치료 접근성
- 도움 추구 행동 이력
- 의료 서비스에 대한 장벽

다른 조사 부분
- 다른 대인관계 정보
- 정신과적 증상
- 기분 장애
  우울
  중증 조병/경미한 조병
- 약물 남용 장애
- 알코올
- 마리화나
- 인격 장애
- 경계선 성격 장애

요약

자살 위험 요인

자살 및 자살 행동 위험 요인 1

만성적 위험 요인: 삶의 전반에 걸쳐 자살 위험성 증가 요인

A. 지속적인 위험 요인 – 지속적이고 변경 불가능
- 인구학적 정보: 인종, 남성, 노인, 이혼 혹은 별거, 이른 과부
- 자살 시도 이력 – 특별히, 반복된다면
- 이전 자살 관념
- 자기 자해 경력

- 가족 내 자살 행동 혹은 자살 이력
- 부모 이력
- 폭력
- 약물 남용(약물 혹은 알코올)
- 주요 정신과 장애로 인한 입원 경력
- 이혼
- 외상(트라우마) 혹은 학대(성적 혹은 신체적)
- 정신과 입원 이력
- 잦은 이동(이사) 이력
- 폭력 행동 이력
- 충동/부주의한 행동 이력

B. 소인적인 그리고 잠정적으로 변화 가능한 위험 요인
- 주요 축1 정신과 장애, 특별히:
  - 기분 장애
  - 불안 장애
  - 정신분열
  - 약물 사용 장애(알코올 남용 혹은 약물 남용/의존)
  - 섭식 장애
  - 신체 이형 장애(BDD)
  - 품행 장애
- 축2 인격 장애, 특히 B군집:
- 축3 질병, 특별히 기능 손상과 만성적 고통 동반
- 외상
(트라우마성) 뇌 손상
- 축1(특별히, 우울과 알코올 남용)의 공존 이완 –
  축1과 축2(특별히, 축2 장애는 반사회성 성격장애와
  경계선 성격장애), 축1과 축3 장애 동시 공존 이완
- 낮은 자존감/높은 자기 혐오
  - 자살에 대한 관대한/수용적 태도
  - 타인의 자살 사망에 대한 노출
  - 성적 지향에 대한 자기 혹은 가족 허용성 결핍
  - 흡연
  - 완벽주의(특별히, 우울 맥락에서)

자살 및 자살 행동 위험 요인 2
A. 기여 위험 요인
- 총기 소유 혹은 쉬운 접근성
- 급작스런 혹은 지속적인 실직
- 스트레스(일, 결혼, 학교, 관계 등)

B. 급성 위험 요인
- 인구학적 정보: 가장 최근 피해감 혹은 분노 감정과
  함께, 이혼 혹은 별거
- 자살 관념(위협, 의사 전달, 계획 혹은 준비)
- 최근 자해 행동
- 최근 자살 시도
- 지나친 약물 남용 혹은 과용(알코올과 약물)

- 심리적 고통(상실, 실패, 거절 등에 대한 급성
  스트레스)
- 최근 정신병원 입원 후 퇴원
- 화, 분노, 복수 추구
- 폭력적인 행동
- 일상적인 활동, 지지, 흥미, 학교 혹은 직장에서 회피:
  고립(독거 등)
- 쾌감 상실
- 불안, 공황
- 안절부절
- 불면증
- 계속되는 악몽
- 의심, 편집증(피해망상, 관계망상)
- 심각한 분열 혹은 해체 느낌
- 자살 명령 환각
- 긴장된 정서 상태: 절망, 참을 수 없는 외로움,
  자기혐오 등
- 극적인 기분 변화
- 무망감, 빈곤한 문제 해결, 인지 제한(흑백 논리, 대안
  사고 부재 등)
- 짐 된 의식
- 최근 터미널 컨디션(Terminal Condition) 진단
- 벗어날 수 없는 듯한 갇힌 느낌; 빈약한 문제 해결 능력
- 목적 혹은 의미 상실감: 삶에 대한 이유가 없음
- 도움 추구에 있어 부정적 혹은 혼합된 태도
- 개별적으로 잠재적 도움을 주는 사람에 대한 부정적
  혹은 혼합된 태도
- 부주의 혹은 지나친 위험 추구 행동, 특히 결과에
  대한 생각이 없거나 충동 성향이 있는 경우

촉진 혹은 촉발 자극
- 1과 2의 원인이 되는 혹은 악화시키는 어떤 현실 혹은
  예측된 사건
  1. 부끄러움, 죄책감, 절망, 모멸감, 받아들일 수 없는
     체면 및 상태 손상
  2. 법적 문제(자유손실), 경제적 어려움, 거절/포기감
- 최근 타인 자살에 대한 노출(친구, 지인, 대중매체
  유명인 등)

자살 위험성 구조화(formulation)
- 동기 → 탈억제 → 탈안정화(의사 결정 이론)
- 근본적인 원인 분석(root cause analysis)

높은 자살 의도에 대한 요인 기술
1. 결과에 대한 의식적인 이해(죽음이 자기 손상이나
   파괴적 행동으로 인해 발생할 수 있음을 인식)
2. 목적(끊임없이 고통스런 삶에 대한 대안으로 죽음을
   추구)

　　　　　　　　　　　　　자료: 심리부검 프로젝트

3. 기대(자기 손상 행동에 대한 치명적인 결과를 기대) 4. 실행(자살 수법 혹은 높은 치사율을 보이는 자살 방식을 선택하고 실행) 5. 구조 가능성(개입과 구조 가능성을 최소화하거나 방지하기 위해 주의 깊게 자살 시간과 장소를 선택) 6. 계획(적극적인 준비를 나타내는 증거들을 통해 사전	계획을 했음을 명백하게 알 수 있음. 예컨대 끈 등의 도구를 산다든지 약을 모은다든지) 7. 대화(직간접적으로 주변 사람들에게 자살 의도를 내비침) **결론**

9 "심리부검이다": Edwin S. Shneidman (2004), *Autopsy of a Suicidal Mind* (Oxford: Oxford University Press).

18 "자살 시도": *2012 National Strategy for Suicide Prevention: Goals and Objectives for Action* (Washington, DC: HHS), September, 2012, p.14.

"자살 의도": A. L. Berman (2005), "Psychological Autopsy", in: J. Payne-James, R. W. Byard, T. S. Corey, C. Henderson (Eds.), *Encyclopedia of Forensic and Legal Medicine* (Amsterdam: Elsevier Academic Press), Volume II, p. 369.

20 "전문가들의 조사": P. Friedman (1967), "Suicide among police: A study of 93 suicides among New York City policemen 1934-1940", in Edwin S. Shneidman (ed.), *Essays in Self-destruction* (New York: Science House).

"조사하면서": E. Robins, G. Murphy, R. Wilkinson, S. Gassner & J. Kayes (1959), "Some clinical considerations in the prevention of suicide on a study of 134 successful suicides", *American Journal of Public Health*, 49.

21 "커피 박사였다": Robert E. Litman, Theodore Curphey, Edwin S. Shneidman, Norman L. Farberow & Norman Tabachnick (1963), "Investigation of Equivocal Suicides". *Journal of American Medical Associations*, 184(12), 924-929.

22 "이라고 불렀다": Antoon A. Leenaars (2010), "Edwin S. Shneidman on Suicide", *Suicidology Online*, 1, 5-18.

27 "장점이 있다": Itiel E. Dror (2013), "Practical Solutions to Cognitive and Human Factor Challenges in Forensic Science". *Forensic Science Policy & Management*, 4(3-4):1-9, 2013.

28 "분류할 수 있다": Curt R. Bartol & Anne M. Bartol, *Introduction To Forensic Psychology: Research and Application*. 2nd ed. 국역『법정 및 범죄 심리학 입문』, 이장한 옮김(학지사, 2013).

45 "할 뿐이다": M. D. Rudd, T. Joiner, M. H. Rajad (1996), "Relationships among suicide ideators, attempters, and multiple attempters in a young-adult sample", *Journal of Abnormal Psychology*, 105(4), 541-550.

46 "방어흔": 강대영 외(2012), 『법의학』(정문각).

65 "꺼려 했다": 서종한, 이창환, 김경일, 김성혜 (2012), 「한국 자살사망자의 특징: 사례-대조 심리부검 연구」, 『한국심리학회지: 일반』, 31(2), 323-344.

71 "유서를 분석했다": J. W. Pennebaker, M. E. Francis & R. J. Booth (2001), *Linguistic Inquiry Word Counting* (Mahwah, NJ: Erlbaum Publishers).

73 "오해와 편견": 토머스 조이너 (2011), 『자살에 대한 오해와 편견』, 지여울 옮김(베이직북스).

75 "그의 동료들": Edwin S. Shneidman & Norman L. Farberow (1995), "Some comparisons between genuine and simulated suicide notes in terms of Mowrer's concepts of discomfort and relief", *Journal of General Psychology*, 57 (Jan 1, 1957): 251.

76 "빈도가 낮다": Maria Ioannou & Agata Debowska (2014), "Genuine and simulated suicide notes: An analysis of content", *Forensic Science International*, 245 (2014) 151-160. 최근 마리아 요아누 등은 33개의 자살 유서와 33개의 가짜 유서에 대해 내용 분석을 행했다. 자살 유서는 크게 세 가지 변인으로 구조화되는데, 1) 사랑에 대한 표현, 2) 파트너에 대한 긍정적인 해석, 3) 사과 혹은 미안함이었다. 주제는 크게 네 가지로 분류되었는데 1) 계획된 회피, 2) 부정적 감정과 자기-완화, 3) 긍정적 감정과 좌절된 대인관계, 4) 자기-허용성 결핍이었다. '계획된 회피' 주제는 오랜 기간 치료가 어려운 질병에서 고통받아 삶의 질이 크게 영향을 받은 상태를 나타낸다. 긍정적인 함축, 자살 계획, 죽음에 대한 결정이 이미 진행되거나 확고한 상태이다. '부정적 감정과 자기-완화'

주제는 타인에 대한 공격 내지는 희생자로써 자신을 해석하는 부분이다. 자신의 자살 결행을 통해 타인을 비난하려 하거나 과도한 분노를 표출하는 방식이다. '긍정적 감정과 좌절된 대인관계' 주제는 타인에 대한 긍정적인 감정을 표현하면서 자살의 가장 큰 동기가 좌절된 대인관계로 나타내는 부분이다. 여기서 가장 많이 나타나는 단어는 '장례 절차, (자살) 의지, (남겨진 사람에 대한) 지시' 등이다. '자기 허용성 결핍'은 자신감이 결여되고 절망감을 느끼는 사람의 표현들이 전반적으로 담겨져 있었다.

반면 가짜 유서의 주제는 1) 회피, 2) 긍정적 감정과 자기-비난, 3) 목적 없는 삶으로 나타났다. 전체적으로 진짜 자살 유서가 더 내적으로 일관성이 있거나 종합적인 의미를 포함하고 있었다. 그리고 자살의 상황을 더 선명하게 해석하는 데 도움을 주었다. 구체적으로, 회피 부분에서 계획성을 암시하는 부분이 결여되어 있었다. 타인에 대해서는 긍정적 이해와 함께 자기 자신에게는 부정적 이미지를 보였지만 진짜 유서에서는 분명한 연관성은 없었다. 목적 없는 삶에서는 지시를 남겨 놓거나 타인에 대한 화 혹은 파트너에 대한 부정적 의미를 보이는 데 반해 오히려 진짜 유서에서는 지시와 자살 의지는 긍정적인 감정과 연관성이 높았다.

이런 차이점은 향후 자살 관념이나 생각이 인지적 처리 과정에서 언어에 어떻게 영향을 주는지를 이해하는 데 의의가 있다. 특히 경찰이 의문사를 조사할 때 유서를 바탕으로 실질적인 결과를 얻는 데 도움을 받을 수 있다고 본다.

83 "나와 있다": Robert E. Litman (1984), "Psychological Autopsies in Court", *Suicide and Life-Threatening Behavior*, Volume 14, Issue 2, 88-95.

86 "비일비재하다": Alan L. Berman (1993), "Forensic suicidology and the psychological autopsy", Leenaars AA, orgs. *Suicidology Essays in Honor of Edwin S. Shneidman* (Northvale: Jason Aronson), 248-66.

89 "증거로서의 기준": Federal Judicial Center (2000), "Reference manual of scientific evidence". Retrieved from http://www.fjc.gov/public/pdf.nsf/lookup/sciman00.pdf/$file/sciman00.pdf.

95 "보고하였다": Alan L. Berman (2014), *American Psychological Autopsy Manual: AAS*.

98 "필요가 있다": Jennifer E. Snider, Steve Hane, and Alan L. Berman (2006),

"Standardizing the Psychological Autopsy: Addressing the Daubert Standard", *Suicide and Life-Threatening Behaviour*, 36(5), 511-518.

107 "경우가 있다": 이를 수사 편견(investigative bias) 혹은 확증적 편견(confirmation bias)이라고 부른다. Saul M. Kassin, Itiel E. Dror & Jeff Kukucka (2013), "The forensic confirmation bias: Problems, perspectives, and proposed solutions", *Journal of Applied Research in Memory and Cognition*, 2, 42-52.

113 "합동 연구 조사": 서종한 등 2명 (2009), 『범죄행동분석』(경찰청).

114 "의심되었다": 북미를 기준으로 사이코패스는 100명 중 1명꼴로 나타났으며 수감자의 경우 20%에서 35%사이의 비율을 보인다. 성범죄자의 경우 30~45%가량이 사이코패스로 나타났다. Kent A. Kiehl (2014), *Psychopath Whisperer* (New York: Crown).

"앗아가 버린다": "정신분석학자인 허비 클레클리(Hervey Cleckley)는 1941년에 쓴 정신의학의 고전 『가면을 쓴 인격자(*The Mask of Sanity*)』에서 반사회적 인격 장애의 또 다른 아류가 존재한다고 주장하였다. 징신질환 진단 및 통계 편람(*Diagnostic and Statistical Manual of Mental Disorders, DSM*)에서 설명하는 반사회적 인격 장애 환자는 자기 제어심이 약하고 무모한 반면, 클레클리가 설명하는 반사회적 인격 장애의 아류는 자신을 억제할 줄 알고 지배욕이 강하며 냉담하고 간혹 매력적인 인상마저 풍긴다. 이 증후군의 가장 큰 특징은 감정이 메말라 있다는 점이다. 좀처럼 불안해하지 않으며, 가짜 감정이나 피상적인 감정밖에 알지 못한다. 죄책감과 수치심에 면역이 되어 있고 사랑이나 친밀감, 의리의 감정을 알지 못한다." 토머스 조이너 (2011), 『자살에 대한 오해와 편견』, 지여울 옮김(베이직북스), p. 85.

126 "IS PATH WARM": http://www.suicidology.org/resources/warning-signs. 그리고 David Lester, Stephanie McSwain, and John F. Gunn III (2011), "A Test of the Validity of the IS PATH WARM Warning Signs for Suicide", *Psychological Reports*, Volume 108, Issue 2, pp. 402-404.

"볼 수 있다": 필자가 2013년 보건복지부의 의뢰를 받아 심리부검을 실시한 결과와 경찰청 분석 내용을 바탕으로 자살 사망자 유형을 분석하여 이를 활용했다(『보건복지부 심리부검 연구보고서』, 2014).

127 "위험 요인": 필자가 American Psychological Autopsy Certification Training

Program (American Association of Suicidology, 2013)을 참고하여 만성적, 급성적, 촉발 요인으로 구분하였다.

133 "각종 연구":『국가인권정책기본계획 수립을 위한 성적소수자인권 기초현황 조사』(국가인권위원회, 2005).

155 "자해 행위": M. K. Nock (2009), *Understanding Non-suicidal Self-Injury: Origins, Assessment, and Treatment* (APA).

"보고되고 있다": M. K. Nock, G. Borges, E. J. Bromet, C. B. Cha, R. C. Kessler & S. Lee (2008), "Suicide and suicidal behaviors", *Epidemiologic Reviews*, 30, 133-154.

201 "찾아보고자 했다": 김경일 등 5명 (2014),『2014 자살실태보고, 심리부검연구 보고서』(보건복지부).

203 "경우이다": 자살 유형 분석에 대한 자세한 내용은 2014년 보건복지부에 제출된 자료를 참고할 것.

207 "라고 하는데": M. K. Nock (Ed.) (2009), "Why do people hurt themselves? New insights into the nature and function of self-injury", *Current Directions in Psychological Science*, 18, 78~83 참조.

215 "프레임워크를 만들었다": 토머스 조이너 (2012),『왜 사람들은 자살하는가?』, 김재성 옮김(황소자리), p. 249.

216 "보고자 하였다": 서종한, 김경일 (2014), 「한국자살사망자 고위험군 프레임워크」(미제출).

231 "군의문사진상규명위원회": 군 의문사 진상 규명 등에 관한 특별법에 따라 군 의문사를 조사하기 위해 대통령 직속으로 2006년부터 2009년까지 운영되었다. 1998년 2월 판문점 공동경비구역에서 발생한 김훈 중위 사망 사건이 계기가 되어 진상 규명 소위원회, 의문사 처리과, 특별 조사단을 거쳐 위원회가 구성되었다.

232 "시행되고 있다": J. M. Rotherb (1998), "The Army Psychological Autopsy: Then and Now", *Military Medicine*, 163, 427-433.

240 "우아한 거짓말": 소설가 김려령의『우아한 거짓말』(창비, 2009)을 영화화한 작품(2014). 고아성, 김희애, 김유정 등이 출연했다. 청소년 자살 문제를 현실적으로 다룬 작품이다.

245 "프로그램이다": 이창환, 심정미, 윤애선 (2005), 「언어적 특성을 이용한 '심리학적 한국어 글분석 프로그램' 개발 과정에 대한 고찰」, 『인지과학』, 16(20), 93-121, p. 29.

"카운팅 프로그램": M. Scott (2008), *WordSmith Tools version 5* (Liverpool: Lexical Analysis Software).

252 "방식을 이용하여": Cindy K Chung & James Pennebaker (2007), *Social Communication* (New York: Psychology Press), pp. 343-359.

"LIWC": Cindy K Chung, James Pennebkaer, Molly Ireland, Amy Gonzales & Roger J. Booth (2007), *The development and psychometric properties of LIWC 2007* (Austin: The University of Texas).

"나눌 수 있었다": 서종한, 김경일, 이창환, James W. Pennebaker (2015), 「한국 유서와 미국 유서의 차이 연구: MEM 분석을 중심으로」(미제출).

257 "것일 수 있다": R. F. Baumeister (1995), "Against reductionism in suicide theory [Review of Self-destruction in the promised land by H. Kushner]", *New Ideas in Psychology*, 13.

259 "비교 분석하였다": Shannon Wiltsey Stirman, & James W. Pennebaker (2001), "Word Use in the Poetry of Suicidal and Non-suicidal Poets", *Psychosomatic Medicine*, 63, 517-522.

266 "조이너이다": F. Williams & T. Joiner (2004), "How do linguistic patterns changes as on approaches suicide? A psychological analysis of Quentin's and Jason's linguistic patterns in The Sound and The Fury", *Proteus: A Journal of Ideas*, 22, 8-12.

267 "연구도 흥미롭다": Stephanie Rude, Eva-Maria Gortner & James W. Pennebaker (2010), "Language use of depressed and depression-vulnerable college students", *Cognition & Emotion*, 18(8), 1121-1133

280 "실시된 바 있다": E. Shneidman (1993), "An example of an equivocal death clarified in a court of law", *Suicide as psych-ache* (Northvale: Jason Aronson Inc.), pp. 211-246.

281 "있는 모델이다": J. Selkin (1987), *The psychological autopsy in the courtroom: Contributions of the social science to resolving issues surrounding equivocal deaths*

(Denver, CO: James Selkin, Ph.D).

283 "활용되기도 한다": David V. Canter (2005), "Psychological Autopsies" in *Encyclopedia of Forensic Science* (London: Elsevier).

"의한 것이다": Elisabeth Biffl (1996), "Psychological Autopsies: Do they belong in the Courtroom?", *American Journal of Criminal Law*, 24, 123-145.

"슈나이드먼": E. S. Shneidman & N. Farberow (1965), "Sample investigation of equivocal suicidal deaths" in *The Cry for Help* (New York: McGraw-Hill).

284 "프로토콜 도구": Alan L. Berman (2005), "Forensic Psychiatry and Forensic Psychology/Psychological Autopsy", in J. Payne-James (Ed.), *Encyclopedia of Forensic Psychiatry and Legal Medicine* (Amsterdam: Elsevier).

285 "선정하였다": M. Rosenberg, L. Davidson, J. Smith et al. (1988), "Operational criteria for the determination of suicide", *J Forensic Sci*. 33: 1445-56.

286 "제출하였다": D. A. Jobes, J. O. Casey, A. L. Berman & D. G. Wright (1991), "Empirical criteria for the determination of suicide manner of death", *Journal of Forensic Science*, 36(1), 244-56.

"진행되는데": DA PAM 600-24 (1998), *Procedures to prevent suicide and conduct a psychological autopsy* (Department of the Army Washington, DC).

"개발했다": Bruce W. Ebert (1987), "Guide to Conducting a Psychological Autopsy", *Professional Psychology: Research and Practice*, 18(1), 52-56.

287 "도구가 있다": M. R. Philips, G. Yang, Y. Zhang, L. Wang, H. Ji & M. Zhou (2002), "Risk Factors for suicide in China: a National Case-Control Psychological Autopsy Study", *Lancet*. 360, 1728-36.

289 "가족 구성원": WHO의 Suicide Trends in At-Risk Territories (START) Program (2005)에서 실시한 심리부검 주 면담 대상자(유가족 중 정보 제공자) 기준을 바탕으로 한 것임.

290 "심리부검 조사자": 앞의 주와 같음.

294 "주장하였다": J. Beskow, B. Runneson & U. Asagard (1990), "Ethical aspects of Psychological Autopsy: Methods and Ethics", *Sucide and Life-Threatening Behaviour*, 1990, 20.

295 "보호되어야 한다": 신성원 (2005), 「심리부검 연구의 실무적 활용 및 윤리적

고려 사항」, 『한국범죄심리연구』, 1(1), 231-252.

"권하기도 했다": 전충현 (2012), 「군자살자의 자살원인에 대한 효과적인 심리부검 적용 방안」, 『과학수사학』, 6(2), 79-91.

299 "베흘랑과 보테가": B. G. Werlang & N. J. Botega (2003), "A semi-structured interview for psychological autopsy in suicide cases", *Rev. Bras. Psiquiatr*, 25(4), 212.

300 "보고서": Alan L. Berman (2012), "Psychological Autopsy certificate Program Workshop", *The Manual of Psychological Autopsy* (American Associations of Suicidology).

찾아보기

심리부검

나는 자살한 것을 후회한다

ⓒ 서종한, 2015

2015년 11월 30일 초판 1쇄 발행
2020년　7월 30일 초판 6쇄 발행

지은이 서종한
펴낸이 박해진
펴낸곳 도서출판 학고재

주　소 서울시 마포구 새창로 7(도화동) SNU장학빌딩 17층
전　화 02-745-1722(편집)　070-7404-2810(마케팅)
팩　스 02-3210-2775
이메일 hakgojae@gmail.com
페이스북 www.facebook.com/hakgojae

ISBN 978-89-5625-295-7　03180

자살 위험 체크리스트

연령대별로 자살 위험을 나타내는 신호들을 체크리스트로 만든 것이다. 자신 또는 주변 사람이 자살 혹은 자해에 이를 가능성을 단계별로 표현하였다. 나열된 신호들은 실제 사건들에서 뽑아낸 것이다. 주변인의 위험신호를 신속히 인지하고 자살을 말릴 수 있는 적극적인 도구로 사용하면 기쁘겠다. 다만, 정확하게 모든 사람에게 그대로 적용되지 않음은 유의하기를 바란다.

20대 이하

	임박	심각	주의
행동	☐ 친구들과 더 이상 연락하지 않는다 ☐ 자해를 시도한 적이 있다 ☐ 핸드폰과 컴퓨터를 초기화했다 ☐ 내 이름으로 된 보험이나 정기적금을 해지했다 ☐ 자살할 만한 장소를 찾기 시작했다	☐ 불면증이 생겨 수면제를 복용한다 ☐ 평소에 아무렇지 않던 일에도 쉽게 짜증이 난다 ☐ 친구들이 불러도 모임에 나가지 않는다 ☐ 자살 방식을 검색해 봤다 ☐ 연예인 자살 기사를 검색하고 있다	☐ 학교, 직장, 가족, 친구 사이에서 갈등이 생겼다 ☐ 말이 없어지고 잘 웃지 않게 되었다 ☐ 평소 안 마시던 술을 자주 마시기 시작했다 ☐ 수면 이상으로 규칙적인 생활이 불가능하다
감정	☐ 우울증이 악화되고 있다는 진단을 받았다 ☐ 아무 일이 없는데도 우울감과 불안함을 느낀다 ☐ 학교나 직장을 그만두려고 결심했다	☐ 우울증이 시작됐다 ☐ 가족과 말다툼하는 일이 자꾸 생긴다 ☐ 집단 따돌림을 당한다고 느낀다	☐ 부쩍 하소연이 심해졌다 ☐ 친구들과의 관계가 틀어져 힘들다 ☐ 직장에서 부서 이동, 잦은 야근 등으로 스트레스가 심해졌다 ☐ 최근 몸에 병이 생겨 걱정이 늘었다
표현	☐ SNS 프로필을 변경하거나 계정을 삭제했다 ☐ 부모나 친구에게 갑자기 "미안하다, 난 괜찮다"고 말한 적이 있다 ☐ 자살 시도를 위해 가족의 스케줄을 확인한 적이 있다 ☐ 친구에게 체념하는 내용의 편지를 보냈다	☐ 사후 세계에 대한 관심이 부쩍 늘어났다	

30대

	임박	심각	주의
행동	□ 약물 치료나 상담 등을 포기했다 □ 친구들과 더 이상 연락하지 않는다 □ 자살 방식을 검색한 적이 있다 □ 자살을 시도했다	□ 술만 마시면 거친 말과 행동을 표출한다 □ 연락 없이 지내던 친인척에게 경제적 도움을 요청한 적이 있다 □ 가족 이름으로 보험에 신규 가입했다 □ 몸무게 변화, 생리 불순 등 신체 변화가 있다	□ 술을 너무 마셔 일상생활에 지장이 있다 □ 부부 사이 혹은 직장에서 갈등이 시작됐다 □ 법적인 문제가 생겼다
감정	□ 평소에 잘 해내던 일도 어렵게만 느껴져 포기한다 □ 정신병원에서 갓 퇴원했다 □ 가족에게 외롭고 불안한 마음을 호소했다	□ 우울증 등 정신과적 증상이 시작 혹은 재발했다 □ 별거, 이혼 등 부부간 갈등을 겪고 있다 □ 성욕을 상실했다	□ 최근 배우자의 외도 사실을 알게 됐다 □ 주변 사람을 의심하고 경계하게 된다
표현	□ 가족에게 갑자기 사람들과 잘 지내고 열심히 살라고 말했다 □ 뜬금없이 배우자에게 전화로 "미안하다"라고 사과했다 □ 주변 사람에게 그동안의 잘못을 사과했다	□ SNS에 죽음을 암시하는 문구나 격언, 시를 올렸다 □ 가족들에게 자살하겠다고 말한 적이 있다 □ 유서를 쓰거나 자살에 대한 일기를 썼다 □ 떨어져 사는 가족들에게 뜬금없이 연락하여 안부를 물었다	□ 주변 사람들에게 자살하고 싶다는 생각을 간접적으로 표현했다 □ 종교인을 만나 답답한 마음을 털어놓았다

	임박	심각	주의
행동	□ 혼자서 술을 마시는 횟수가 늘어나고 술만 마시면 폭력적이 된다 □ 가족과 대화가 완전히 끊겼다 □ 자해 및 자살을 시도했다	□ 알코올 중독 증세를 보인다 □ 곁에 사람이 있어도 신경 쓰지 않고 자해를 시도한 적이 있다 □ 친하게 지내던 지인들과 교류가 뜸해졌다 □ 연예인 자살 기사를 검색하거나 언론 보도를 유심히 본다	□ 음주량과 횟수가 늘어났다 □ 직장에 지각 내지는 결근이 잦아졌다
감정	□ 모든 것을 포기한다고 생각하자 갑자기 편안해졌다 □ 사업 실패로 빚 독촉을 받거나 아파트가 경매에 넘어가는 등 경제적 문제가 매우 악화되었다 □ 사별, 이혼, 지인의 사망 등 최근 급격한 스트레스를 경험했다	□ 이혼 관련 법적인 문제 때문에 괴롭다 □ 경제적인 어려움이 가중되었다 □ 복용하던 약을 끊거나 치료를 포기했다	□ 정신과적 질환을 진단받았거나 악화됐다 □ 외도 등의 문제로 배우자에게 배신감을 느낀다 □ 금전적 어려움을 겪고 있다
표현	□ 뜬금없이 배우자에게 전화로 "미안하다"라고 사과했다 □ 떨어져 사는 부모와 자식에게 갑자기 연락하여 안부를 물었다	□ 도움을 주지 않았던 형제들에게 섭섭함과 원망이 늘어 간다	□ 실직 후 가족에게 무기력감을 호소한다 □ 가족에게 잔소리가 심해진다

임박	심각	주의

행동

임박
- □ 지인들과 더 이상 연락하지 않는다
- □ 각별한 물건들을 주변 사람들에게 나누어 주었다
- □ 가족에게 돈, 카드, 금융 정보 등을 넘겨주었다
- □ 옷 정리, 청소, 빨래 등 주변 정리를 하고 있다
- □ 2회 이상의 반복적인 자해를 시도한 적 있다

심각
- □ 자살 시도 혹은 자해 시도
- □ 누구에게도 내 소식을 알리고 싶지 않다
- □ 더 이상 가족 활동에 함께하고 싶지 않다
- □ 전화나 문자에 답을 하지 않는 횟수가 늘어났다
- □ 멍하니 밖을 바라보는 시간이 많다
- □ 한밤중에 자주 잠을 깬다
- □ 불면증으로 수면제를 복용하고 있다
- □ 예약된 상담 및 치료를 갑자기 취소했다
- □ 평소 소중히 여기던 카카오톡, 일기, 사진, 연락처 등을 삭제했다

주의
- □ 혼자서 TV를 보는 시간이 늘어났다
- □ 말이 없어지고 잘 웃지 않게 되었다
- □ 친척들에게 갑자기 안부 전화를 했다
- □ 불면증이 악화되기 시작했다

감정

임박
- □ 우울증이 악화되고 있다는 진단을 받았다
- □ 가까운 사람이 최근 자살하거나 사망한 적 있다

심각
- □ 가족에게 짐이 되고 있다는 생각 때문에 부담과 미안함을 느낀다
- □ 가족이 나를 무시한다는 느낌이 든다
- □ 식욕과 성욕 등이 감소했다

주의
- □ 경제적인 어려움에 심한 불안감을 느낀다
- □ 최근 실직이나 명예퇴직을 경험했다
- □ 신체적 질병에 대한 걱정이 늘어났다

표현

임박
- □ 가족에게 "보고 싶다. 미안하다. 그립다. 사랑한다" 등 평소 하지 않던 표현을 했다
- □ 주변 사람에게 그동안의 잘못을 사과했다

심각
- □ 가족들에게 내가 사라지면 어떻게 할 것인지를 물었다
- □ 이렇게 죽으면 어떨까? 죽으면 천국에 갈까? 등 죽음과 관련된 물음이 생긴다

주의
- □ "죽고 싶다. 내가 죽어야지. 고통스럽다. 더 이상 참을 수 없다" 등의 생각을 하루 종일 한다.
- □ 가족에게 "고맙다. 고생시켜 미안하다"라는 문자 메시지를 보낸 적이 있다

기타

임박
- □ 마음속으로 자살 날짜를 정하고 유서를 쓰고 있다

	임박	심각	주의
행동	☐ 질병이 악화되어 거동이 어렵다 ☐ 가족과 더 이상 대화하지 않는다 ☐ 자살을 준비하고 있다 ☐ 퇴직 전 직장에서 동료가 없는 틈을 타 자살을 시도한 적이 있다	☐ 퇴직 후 배우자의 잔소리가 심해졌다고 느낀다 ☐ 친구 및 이전 직장 동료와 더 이상 만나거나 연락하지 않는다 ☐ 알코올 의존 증세를 보인다	☐ 의식주 등 생활 습관이 급격히 변했다 ☐ 최근 건강에 문제가 생겼다 ☐ 지나친 음주로 가족 간 갈등이 시작됐다
감정	☐ 우울증이 악화되고 있다는 진단을 받았지만 약을 복용하지 않고 있다 ☐ 직장에서 부적응으로 정신적인 스트레스를 받는다 ☐ 고질병이 심해져 경제적으로 점점 더 어려워지고 있다 ☐ 직장을 그만두고 나서, 또는 배우자가 세상을 떠나서 이제 나 혼자뿐이라는 생각이 든다	☐ 퇴직 이후 상실감과 무기력감이 우울증으로 발전했다 ☐ 재취업 이후 신체적·정신적 스트레스가 늘어났다 ☐ 가족에게 짐이 되고 있다는 생각 때문에 부담과 미안함을 느낀다	☐ 퇴직·실직 이후 외출하는 일이 거의 없다 ☐ 재취업 이후 상사와의 관계와 업무로 스트레스를 받고 있다 ☐ 신체적 질병으로 힘들다 ☐ 배우자 간병이 힘에 부친다 ☐ 최근 배우자와 사별 혹은 이혼했다 ☐ 몸이 마음같이 움직이지 않아 좌절감이 든다
표현	☐ 가족들 앞에서 "내가 죽으면 끝나겠네"라고 말한 적이 있다	☐ 자식에게 "네 어머니(아버지) 잘 모셔라"라고 당부한 적이 있다 ☐ 주변 사람들에게 "죽고 싶다"고 하소연한다	☐ 최근 힘들다는 하소연이 부쩍 심해졌다 ☐ 직장에서 동료들에게 "얼마 남지 않았다"는 식으로 자살을 암시하는 말을 지나가듯 한 적이 있다
기타	☐ 명절도 아닌데 고향 산소에 다녀오겠다며 집을 비운 적이 있다		

자살 위험 체크리스트가 알려 주는 것

첫째, 가까운 주변인들이 자살 징후에 대해 민감하게 반응해야 한다. 가족이나 지인은 자살자가 보이는 전형적인 이상 증세(우울증 등)에 대한 자각이 있는 경우에도 이를 자살과 관련지어 생각하지 못하는 듯하다. 우울 증세라고 인식조차 못하는 경우도 많았다. 자살자들은 하나같이 사고 전부터 우울 증세와 다양한 자살 징후를 눈에 띄게 나타냈다. 하지만 적극적으로 상황을 해결하기 위해 가족들과 함께하는 시간을 늘리거나 정신과를 찾아 약물 치료를 받거나, 심리 상담을 받는 등의 노력이 상대적으로 미비하거나 부족했다. 자살 징후를 반복적으로 나타내는데도 주변인이 무심한 태도를 보이며 대수롭지 않게 생각하는 것이 예방 노력의 가장 큰 장애 요소로 보인다.

둘째, 자살 사망자가 가졌던 보호 요인을 찾고 이를 강화해야 한다. 어찌 보면 자살을 미연에 예방할 수 있는 가장 중요한 부분일 수도 있겠다. 보호 요인 중 가장 큰 영향력을 가지고 있는 가족 지원 시스템을 구축할 필요가 있다. 노인에게 가장 큰 보호 요인은 가족의 관심과 지원이다. 자식의 전화 한 통화만으로 충분히 존재의 이유를 찾을 수 있다.

셋째, 더 많은 조사가 이루어져야 한다. 자살자에 대한 정책적 조사가 이루어져야 하고 수집된 빅데이터를 바탕으로 연령대별, 직업별, 계층별, 지역별로 최적화된 체크리스트가 만들어져야 한다. 앞의 체크리스트는 이를 위한 하나의 시도이다. 그런 체크리스트는 자살의 유형, 임박성, 심각성, 빈도/기간 등에 대한 정보를 개별적으로 알려 줄 필요가 있다.

지금까지의 조사는 자살 사망자를 대상으로 한 후향적 조사였다. 하지만 이제는 자살 시도자가 자살 생각과 행동을 느꼈던 현실적 상황을 조사할 필요가 있다. 언제 어디서 어떤 상황과 맥락에서 자살할 생각을 보였고 시도까지 했는지를 조사하고, 다양한 연구방법을 통해 객관적인 위험 징후를 밝혀내야 한다.